ADAC Reiseführer

Istrien und Kvarner Golf

Städte und Dörfer · Strände · Landschaften
Museen · Kirchen · Festivals · Hotels · Restaurants

von Axel Pinck

W0393688

Intro

Unterwegs

GIOSTRA

Im Osten des Kvarner Golfs – Badevergnügen und Ausflüge ins Grüne 118

Kroatische Küste – Istrien und Kvarner Golf Kaleidoskop

Kroatische Küste – Istrien und Kvarner Golf – die schönsten Touren

Karten und Pläne

☐ Service

Leserforum

Die Meinung unserer Leserinnen und Leser ist wichtig, daher freuen wir uns von Ihnen zu hören. Wenn Ihnen dieser Reiseführer gefällt, wenn Sie Hinweise zu den Inhalten haben – Ergänzungs- und Verbesserungsvorschläge, Tipps und Korrekturen –, dann kontaktieren Sie uns bitte:

Redaktion ADAC Reiseführer
ADAC Verlag GmbH
Hansastraße 19, 80686 München
Tel. 089/76 76 41 59
reisefuehrer@adac.de
www.adac.de/reisefuehrer

Istrien und Kvarner Golf Impressionen

Adriaschönheiten und Karstfaszination

Wo glasklares Wasser an Felsen schlägt, Wälder bis in Buchten reichen und fast pausenlos die Sonne vom blauen Himmel lacht, lädt Alles zu heiteren Badeferien ein. Und dies nicht erst heute, schon die Römer, die gute Lebensart zu schätzen wussten, kannten die Küsten Istriens als Urlaubsziel. Sie kamen zur Entspannung nach Pula und Medulin im Süden der kroatischen Halbinsel, genossen das herrliche Wetter und den guten Wein. Erst in der zweiten Hälfte des 19. Jh. entdeckte dann die Crème de la Crème des habsburgischen und europäischen Hochadels die liburnische Riviera rund um Opatija mit ihrem milden Winterklima.

Badeküsten mit Kultur

Rund 450 km Küste hat allein die istrische Halbinsel, rechnet man die Ufer des Kvarner Archipels hinzu, verdoppelt sich diese Zahl sogar. Weiße Kies- und glatt geschliffene Felsbuchten, vereinzelt auch Sandstrände, wechseln sich ab mit pittoresken Stadtbildern und großartigen Sehenswürdigkeiten. Besuchermagnet sind die grandiosen antiken Monumente von **Pula**. Das imposante Amphitheater lädt als fulminante Freilichtbühne ein zu unvergesslichen Sommerabenden beim Pula Filmfestival oder bei Operndarbietungen mit Stars wie Plácido Domingo. Vor der Kulisse des vollständig erhaltenen Augustustempels macht man es sich im Straßencafé bequem.

Malerisch venezianisch muten Städtchen wie **Rovinj** oder **Poreč** an, hübsch drapiert auf meerumspülten Felsen und gesegnet mit Kunstschätzen wie der byzantinischen Euphrasius-Basilika – einer Mosaik-Bilderbibel aus Millionen farbigen Steinchen. Nach der Sinnenfreude der Augen laden exquisite Fischrestaurants entlang der palmenbestandenen Uferpromenade zu kulinarischen Genüssen ein, stets mit reizvollem Adria-Blick. Belle-Époque-Charme mit verspielter Villenarchitektur und glamourösen Hotelpalästen des 19.Jh. bezaubert an der Riviera von **Opatija**, besonders schön zu

Rechts oben: *Erfrischende Verlockung – Bucht von Baška auf der Insel Rab*
Rechts Mitte: *Spritzige Partystimmung – Strand von Zrče auf der Insel Pag*
Unten: *Schickes Shoppingvergnügen – Korzo in der Altstadt von Rijeka*
Ganz unten: *Märchenhafter Küstensaum – Lungomare an der Riviera von Opatija*

sehen bei einem Spaziergang auf dem 12 km langen Uferboulevard **Lungomare** zwischen Lovran und Volosko.

Mondän-urbane Flanierfreuden bereitet am Scheitel der Kvarner Bucht die turbulente Metropole **Rijeka**. Mit dem breiten Korzo im Herzen ihrer Altstadt ist sie große Bühne für Shoppingbummel, Cafébesuch und Museumsfreuden.

Berglandschaften mit Genuss

Im istrischen Hinterland schlagen die Herzen von Wanderern, Mountainbikern und Kletterfreunden höher. Bizarre Karstformationen mit steil abstürzenden Kalkfelsen beeindrucken in der **Ćićarija** entlang der Grenze zu Slowenien. Der lang gestreckte Höhenzug des **Učka-Gebirges** begeistert mit imposanten Canyons und herrlichen Panoramablicken. Weiter westlich im **Mirnatal** thronen auf Hügelkuppen hoch über trüffelreichen Eichenwäldern und fruchtbaren Weinbergen mittelalterliche Festungsstädte wie **Motovun**, **Buzet** oder das durch eine Künstlerkolonie neu belebte Dorf **Grožnjan**. Winzige Ortschaften wie **Roč** und **Hum** entzücken mit buckligen Gässchen und altslawischen Kulturschätzen, die daran erinnern, dass hier einst ein Zentrum glagolitischer Literatur war. In dieser ländlichen Abgeschiedenheit genießen Feinschmecker in rustikalen Konobas den luftgetrockneten Karstschinken Pršut und hochkarätigen weißen **Trüffel**, der frisch gehobelt über hausgemachten Fuzi-Nudeln und Gnocchi serviert wird. Auch Liebhaber eines guten Tropfens kommen hier nicht zu kurz. Zur kraftvollen Landküche passen traditionelle **Weine** wie der weiße Malvasier oder der Teran, ein nahezu schwarzer

Links oben: *Fulminanter Mosaikzauber – Euphrasius-Basilika in Poreč*
Links unten: *Maritime Souvenirs – an Rovinjs Uferpromenade Obala*
Links: *Venezianisches Bilderbuchmotiv – Altstadthalbinsel von Rovinj*
Unten: *Dschungelgrünes Wassertheater – Nationalpark Plitwitzer Seen*

Roter, dessen Trauben nur im istrischen Karst gedeihen. Ebenfalls beliebtes Ziel für Gourmets sind an den Ufern des fjordschönen **Limski-Kanals** die berühmten Austern-Lokale, die ihre Köstlichkeiten direkt aus den Zuchtanlagen im Tidengewässer ›fischen‹.

Inselwelt mit Müßiggang

Einen ganz eigenen Reiz besitzen die Inseln im **Kvarner Golf**. Sie sind ebenso, wie die Eilande vor der südlich anschließenden dalmatinischen Küste, Überbleibsel eines versunkenen Faltengebirges, dessen höchste Gipfel und Kämme heute dekorativ aus dem Meer ragen. Die Bedeutung von Schifffahrtswegen und Seehandel bestimmte die Geschicke des Archipels schon zu Zeiten der Römer, die **Cres** und **Lošinj** durch einen Kanaldurchbruch zu eigenständigen Eilanden machten, mehr aber noch unter der Herrschaft der Venezianer, die ein reiches architektonisches Erbe hinterlassen haben.

Heute ist die istrische Inselwelt Revier der **Freizeitkapitäne**, die mit eigenem

oder gechartertem Boot durch die azurblaue Adria schippern. Gemütliches Sich-Treiben-Lassen und entspannte Ruhe sind ihr Motto, ganz dem Herzschlag der Inseln entsprechend. Hier ist Massentourismus unbekannt, selbst einige Ferienzentren an der Westküste von **Krk** oder rund um die Sandstrandparadiese bei Lopar auf **Rab** sind vergleichsweise idyllische Flecken. Einzig die südlichste und streng genommen bereits zu Dalmatien zählende Kvarner Insel **Pag** bietet auch Partyspaß direkt am Strand und zieht daher ein vornehmlich junges Publikum an.

Klares sauberes Wasser garantiert überall ungetrübtes Schwimmvergnügen, Schnorchel und Flossen sollten im Urlaubsgepäck nicht fehlen. Die reiche submarine Welt rund um die Inseln Cres, Lošinj und Krk ist zudem ideales Terrain für Taucher, geführte Touren etwa zu gesunkenen Schiffswracks bieten Abwechslung im Ferienprogramm. Wanderer schätzen die archaisch schönen Landschaften mit steil abstürzenden Klippen, an welchen wieder Gänsegeier nisten, mit karstigen Anhöhen voll würzigem Kräuterduft, mit dichtem Laubwald und silbrig grünen Olivenhainen.

Oben links: *Badeglück mit Inselblick – Strand von Fažana nahe dem Nationalpark Brijuni*
Oben rechts: *Altstadtromantik – hoch zu Berge in Buje oder am Meer in Veli Lošinj*
Unten: *Flaneure und Biker unter sich – Uferpromenade an der Ostküste bei Rabac*

Natur zwischen Karst und Kaskaden

Nicht beschaulich wie die Kvarner Inselwelt, sondern spektakulär mit schroff bis zu 1758 m Höhe aufragendem Gebirgsmassiv präsentiert sich an der Ostküste der Kvarner Bucht der Karstriese **Velebit**. Sein als Nationalpark geschützter Norden mit reizvoll rauer Winnetou-Film-Landschaft und einzigartiger Hochgebirgsflora ist ein exzellentes Wanderareal. Herrliche Routen, etwa der 60 km lange Premužič-Weg, sind auch bei Mountainbikern beliebt.

Zu den beeindruckendsten Naturschönheiten Kroatiens aber zählen zweifelsohne die **Plitwitzer Seen** im Hinterland des Velebit. Leuchtend grüne, über Kilometer gestaffelte Seen und bis zu 76 m in die Tiefe stürzende Wasserfälle mit Sinterkaskaden in dschungelartiger Waldlandschaft ziehen jeden Besucher in ihren Bann. Die Szenerie genießt ebenfalls Nationalparkstatus und ist auf Rundstrecken kennenzulernen, die aus Waldwegen, Holzstegen und kurzen Bootspassagen bestehen.

Dritter im Bunde ist der Nationalpark **Risnjak** nordöstlich von Rijeka. Auch er lockt mit Gipfelwanderungen auf majestätische Höhen von mehr als 1500 m. Zudem ist er Treffpunkt der Wildwasserfans, die auf dem rasanten Bergfluss Kupa durch Karstschluchten und dichte Laubwälder raften.

Komfort mit Freizeitspaß

Eine vielfältige touristische Infrastruktur mit großen Hotelanlagen und kleinen Pensionen, charmanten Apartments und luxuriösen Wellnesstempeln, grünen Campingplätzen und modernen Marinas garantiert ein Ferienquartier für jeden Geschmack. Zumeist sind es Badeurlauber, die hier sommerliches Strandvergnügen genießen. Zudem erfreuen sich sportlich Aktive an der Vielfalt der Möglichkeiten. Sie gleiten mit Surf- und Wakeboard über die Wellen oder entdecken mit Schnorchel oder Sauerstoffflasche die bunte Unterwasserwelt. Andere leisten internationalen Tennisgrößen beim Schlagabtausch Gesellschaft, putten auf Golfplätzen mit grandiosem Meer- oder Bergblick oder treten auf 2600 km Radwegen in die Pedale. Entspannte Beschaulichkeit bieten dann Restaurantterrassen mit Hafenflair und schmucke Cafés auf mediterranen Plätzen. Die Mischung macht´s, und für Abwechslung ist in Istrien gesorgt!

Geschichte, Kunst, Kultur im Überblick

Von der römischen Provinz Illyricum zur Republik Kroatien

ab 600 v. Chr. Kolonisten aus Griechenland gründen erste Städte entlang der östlichen Adriaküste, vor allem in Albanien. Dort treffen sie auf Ackerbauern und Hirten, die in großen Sippenverbänden leben. Griechische Geschichtsschreiber und Geographen bezeichnen diese Stämme als Illyrer. Auf der istrischen Halbinsel und entlang der Kvarner Bucht entstehen nur kleine Handelsstützpunkte wie Emonia (Novigrad).

201 v. Chr. Mit dem Sieg über die Karthager im 2. Punischen Krieg wird das Römische Reich zur Großmacht. Hatte es die Völker jenseits der Adria bislang nur durch Bündnisverträge an sich gebunden, so werden sie nun nach und nach unterworfen. Als Vorwand für die Eroberung dient der Vorwurf, die Illyrer betätigten sich als Seeräuber.

181 v. Chr. Illyrer greifen die römische Stadt Aquileia an. Daraufhin beginnt Rom einen weiteren Feldzug, der mit der Eroberung der gesamten istrischen Halbinsel endet. Sie wird der Provinz Illyricum zugeschlagen. Pula entwickelt sich zum bedeutenden Handelshafen.

58 v. Chr. Der Senat überträgt Julius Cäsar die Verwaltung der Provinzen Gallia und Illyricum. Sie werden zur Machtbasis des künftigen römischen Alleinherrschers. Sein Nachfolger Augustus baut Pula zur Provinzhauptstadt aus. Zum ehrgeizigen Bauprogramm gehört die erst 79 n. Chr. fertig gestellte Arena.

395 Nach dem Tod des Kaisers Theodosius wird das Römische Reich unter seinen Söhnen aufgeteilt. Die Trennlinie zwischen West- und Ostrom verläuft entlang des Flusses Drina, der heute die Grenze von Serbien und Bosnien-Herzegowina bildet. Istrien und die Inselwelt des Kvarner gehören also fortan zum Weströmischen Reich.

um 400 Die Völkerwanderung beginnt. Aus dem Osten Europas rücken die Goten nach Westen vor. Zunächst kann sie das Weströmische Reich noch durch Bündnisverträge befrieden, doch 476 greift der gotische Anführer Odoaker Rom an. Er setzt Kaiser Romulus Augustus ab und erklärt sich zum König Italiens. Zu seinem Reich gehören auch Istrien und der Kvarner.

493 Der Ostgote Theoderich der Große, verbündet mit dem von Byzanz aus regierten Oströmischen Reich, besiegt Odoaker. Von Ravenna aus herrscht er über Italien und die nördliche Adria.

539 Der byzantinische Kaiser Justinian kann west- und oströmisches Reich ein letztes Mal vereinen. Während der größte Teil Italiens schon 568 wieder an die Langobarden, einen aus dem Norden eingewanderten Stamm, verloren geht, bleiben Istrien und der Kvarner bei Byzanz.

599 Im heutigen Ungarn lassen sich Awaren und Slawen nieder. Sie unternehmen Raubzüge an die Adriaküste. Manche Stammesangehörige werden im Binnenland Istriens und den Bergen am Kvarner Golf sesshaft.

784 Karl der Große erobert das Langobardenreich. Anschließend dehnt er seinen Herrschaftsbereich auch auf Istrien aus und integriert die Halbinsel in die Mark Friaul. Damit beginnt Istriens Zugehörigkeit zum Heiligen Römischen Reich Deutscher Nation.

ab 800 Südlich des Kvarner entstehen eng mit dem Byzantinischen Reich verbündete slawische Fürstentümer. Erstmals werden die dort siedelnden Menschen als Kroaten bezeichnet.

ab 862 Um die christliche Liturgie auch im Slawischen wiedergeben zu können, entwickeln die Missionare Kyrill und Method eine neue Schrift, die Glagoliza. Dafür variieren sie die Symbole Kreuz, Kreis und Dreieck. Besonders im Inneren

Amphitheater in Pula, Arena des römischen Imperiums

Istriens und auf der Insel Krk wird sie bis ins 16. Jh. verwendet.

910 Der kroatische Fürst Tomislav wird auf einer Adelsversammlung zum König gewählt. Er herrscht fortan über die einstige römische Provinz Dalmatia bis hinauf zum Kvarner Golf. Die dortigen Inseln gehören zwar formal noch zum Byzantinischen Reich, werden jedoch ebenfalls von den Kroaten verwaltet.

Glagolitische Schriftkultur: Steinplatte von Valun

952 Der deutsche König Otto I. belehnt den Herzog von Bayern mit der Markgrafschaft Friaul, also auch mit Istrien. In den folgenden Jahrhunderten wechseln die Landesherren immer wieder, die Lehenshoheit der deutschen Könige und Kaiser bleibt jedoch bestehen.

ab 1000 Venedig steigt zur Wirtschaftsmacht auf. Wichtigster Handelspartner der Serenissima ist das Byzantinische Reich. Um die Seeverbindung dorthin zu sichern, besetzen die Venezianer Hafenstädte und Inseln entlang der östlichen Adriaküste, darunter Krk (1115), Rab (1115) und Rovinj (1283).

1102 Nach dem Aussterben der ersten kroatischen Königsdynastie lässt sich der ungarische König Koloman in Biograd, einer Stadt 30 km südlich des norddalmatinischen Zadar, zum König von Kroatien krönen.

1291 Um seinen Einfluss in der nördlichen Adria weiter auszubauen, führt Venedig Krieg gegen den Patriarchen von Aquileia, den der deutsche Kaiser 1209 mit der Markgrafschaft Friaul belehnt hatte. Mit ihrem Sieg erringt die Republik die Oberhoheit über die gesamte Westküste Istriens.

1466 Das Haus Österreich-Habsburg erwirbt Fiume, das heutige Rijeka. Damit haben die Habsburger einen direkten Mittelmeerzugang und konkurrieren mit Venedig.

1526 In der Schlacht von Mohacs erleidet König Ludwig II. von Ungarn-Kroatien eine verheerende Niederlage gegen die Osmanen. Ludwig ertrinkt auf der Flucht vom Schlachtfeld. Damit steht dem Osmanischen Reich der Weg nach Europa offen.

um 1550 Nach langem Interregnum fällt der noch nicht vom Osmanischen Reich eroberte Teil Kroatien-Ungarns an das Haus Österreich-Habsburg. Etwa auf der Höhe von Karlobag am kroatischen Festland vor der Insel Pag kommt die osmanische Expansion zum Stehen. Damit liegen Kvarner Golf und Istrien am äußersten Rand des christlichen Europas. Die Habsburger richten eine stark befestigte Militärgrenze ein.

1683 Die Osmanen scheitern an der Belagerung Wiens. Anschließend gelingt es Österreich-Habsburg, das Osmanische Reich nach Südosten zurückzudrängen.

ab 1700 Ein Statthalter verwaltet für Österreich-Habsburg von Triest aus die Adriaküste um Triest sowie zwischen Rijeka und Karlobag. Die Region wird als Österreichische Küstenlande oder Litorale bezeichnet. Die Republik Venedig beherrscht weiterhin die Westküste Istriens.

1797 Napoleon zwingt Österreich-Habsburg zum Frieden von Campo Formio. Mit diesem Vertrag gehen die habsburgischen Niederlande an Frankreich verloren, zum Ausgleich erhalten die Habsburger die Territorien der Republik von Venedig, darunter auch das westliche Istrien.

1805 Nach der Niederlage in der Dreikaiserschlacht von Austerlitz verliert Österreich seine Küstenlande an das napoleonische Frankreich. In den Folgejahren werden die Verwaltungsgrenzen von den Franzosen mehrfach geändert. Istrien wird zum Herzogtum erhoben, die Zünfte werden aufgelöst, der Handel liberalisiert, es werden Straßen gebaut und ein Kohlebergwerk bei Labin eröffnet. Dazu werden Feudalabgaben reduziert, an ihrer Stelle jedoch eine staatliche Steuer eingeführt.

Emblem venezianischer Blütezeit: Markuslöwe in Rovinj

Unter der Flagge Österreich-Habsburgs: Marinestützpunkt in Pula um 1896

1813 Nach der Niederlage Frankreichs in der Völkerschlacht von Leipzig rücken österreichische Truppen wieder in die Küstenlande ein.
1815 Der Wiener Kongress bestätigt die österreichische Rückeroberung Istriens.
1848 In Zagreb formiert sich eine kroatische Nationalbewegung. Sie fordert von Österreich-Habsburg eine Landesverfassung und eine regionale Volksvertretung. Sie soll jene Regionen repräsentieren, die mehrheitlich von Kroaten besiedelt sind. In Istrien kommt es im bäuerlich geprägten Binnenland, wo die Kroaten die Bevölkerungsmehrheit stellen, zu Bauernaufständen. Sie werden jedoch rasch niedergeschlagen.
1850 Pula wird zum Haupthafen der österreichischen Kriegsmarine ausgebaut, Amtssprache wird das Deutsche, obwohl die Bevölkerungsmehrheit Italienisch oder Kroatisch spricht. 1876 erreicht die Eisenbahnlinie aus Wien über Divača bei Triest die Stadt.
1861 Istrien erhält den Rang eines österreichischen Kronlandes. Das Wahlrecht zum Landtag mit Sitz in Poreč bevorzugt die in den Küstenstädten wohnenden Italiener.
1866 Italien verbündet sich im Deutschen Krieg mit Preußen gegen Österreich-Habsburg. Nach der österreichischen Niederlage erhält Italien Venetien; die von Italienern bewohnten Küstengebiete Istriens und entlang des Kvarner Golfs bleiben vorerst noch bei Österreich.
1884 Eine Bahnlinie verbindet Triest über Rijeka mit Opatija. Damit verkürzt sich die Reisezeit aus den großen Städten des Habsburgerreichs an die Liburnische Riviera enorm. Erste Villen und Grand Hotels für Wintertouristen werden gebaut.
1890 In Istrien leben ca. 141 000 Kroaten, 118 000 Italiener und 44 500 Slowenen.
1914 Nach den tödlichen Schüssen auf den österreichischen Thronfolger in Sarajevo bricht der Erste Weltkrieg aus. Die Mittelmächte um das Deutsche Reich und Österreich-Ungarn stehen der Entente um Frankreich, Großbritannien und Russland gegenüber.
1915 Die Entente garantiert Italien für den Fall eines Kriegseintritts auf ihrer Seite die istrische Halbinsel. 1918 besetzt die italienische Armee Istrien. Im Vertrag von Rapallo wird die Region schließlich auch rechtlich Italien zugesprochen.
1922 Nach der Machtübernahme der Faschisten in Italien wird die kroatische und slowenische Kultur in Istrien unterdrückt. Italienisch ist Amtssprache, auch die Schulen unterrichten nur noch auf Italienisch. Ziel ist die völlige Assimilierung der Bevölkerung an Italien.
1939 Nach Ausbruch des Zweiten Weltkriegs wandelt sich der zivile Widerstand gegen die italienische Herrschaft in einen bewaffneten Partisanenkampf.
1941 Italienische und deutsche Truppen besetzen das Königreich Jugoslawien. Unter Führung der faschistischen Ustascha-Bewegung wird ein kroatischer Satellitenstaat gegründet, der mit Deutschen und Italienern zusammenarbeitet.
1943 Italien kapituliert im September, in Istrien übernimmt der ›Antifaschistische Rat der Volksbefreiung‹ die Regierung.
1945 Der Partisanenkommandant Josip Broz, genannt Tito, gründet die Föderative Volksrepublik Jugoslawien unter Führung der Kommunistischen Partei. Rund 150 000 italienischstämmige Istrier siedeln nach Italien über.
1948 Tito lehnt den sowjetischen Führungsanspruch im sozialistischen Lager ab

und bricht mit Stalin. Kleine Privatunternehmen werden erlaubt.
1956 Bei einer Konferenz auf den Brijuni-Inseln vor Istrien unterzeichnen der ägyptische Präsident Nasser und das indische Staatsoberhaupt Nehru die Brijuni-Deklaration. Sie leitet die Gründung der Bewegung der Blockfreien Staaten ein. Ihr Ziel ist die Überwindung des Kalten Krieges zwischen Warschauer Pakt und NATO.
ab 1970 Istrien, die Kvarner Bucht und die südliche Adriaküste werden trotz ihrer Zugehörigkeit zu einem sozialistischen Staat dank günstiger Hotels und Campingplätze zum beliebten Urlaubsziel. Dieser touristische Aufschwung kann die

Pakt auf Veli Brijun: Nasser, Nehru und Tito (v.l.n.r.) 1956

Wirtschaftskrise, in die alle sozialistisch regierten Länder Ost- und Mitteleuropas seit den 1970er-Jahren geraten, aber nicht verhindern.
1980 Tito stirbt im Alter von 88 Jahren. Das Amt des Staatspräsidenten wird abgeschafft, fortan rotiert die Leitung des Staatspräsidiums unter den Vorsitzenden der kommunistischen Parteien der jugoslawischen Teilrepubliken.
1986 Slobodan Milošević wird Parteichef des Bunds der Kommunisten Serbiens. Er vertritt einen extremen serbischen Nationalismus. In den übrigen Teilrepubliken stößt er mit dieser Haltung auf erbitterten Widerstand.
1989 In der jugoslawischen Teilrepublik Kroatien werden mehrere neue Parteien gegründet. Aus den ersten freien Wahlen im folgenden Jahr geht die kroatisch-nationalistische HDZ unter Führung des autoritären Franjo Tuđman als Sieger hervor. Er lässt eine Verfassung ausarbeiten, die Kroatien zum Nationalstaat des kroatischen Volkes erklärt, und strebt die Umwandlung Jugoslawiens in eine Konföderation souveräner Staaten an.
1991 Am 25. Juni ruft Franjo Tuđman die Republik Kroatien aus, die die EU wenig später anerkennt. Slobodan Milošević will jedoch die Kontrolle über von Serben besiedelte Territorien nicht abgeben. Dem folgenden Krieg fallen etwa 12 000 Menschen zum Opfer. Istrien und die Kvarner Bucht sind von den Kämpfen nicht direkt betroffen, nehmen aber Flüchtlinge aus anderen Landesteilen auf.
1995 Das Abkommen von Erdut beendet den Kroatienkrieg und schreibt die bis heute geltenden Grenzen der Republik Kroatien fest.
2002 Bei den Olympischen Winterspielen in Salt Lake City gewinnt die kroatische Skifahrerin Janica Kostelić drei Goldmedaillen.

Besatzungszeit: Ustascha-Parade mit Ante Pavelic 1941

2005 Die EU beginnt Beitrittsverhandlungen mit Kroatien. Als Problem erweist sich die schleppende Aufarbeitung der von Kroaten begangenen Kriegsverbrechen während des Unabhängigkeitskrieges. Überdies kritisiert die EU die mangelnden Erfolge im Kampf gegen organisierte Kriminalität und Korruption.
2009 Slowenien und Kroatien einigen sich darauf, den Streit über den Grenzverlauf in der Bucht von Piran von einem Schiedsgericht klären zu lassen.
2011 Ivo Sanader, der ehemalige Ministerpräsident Kroatiens, steht wegen Korruption vor Gericht. – Im Juni werden die EU-Beitrittsverhandlungen erfolgreich abgeschlossen, ab 1. Juli 2013 soll Kroatien Mitglied der Union sein.

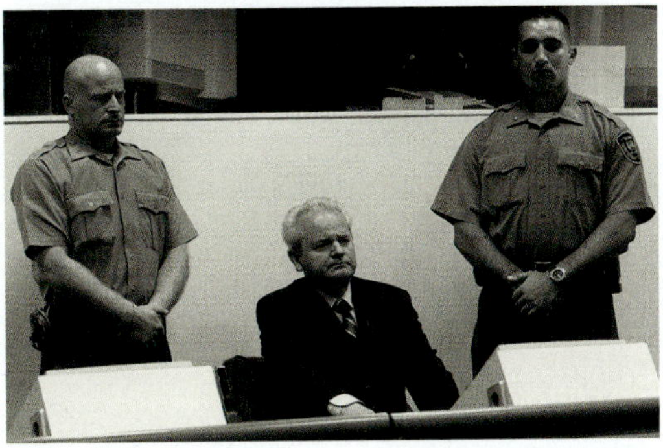

Vor dem UN-Tribunal: Slobodan Milošević 2001

Die Pfarrkirche Sveta Euphemia wacht über das Bilderbuchstädtchen Rovinj im Westen Istriens

Unterwegs

Die Westküste und ihr Hinterland – charmante Adriaorte und Festungsdörfer

Sauberes Adriawasser, Buchten mit feinem Kiesstrand oder felsigem Untergrund sowie idyllische, durch die lange Herrschaft Venedigs geprägte Hafenstädte machen den Reiz der Westküste aus. **Rovinj** und **Poreč** gehören zu den Kleinoden, die schon seit langem Besucher verzaubern. Badefans, Wassersportler, Kulturliebhaber und Kunstfreunde kommen hier gleichermaßen auf ihre Kosten.

Im Hinterland erhebt sich ein durch Flusstäler gegliedertes welliges Plateau, auf dessen Anhöhen mittelalterliche **Bergdörfer** wie Buje und Motovun thronen. Sie bestechen mit bäuerlicher Ursprünglichkeit, ihre regionale Küche verwöhnt mit Trüffel, bestem Olivenöl und wunderbaren Weinen.

1 Umag

Traditioneller Badeort mit viel Flair.

Der lebhafte Ferienort Umag nahe der slowenischen Grenze besticht durch seine venezianisch geprägte Altstadt, die sich mit ihren engen Gassen auf einer schmalen Landzunge ins Meer hinaus streckt. Sie rahmt eine weite Bucht mit Hafen und Marina, an die sich Richtung Nordosten bis zur Halbinsel von Savudrija Hotelanlagen, Campingplätze und schöne Badestellen anschließen: von Kiefernwäldern gesäumter Kieselstrand etwa bei Stella Maris oder Sandstrand bei Plaza Polynesia. Felsstrände und Badeplateaus findet man im Süden von Umag an der Plaza Ladin Gaj.

Geschichte Entstanden als Landsitz wohlhabender Römer, erlebte der strategisch günstig gelegene Ort – damals noch Insel – zunächst einen regen Machthaberwechsel: Byzanz bis 751, Langobarden bis 774, dann Franken. Größere Stabilität genoss Umag erst im frühen Mittelalter als Lehen des Bistums von Triest. Schutz gewährten seither turmbewehrte Befestigungsmauern – Reste davon sind bis heute erhalten. 1268 unterstellte sich Umag dem Einfluss des erstarkten Venedig, das die Geschicke der Stadt bis 1797 lenkte und sie zu einem florierenden Weinhafen gedeihen ließ. Mit dem Ende der Republik Venedig fiel Umag an Österreich-Ungarn, nach dem Ersten Weltkrieg 1918 an Italien und 1945 an das Freie Territorium Triest. 1954 wurde die Stadt Teil Jugoslawiens, seit den 1960er-Jahren er-

Höchster Punkt in der Seeansicht Umags ist der Campanile der Kirche Sveta Marija

hielt sie neue wirtschaftliche Impulse durch den Tourismus. Internationales Renommée genießt Umag seit Anfang der 1990er-Jahre durch das hoch dotierte Tennis-Cup **ATP Croatia Open** (www.croatiaopen.hr), zu dem Ende Juli die Tennisstars anreisen.

Durch die Altstadt

Das historsche Zentrum Umags ist klein und überschaubar, es wird umrahmt von einer reizvollen Promenade: An der Festlandseite grenzt sie an einen großen Parkplatz und heißt **Nova Obala**, am Ufer der Halbinsel lädt sie als **Obala Tita** und schließlich als **Obala Pelegrina** mit Restaurants, Cafés und herrlichem Meerblick zum Verweilen ein.

Quirliger Kern der Altstadt ist der **Trg Slobode**, den ebenfalls Cafés und Bars säumen. Zur Nordseite öffnet er sich mit Ausblick auf den Hafen und ein buntes Ensemble von Ausflugsschiffen, im Süden markiert die barocke Pfarrkirche **Sveta Marija** die Grenze zwischen Halbinsel und Festland. Das Bauwerk entstand 1757 auf einem älteren Fundament, größter Schatz im Kircheninneren ist ein gotisches Schnitzretabel aus dem 15. Jh. mit den Figuren der hll. Petrus, Antonius und Martin. Bereits aus dem 14. Jh. stammen verwitterte Reliefplatten mit dem venezianischen Löwen und dem hl. Pelegrinus, dem Schutzpatron Umags. Sie wurden 1691 beim Bau des Campanile in dessen Fassade integriert.

Durch schmale mittelalterliche Gassen, in denen Souvenirläden und kleine Boutiquen die Kauflust der Besucher wecken wollen, erreicht man die Spitze der Landzunge und das sehenswerte kleine Stadtmuseum **Muzej Grada Umaga** (Trg Sveta Martina bb, Tel. 052/72 03 86, Juni–Sept. Di–Sa 10–13, 18-21, So 10–13, Okt.–Mai Di, Mi 10–12, Do, Fr 10–12, 17–20, Sa, So 10–13 Uhr). In einem venezianischen Rundturm, einst Teil der Stadtbefestigung, zeigt es regionale archäologische Funde aus der langen Siedlungsgeschichte Umags. Besonders interessant sind Exponate, die aus einer mittlerweile unter Wasser liegenden antiken Siedlung am nahen Kap Katoro geborgen wurden.

Kap Savudrija

Per Touristenbahn von Umags Nova Obala sowie zu Fuß oder mit dem Fahrrad geht es auf der Uferstraße Zambratija und hübschen Wegen an der Ostküste entlang zum Kap Savudrija. An der Strecke laden schöne Strände zur Badepause, schattige Pinienwäldchen zum Picknick und Restaurantterrassen zum entspannten Meerblickgenuss. Das Kap selbst streckt sich rund 7 km nördlich von Umag in die Adria hinaus und markiert mit

seinem 1818 errichteten 36 m hohen Leuchtturm den westlichsten Punkt Kroatiens. Heute dient er als Feriendomizil (www.lighthouses-croatia.com) für Urlaubsgäste mit Sinn für Romantik.

Praktische Hinweise

Information

Tourismusverband Umag, Trgovačka 6, Umag, Tel. 052/74 13 63, www.tz-umag.hr

Tourismusverband Savudrija, Istarka 2, Umag, Bašanija, Tel.052/75 96 59, www.istria-savudrija.com

Hotels

*****Kempinski Adriatic**, Alberi 300, Savudrija, Tel. 052/70 70 00, www.kempinski-adriatic.com. Luxusherberge mit 186 Zimmern und Suiten sowie dem ersten 18-Loch Golfplatz Istriens ganz im Nordwesten der Halbinsel.

***Sol Umag**, Jadranska bb, Umag, Tel. 062/71 40 00, http://de.solmelia.com. Komfortable Hotelanlage mit gut 200 geräumigen Zimmern, Meerblick, Pool, Wellnessbereich und Zugang zu Tennisplätzen.

Camping

Fkk-Camping Kanegra, Kanegra bei Umag, Tel. 052/70 90 00, www.istraturist.com. Von Felsen und bewaldeten Hügeln gerahmte Anlage mit breitem Kiesstrand. Sport- und Unterhaltungsprogramm.

Stella Maris, Savudrijska cesta bb, Umag, Tel. 052/71 09 00, www.istraturist.com. Teil einer Ferienanlage mit Stellplätzen in einem lichten Pinienwald an der Küstenstraße nach Katoro. Das internationale Tenniszentrum in der Anlage bietet von Frühjahr bis Herbst diverse Spielmöglichkeiten und Gästeturniere. Am hier ausgerichteten ATP Croatia Open (s. o.) nehmen jedoch nur Top-Profis teil.

Zum Stelldichein im Café lockt Umags Trg Slobode vor der Kirche Sveta Marija

Marina

ACI Marina Umag, Tel.052/74 10 66, www.aci-club.hr. Im nördlichen Teil des Hafens, vor dem Hotel Adriatic, mit mehr als 500 Liege- und Stellplätzen und diversen technischen Einrichtungen.

Restaurants

ACI Neptun, Marina Umag-Punta, Tel. 052/74 13 82. Solide Fischgerichte zu vernünftigen Preisen.

Allegro, Obala Tita 9, Umag, Tel. 052/ 70 00 00, www.hotel-kristal.com. Frischer Fisch, aber auch Wild, Ziege oder Ente mit frischen Kräutern zubereitet.

Konoba Umag, Ul. Pod Urom 7, Umag, Tel. 052/75 14 23. Rustikales Restaurant zwischen Sveta Marija und Meer mit frischem Fisch.

Einkaufen

TOP TIPP **Moreno Coronica**, Koreniki 86, Umag, Tel. 052/73 03 57. Leichte und gut bekömmliche Malvasier- und Teran-Weine. Verkostung nach Voranmeldung.

Weinkeller Degrassi, Basania bb, Savudrija, Tel. 052/75 92 50, www.degrassi.hr. Im modernen Keller an der Nordwestspitze Istriens gibt es gute Tropfen istrischer und französischer Provenienz.

Tauchen

Diving Center Seaturtle, Camping Park Umag Karigador bb, Brtonigla, Tel. 099/ 575 32 30, www.sportndiving.hr. Tauchausflüge und Kurse vor der Küste von Umag.

Diving Center Subaquatic, Stella Maris, Savudrijska cesta bb, Umag, Tel. 092/ 26 161 68, www.subaquatic.org. Ausflüge in Unterwasserwelten zwischen 5 und 20 m Tiefe.

Bewährtes Prinzip: Auch Novigrads Altstadt liegt auf einer Halbinsel in der Adria

2 Novigrad

Charmante Altstadt-Halbinsel mit weiter Hafenbucht inmitten eines beliebten Urlaubsgebiets.

Eine im heutigen Sinne ›neue Stadt‹ ist Novigrad nicht, denn die Civita Nova, auf die ihr Name verweist, geht zurück auf die Römer. Aber auch sie waren nicht die Ersten, welche die geschützte Buchtenlage der karstigen Insel zu schätzen wussten: Eine zuvor hier existierende Kolonie griechischer Seefahrer ist – wie Unterwasserfunde nahelegen – im Meer versunken. Starkes Wachstum erlebte die Siedlung im 6. Jh. durch die Zuwanderung von römischen Flüchtlingen aus dem zerstörten Emona (heute Ljubljana in Slowenien). Im Mittelalter erhielt der prosperierende Ort eine mit Zinnenkranz abschließende Befestigungsmauer, die ein Stück weit entlang der Meerespromenade erhalten ist. An eine lange Ära des Wohlstands unter venezianischer Hoheit ab 1227 erinnern zahlreiche Renaissance-Paläste und barocke Bürgerhäuser, die das Stadtbild bis heute prägen. Die Verbindung zum Festland wurde erst im 18. Jh. durch die Zuschüttung des trennenden Meeresarms geschaffen. Hotelanlagen säumen die Kiesstrände und Felsbuchten zu beiden Seiten der Stadt.

Hafen und Altstadt

Entrée des Zentrums ist die breite, von einem Obst- und Gemüsemarkt flankierte Ulika Mulvi, von der man zum Parkplatz am Park Irma Benčić abzweigt. Gleich dahinter öffnet sich das beschauliche Hafencarée **Mandrač**, das mit charmanten Fischrestaurants besonders abends zum Publikumsmagnet wird. Maritimes bietet nahebei auch das Marinemuseum **Gallerion** (Mlinska 1, Tel. 098/254279, www.kuk-marine-museum.com, April–Mai tgl. 9–12, 16–19, Juni–Jan. tgl. 10–12, 19–22 Uhr). Mehrsprachige Schautafeln erklären die ausgestellten Waffen, Uniformen, aber auch Postkarten und Souvenirs von Matrosen sowie der großen Zahl detailreicher Schiffsmodelle. Sie dokumentieren die Entwicklung der k.u.k.-Marine vom kurzzeitigen Aufstieg bis zum Niedergang nach dem Ende des Ersten Weltkrieges. In Novigrad selbst befand sich damals die Schule für U-Boot-Kommandanten.

Ins Herz der Altstadt führt wenige Schritte weiter südlich die von Geschäften, Lokalen und eleganten Palästen gesäumte Hauptstraße **Velika Ulika**. Die eindrucksvollste Fassade besitzt der barocke **Palazzo Rigo** (Nr. 5), den Graf Carlo Rigo 1762 mit schönem Portal und Zwillingsfenstern zieren ließ. Er beherbergt im Erdgeschoss die Galerija Rigo (Tel. 052/

Urlaubsgenuss beim Bummeln und Schlemmen an der Promenade in Novigrad

72 65 82, www.galerija-rigo.hr) mit Ausstellungen regionaler Künstler.

Das westliche Ende der Flaniermeile markiert der große **Veliki Trg** mit mittelalterlichem Stadtturm und der imposanten **Pelagius-Basilika**. Ihre Ursprünge reichen zurück ins 6. Jh., als Novigrad Bistum wurde. Der heutige Bau vereint romanische, barocke und neoklassizistische Elemente. Der Campanile entstand erst 1883 nach venezianischem Vorbild. Ein Kleinod ist die dreischiffige frühromanische Krypta, die unter dem Hauptaltar liegt. Schlanke Säulen tragen ihr Kreuzgratgewölbe, unter dem römische und romanische Steindenkmäler sowie ein Sarkophag aus dem 12. Jh. ruhen. Eine Inschrift kennzeichnet ihn als Grablege des damaligen Bischofs Adam.

Weitere steinerne Zeugnisse aus Novigrads Vergangenheit bewahrt gleich neben der Basilika das in einem modernen Bau eingerichtete **Lapidarium** (Veliki Trg 8 a, Tel. 052/72 65 82, www.muzej-lapidarium.hr, Nov.–März Di–So 10–13, 17–19, April, Mai, Okt. Di–So 10–13, 17–20, Juni–Sept. Di–So 10–13, 18–22 Uhr). Glanzstück der Sammlung, die von antiken Denkmälern aus der Region bis zu mittelalterlichen Fundstücken reicht, sind die Fragmente eines sechseckigen Ziboriums aus dem 8. Jh.

Neuzeitliches Flair bringt dagegen stets Ende Juli das **Novigrader Sommer-Jazz- und Bluesfestival** auf den Veliki Trg. Es zählt mit seinen Auftritten internationaler Ensembles zu den Veranstaltungshighlights an der istrischen Westküste.

Einen schönen Ausklang des Altstadtrundgangs bildet die **Uferpromenade**, an deren Südufer eine *Renaissance-Loggia* schöne Ausblicke eröffnet.

Zu einem erfrischenden Bad laden nördlich der Altstadt an der Novigrader Riviera schöne Kies- und Felsstrände ein. Weitgehend vom touristischen Trubel verschont ist das seichte Gewässer an der Bucht von **Dajla**.

i Praktische Hinweise

Information

Tourismusamt, Mandrač 29 a, Novigrad, Tel. 052/75 70 75, www.novigrad-cittanova.hr

Hotels

*****Hotel Maestral**, Škverska 8, Novigrad, www.laguna-novigrad.hr. Beschauliche Ferienanlage direkt an der Promenade, mit Pool und Wellness-Center, nur 10 Gehminuten östlich der Altstadt.

****Pansion Kolo**, Kršin 37, Novigrad, Tel. 052/75 86 58, www.kolo-pansion.hr. Familienbetrieb mit geräumigen Balkonzimmern, kleinem Pool und Restaurant in ruhiger Lage ca. 3 km vom Zentrum.

Camping

Mareda, Mareda bei Novigrad, Tel. 052/73 52 91, www.laguna-novigrad.hr. Großes Gelände nördlich von Novigrad in steinigem Gehölz und am Meer. Sport- und Unterhaltungsprogramm.

Novigrads Museum Gallerion dokumentiert die kurze Ära der k.u.k.-Marine

Die Hügellage von Buje garantiert Besuchern weite Ausblicke auf den Westen Istriens

Marina

Marina Nautica, Novigrad, Tel. 052/60 04 00, www.nauticahotels.com. Moderne Anlage mit 225 Liege- und 50 Stellplätzen.

Restaurants

Čok, Sveta Antona, Novigrad, Tel. 052/75 76 43. Frischer Fisch und eine ungezwungene Atmosphäre machen die Konoba zu einem beliebten Treffpunkt.

Damir e Ornela, Ulica Zidine/Via della Mura 5, Novigrad, Tel. 052/75 81 34. Puristische Fisch- und Pastagerichte mit intensivem Geschmackserlebnis, auch roher, marinierter Fisch. Das kleine Lokal ist oft ausgebucht, also reservieren.

TOP TIPP **Pepenero**, Sveta Antona 4, Novigrad, Tel. 052/75 85 42, www.pepenero.cittar.hr. Innovative Gerichte mit Ausflügen in die Molekularküche des jungen Küchenchefs Marin Rendić, gute Weinkarte.

Tri Palme, Karpinjanska 14, Novigrad, Tel. 052/75 70 81. Familengeführtes Restaurant mit weitem Blick von der Terrasse auf die Stadt, preiswerte istrische Gerichte und Grillspezialitäten.

Vitriol, Ribarnička 6, Novigrad, Tel. 052/75 82 70. Nette Bar mit offenen Weinen, Cocktails, Bieren und Kaffee gleich an der Hafeneinfahrt.

Einkaufen

Al Torcio, Strada Contessa 22 a, Novigrad, Tel. 052/75 80 93, www.altorcio.hr. Das hochwertige Öl dieser Olivenmühle stammt aus der Ernte des 7 ha großen Betriebes, Verkostungen möglich.

Tauchen

Zeus Faber Sport Center, SC Valeta, Lanterna, Tar-Vabriga, Tel. 052/40 50 45, www.zeus-faber.com. Schnorchel- und Tauchkurse und -trips per Boot entlang der Westküste von Istrien.

3 Buje

Der ›Wächter Istriens‹ beschützt die fruchtbare Landschaft der Bujština.

Das malerisch in 222 m Höhe auf einem Grat thronende Städtchen Buje verdankt seinen Beinamen als ›Wächter Istriens‹ seiner markanten Lage. Sie ermöglicht einen weiten Blick über grüne Terrassen voller Olivenhaine und Weingärten, deren Erträge die Region zu einem bedeutenden Landwirtschaftszentrum machen.

Die strategisch günstige Position der Anhöhe wussten schon die Römer zu schätzen. Sie errichteten auf dem höchsten Punkt einen Tempel, von dem einzelne Säulentrommeln und Grabstelen erhalten und in den barocken Bau der Pfarrkirche **Sveti Servul** integriert sind. Sie entstand im 16. Jh. auf den antiken Fundamenten und den Grundmauern einer romanischen Vorgängerin. Bis auf das fein gestaltete *Portal* aus istrischem Marmor gibt sich ihr Äußeres eher abweisend und schmucklos. Trutzig wirkt auch der 50 m hoch aufragende *Campanile*, von dessen Turmstube sich ein traumhaftes Panorama der Westküste und der Hügelrücken der Bujština bietet. Überraschend ist daher die prächtige *Innenausstattung* mit Grisaille-Malereien und großformatigen Gemälden an den Langhauswänden. Als zeitgeschichtliches Dokument besonders beeindruckend ist die ›Ansicht von Buje‹, eine Stadtvedute des 18. Jh. Blickfang im Chor sind Schnitzfiguren einer überlebensgroßen Madonna mit Kind (14. Jh.) sowie der hl. Barbara (15. Jh.). Die elegante Orgel schuf 1791 der italienische Orgelbauer Gaetano Callido.

Cafés und kleine Läden säumen die Hauptstraße hügelabwärts zum *Trg Slobode*, an dem sich die Kirche **Sveta Marija** aus dem 15. Jh., ebenfalls mit freistehendem Glockenturm, erhebt. Sie birgt im Inneren eine Pietà des 15. Jh. sowie mehrere großformatige Wandgemälde venezianischer Künstler des 18. Jh. Eine Kostbarkeit ist die holzgeschnitzte gotische Marienstatue.

Vis-à-vis der Kirche widmet sich das kleine **Stadtmuseum** (Trg Josipa Broza Tita 6, Tel. 052/77 20 23, im Sommer Mo–Sa 9–13, 17–21 Uhr, sonst nach tel. Vereinbarung) der Geschichte Bujes und der Region. Schwerpunkte sind traditionelle Geräte aus Landwirtschaft und Handwerk sowie Haushaltsgegenstände, welche Anbau und Verarbeitung von Wein und Oliven sowie das Spinnen dokumentieren.

Die existentielle Bedeutung erfolgreicher Agrarkultur spiegelt sich auch wider in Bujes Festkalender. Den Jahresreigen eröffnet im Januar das **Festival der Würste** mit der Verkostung der besten heimischen Produkte, gefolgt im März vom **Festival Oleum Olivarium**, bei welchem das beste Olivenöl des Mittelmeerraums prämiert wird. Der April gilt dem Festival **Sparogada**, bei dem ausgewählte Restaurants in einen kulinarischen Wettstreit um das gelungenste Spargelgericht treten. September und November sind reserviert für zwei **Weinfeste**, den bereits seit mehr als 100 Jahren begangenen Tag der Weintraube sowie das Fest des hl. Martin mit der Präsentation des frischen Muskatellers.

Momjan

Bekannt für seine exquisiten Malvasier- und Muskateller-Weine ist nördlich von Buje der kleine Ort Momjan. Die guten Tropfen kann man hier in diversen Lokalen und Weinkellern verkosten. Die einstige Wehrhaftigkeit Momjans bezeugen heute nur noch die Ruinen eines *Kastells* aus dem 12. Jh. Historische Bedeutung hat der Ort jedoch als Fundort einer der beiden in glagolitischem Alphabet verfassten Abschriften der ›Istrischen Grenzbegehungsurkunde‹ aus dem 13. Jh., des ältesten kroatischen Rechtsdokuments (heute in der Universitätsbibliothek von Rijeka, s. S. 87). Bescheidene Sehenswürdigkeit ist im unteren Teil von Momjan die Pfarrkirche *Sveti Martino* aus dem 15. Jh. mit einer geschnitzten Statue der Jungfrau Maria. Ein Panoramablick, der bei klarem Wetter vom Učka-Gebirge im Osten bis zur Küste bei Umag und den Ausläufern der Alpen reichen kann, bietet sich vom **Maurus-Hügel** über dem Ort.

TOP TIPP

Praktische Hinweise

Information

Tourismusverband Buje, Istarske 2, Buje, Tel. 052/77 33 53, www.tzg-buje.hr

Hotels

******Mulino**, Škrile 75 a, Buje, Tel. 052/ 72 53 00, www.mulino.hr. Luxuriöses Hotel mit angeschlossenem Casino, großem Wellness-Bereich und Restaurant mit frischer mediterraner Küche.

TOP TIPP

*****La Parenzana**, Volpia 3, Buje, Tel. 052/77 74 60, www.parenzana.com.hr/de. Gepflegtes Landhotel unter österreichischer Leitung mit behaglich eingerichteten Zimmern und Restaurant mit regionaler Küche.

Restaurants

Konoba Morgan, Bracanija 1, Brtonigla, Tel. 052/77 45 20. Rustikale mediterrane Hausmannskost mit traditionellen Wildgerichten und Kurzgebratenem vom Grill in einem Bergdorf 5 km südwestlich von Buje. Dazu gibt es gute istrische Weine und eine Terrasse mit Ausblick.

La Parenzana, Fratrija br 1, Buje. Stimmungsvolles Restaurant mit offenem Grill. Spezialität sind delikate Süßspeisen.

Malo Selo, Fratrija br 1, Buje, Tel. 052/ 77 73 32. Istrische Konoba-Küche auf hohem Niveau, mit Grill am offenen Kamin. Frischer Trüffel, Spargel, Wild.

TOP TIPP

Stari podrum, Most 52, Momjan, Tel. 051/77 91 52, Do–Di. Gastgeberin Mira Zrnić begeistert in ihrer Konoba mit einfachen saisonalen

Die Parenzana – mit dem Rad durch Inneristrien

Vorbei an dichten Laubwäldern und über tiefe Schluchten hinweg führt die **Parenzana** durch die Hügellandschaft Inneristriens. Bis in die 1930er-Jahre schnauften Schmalspurbahnen auf dieser Strecke von Triest nach Poreč. Danach fiel sie in einen langen Dornröschenschlaf, bis Mountainbiker die traditionsreiche Route in Besitz nahmen.

Ein guter Ausgangspunkt für eine Erkundung der früheren Bahntrasse ist **Buje** [Nr. 3]. Starten kann man am ehemaligen Bahnhof der Stadt in der Staniča Ulika. Wendet man sich gen Norden, so erreicht man, auf meist abschüssiger Strecke über Kaldanija, Markovac und **Savudrija** [s. S. 19] nach 19 km die slowenische Grenze. Auf dem Rückweg kann man bei Savudrija noch einen erfrischenden Abstecher ans Mittelmeer machen.

Deutlich schweißtreibender ist die Fahrt in entgegengesetzter Richtung nach **Vižnada** (einfach 43 km). Ein wenig entschärft durch mehrere einstige Bahntunnel – eine Radlampe sollte deshalb nicht fehlen – und Viadukte geht es stramm bergauf zunächst über den Weiler Triban nach **Grožnjan** [Nr. 4], dem höchstgelegenen Ort an der Parenzana. Unterwegs bieten sich herrliche Ausblicke. Unterhalb von **Oprtalj** [Nr. 6] überquert die Strecke den Fluss Mlin und passiert entlang der Flanke des Berges Osoje ein dichtes Waldstück. Sodann kommt man, meist bergab, nach **Livade** [s. S. 28] im Mirnatal, um anschließend, zunächst durch einen immerhin 222 m langen Tunnel, bergan über die Dörfer Karojba und Rakotule nach Vižnada emporzusteigen, dem derzeitigen Endpunkt der Parenzana. In den kommenden Jahren soll die Route bis zum früheren Ziel der Eisenbahn in Poreč ausgebaut werden. Kartenmaterial und Infos:

Tourismusverband der Region Istrien, Pionirska 1, Poreč, Tel. 052/45 25 00, www.istria-bike.com.

Auf der Parenzana kreuzen Radler die Brücke einer stillgelegten Bahnlinie

Gerichten voller Geschmack, etwa hausgemachten Fuzi-Nudeln mit Trüffeln und frischen Pilzen.

San Rocco, Srednja Ulica 2, Brtonigla, Tel. 052/72 50 00, www.san-rocco.hr. Das Gourmetrestaurant serviert als Spezialität in Teranwein zubereitetes Wild, Polenta mit Pilzen und Adria-Fisch.

Einkaufen

Kozlović Vip Vina, Vale 78, Momjan, Tel. 052/77 91 77, www.kozlovic.hr. Exzellenter Muskat und Malvasier auf dem Weingut von Gianfranco Kozlović.

Otium, Ulica Palih Boraca bb, Brtonigla, Tel. 052/77 41 46. Das moderne Weingut von Pino Degrassi produziert exquisiten Malvasier und Merlot.

4 Grožnjan

TOP TIPP *Künstlerateliers bringen neue Farbe ins mittelalterliche Gemäuer des Ortes.*

Seine bemerkenswerte Verwandlung vom sterbenden Bergstädtchen zum bunten Künstlerdorf macht heute den besonderen Reiz von Grožnjan aus. Das charmante Ensemble mittelalterlicher Gassen und halb verfallener Gebäude thront auf einem Hügel am rechten Ufer der Mirna.

Von früherer Bedeutung als Verwaltungssitz für den Westen Istriens während der knapp 450 Jahre andauernden venezianischen Herrschaft zeugen noch die imposanten Herrenhäuser entlang der Hauptgasse Contrada Grande oder

Adelswappen am Stadttor aus dem 14. Jh. sowie das einstige Kastell am Kirchplatz. Eine starke Dezimierung seiner Bewohner brachte 1630 eine verheerende Pestepidemie. Neuen wirtschaftlichen Aufschwung bescherte die österreichische Herrschaft ab 1813 und die Errichtung der Parenzana-Bahn um 1900, welche landwirtschaftliche Produkte von Grožnjan zur Küste und zu den Märkten von Koper und Triest beförderte. Doch mit dem Ende des Habsburger Imperiums 1918 wurde dieser Handelsweg gekappt, und ein langsamer Niedergang begann. Bis 1965 war Grožnjan beinahe ausgestorben, seine Bewohner waren großteils an die Küste oder ins Ausland abgewandert. Die Rettung kam mit einer Initiative, welche die verlassenen Gemäuer mit Galerien, Ateliers und Werkstätten junger Künstler zu neuem Leben erweckte. Heute ist Grožnjan eine touristische Attraktion und vielseitiger Kunstmarkt für Skulpturen, Bilder, Schmuck und Keramik. Eine **Internationale Sommerschule** (www.hgm.hr) und das **Internationale Zentrum der Kroatischen Musikalischen Jugend** fördern den Nachwuchs. Sommerkurse für einzelne Musikinstrumente, für Ballett, auch zu Architektur- oder zu Umweltthemen erweitern das kulturelle Spektrum.

Belebtes Zentrum des Ortes ist der von Rosskastanien beschattete Platz vor der spätbarocken Pfarrkirche **Sveti Vida, Modesta i Krešencije** aus dem Jahr 1770. Sie besitzt einen Campanile des 17. Jh., der auf den Fundamenten eines Vorgängerbaus aus dem 14. Jh. errichtet wurde. Das Kircheninnere bewahrt ein kunstvoll geschnitztes Chorgestühl mit schönen Intarsien, barocke Marmoraltäre und ein Gemälde aus dem 17. Jh., das den hl. Petrus von Alcantara darstellt. Dem Gotteshaus gegenüber steht das mittelalterliche **Kastell**, das die Venezianer 1359 zu ihrer Residenz machten. Heute bildet es einen stimmungsvollen Rahmen für Sommerkonzerte. Zum Veranstaltungsraum für klassischen Musikgenuss umgenutzt ist auch der barocke Adelspalast **Spinotti-Morteani** (1681) an der Contrada Grande. Das frühere Kornhaus **Fontik** (Tel. 052/77 61 31, www.gallery-fonticus-groznjan.net) über einer im Renaissancestil errichteten Loggia dient den heimischen Künstlern als repräsentativer Rahmen für Ausstellungen.

Am westlichen Ortsausgang, noch vor dem Stadttor, befindet sich die 1554 errichtete Kapelle **Sveti Kuzme i Damjana**, deren Innenraum mit modernen Fresken (1988) des kroatischen Künstlers Ivan Lovrencič aufwarten kann. Interessant ist auch der mit Zypressen begrünte Friedhof mit Grabmälern, die renommierte Grožnjaner Künstler gestaltet haben, etwa das Partisanen-Beinhaus von Peter Černe oder die Personifikation des Glaubens (1905) von Ivan Rendić an der Lovrencič-Familiengruft.

i Praktische Hinweise

Information

Touristische Gemeinschaft der Gemeinde Grožnjan, Umberta Gorjana 3, Grožnjan, Tel. 052/77 61 31, www.tz-groznjan.hr

Dank zugezogener Künstler blühte das halbvergessene Städtchen Grožnjan wieder auf

Durch Hügellage und Mauer doppelt gesichert legten die Venezianer Motovun an

Restaurants

Bastia, Svibnia 1, Grožnjan, Tel. 052/ 77 63 70. Kleines, freundlich eingerichtetes Restaurant mit einer großen Auswahl an Fisch- und Fleischgerichten, Sitzplätze auch im Freien.

Montižel-Monticello, Montižel 59, Završje, Tel. 052/77 62 12, www.pincin-monticello.hr. Die kleine rustikale Taverne östlich von Grožnjan mit Kamin und einer Terrasse bietet istrische Spezialitäten, z. B. unter der ›Peka‹-Haube gegartes Fleisch, dazu Wein aus eigenem Anbau.

5 Motovun

TOP TIPP *Mittelalterliche Festungsstadt mit Panoramablick.*

Auf einem 277 m hohen Hügel über dem weiten grünen Mirnatal thront das von einer imposanten Stadtmauer umgebene Städtchen Motovun.

Zu seinen Füßen empfängt ein großer Parkplatz die zahlreichen Besucher. Steil geht es von hier hinauf in das historische Zentrum, das mit seinen engen Gassen und venezianischen Patrizierhäusern mittelalterlichen Charakter bewahrt hat. Durch das Tor des von Wappen besetzten, doppeltorigen **Stadtturms** (14. Jh.) gelangt man zur einstigen **Stadtloggia** des 17. Jh., die mit ihrem herrlichen Blick über Oliventerrassen und Weingärten begeistert. Das gotische **Obere Stadttor** aus dem 15. Jh. öffnet sich vis-à-vis zum malerischen Hauptplatz **Trg Andrea Antico** mit Café-Tischen und einem Brunnen des 15. Jh., der mit einem Relief des Markuslöwen an die lange Herrschaft Venedigs erinnert. Ihn flankieren das schmucke **Hotel Kaštel** (s. u.) im Gemäuer des venezianischen Palazzo Polesini aus dem 16. Jh., der imposante **Kommunalpalast** aus dem 16. Jh. und die zu Beginn des 17. Jh. errichtete Kirche **Sveti Stjepan.** Ihr von Zinnen bekrönter Campanile aus dem 13. Jh. ist Motovuns Wahrzeichen. Der Entwurf für das Gotteshaus wird dem berühmten Renaissancebaumeister Andrea Palladio zugeschrieben.

Krönender Abschluss einer Stadtbesichtigung ist ein Rundgang auf dem gut erhaltenen **Ringwall** aus dem 14. Jh. Er umschließt mit seinen wuchtigen Torhäusern und Wehrtürmen das historische Zentrum und bietet einzigartige Ausblicke auf Reblandschaft und Eichenwälder vor der Kulisse des Ćićarija-Gebirges. Ende Juli/Anfang August dominiert das **International Motovun Film Festival** (www.motovunfilmfestival.com) die Stadt. Auf mehreren Plätzen werden über 60 Filme aus aller Welt gezeigt, das Gros sind Off-Hollywood-Produktionen. Das Ereignis zieht jedes Jahr rund 30 000 Cineasten

Weitläufige Urlaubsdomizile rahmen Porečs Altstadt auf einer Halbinsel in der Adria

an, Unterkünfte in Motovun und Umgebung sind dann Monate im Voraus ausgebucht.

Livade

Ein Ereignis von überregionaler Bedeutung sind an den Wochenenden im Oktober auch die **Trüffeltage von Livade**. Der im Herzen des Mirnatals nördlich von Motovun gelegene Ort ist berühmt wegen der aromatischen, unterirdisch wachsenden Pilze (s. S. 94), die in den Wäldern der Umgebung zu finden sind. Während der Trüffeltage kann man die wertvollen Tuber an den Marktständen des Ortes begutachten und kaufen, wunderbare Trüffelgerichte kosten, an der Prämierung der schönsten Knolle teilnehmen oder auch der Demonstration dressierter Hunde beim Aufspüren der schmackhaften Kostbarkeit beiwohnen.

TOP TIPP

i Praktische Hinweise

Information

Touristische Gemeinschaft Motovun, Trg Andrea Antico 1, Motovun, Tel. 052/68 17 26, www.tz-motovun.hr

Hotel

*****Kaštel**, Trg Andrea Antico 7, Motovun, Tel. 052/68 16 07, www.hotel-kastel-motovun.hr. Traditionsherberge mit 33 Zimmern und Suiten, überwiegend mit Panoramablick. Das Restaurant mit Terrasse bietet kreative istrische Küche auf hohem Niveau.

Restaurants

Pod Voltom, Trg Josef Ressel 6, Motovun, Tel. 052/68 19 23. Gute Wildgerichte, in der Saison Fuzi oder Carpaccio mit Trüffeln.

Zigante, Levade 7, Livade, Tel. 052/66 43 02. Ein wahres Trüffelparadies, hier kann man sogar Desserts mit markantem Trüffelgeschmack genießen.

Einkaufen

Ipša, Ipši 10, Livade, Tel. 052/66 40 10, www.ipsa-maslinovaulja.hr. Aromareiche und vielfach ausgezeichnete Olivenöldelikatessen.

6 Oprtalj

Beschauliches Städtchen in der Ober-Bujština.

Inmitten von dichten Wäldern erhebt sich auf der Hügelkuppe in 378 m Höhe über dem Mirnatal der pittoreske Bergort Oprtalj.

Eine mittelalterliche Stadtmauer umschließt das historische Zentrum, dessen

Abendliche Urlaubstimmung im historischen Zentrum von Poreč

Charme verwinkelte steingepflasterte Gassen, kleine Plätze, überdachte Durchgänge und unverputzte Steinhäuser ausmachen. Sie werden überragt von der dreischiffigen spätgotischen Kirche **Sveti Jurai** von 1526 und ihrem 27 m hohen romanisch-gotischen Campanile. Den Innenraum zieren Gemälde venezianischer Provenienz, u. a. das Altarbild des hl. Georg aus dem frühen 17. Jh. von Baldassare d'Anna, eine Rosenkranzmadonna (1700) von Matteo Furlanetto sowie die ›Heilige Dreifaltigkeit‹ (18. Jh.) eines Carpaccio-Schülers. Sehenswert ist zudem die Orgel von Gaetano Callido aus dem 18. Jh.

Außerhalb der Stadtmauer lohnt das Kirchlein **Sveta Roka** einen Abstecher. Seine Innenwände sind fast vollständig von Fresken des frühen 16. Jh. bedeckt, in welchen der kroatische Meister Anton Szenen aus dem Leben des hl. Rochus schildert. Tiefer im Tal liegt die Kirche **Sveta Marija** von 1479, deren Innenraum mit einem Freskenzyklus des Meisters Klerigin aus Koper ausgestaltet ist. Er zeigt die Himmelfahrt Mariä, verschiedene Heilige und Propheten.

i Praktische Hinweise

Information

Touristinfo Oprtalj, Matka Laginje 31, Oprtalj, Tel. 052/644077, www.oprtalj.hr

Restaurants

Agroturizam Tončić, Ćabarnica, Oprtalj, Tel. 052/644146. In der Saison adeln frisch gehobelte Trüffeln die guten bäuerlichen Gerichte, die in der Gaststube des Bauernhofs auf den Tisch kommen.

Konoba Bastia, Svibnja 1, Oprtalj, Tel. 052/777770. Während der Saison Trüffelgerichte, ansonsten ländlich Kräftiges wie Schweinebraten und Rehgulasch.

7 Poreč

Vom Meer umschlossene Altstadt mit UNESCO-geadelter Basilika.

Römische Stadtstruktur und mittelalterliche Bauten, dazu Kulturschätze wie die wunderbare Euphrasius-Basilika aus dem 6. Jh., machen Poreč (17000 Einw.) zu einer Perle an der Adria. Das historische Zentrum nimmt eine ins Mittelmeer hinausragende Halbinsel ein, die mit Cafés, guten Fischrestaurants und Geschäften im Sommer muntere Betriebsamkeit zeigt. Mit ausgedehnten Ferienanlagen nördlich und südlich der Altstadt gehört Poreč zu den wichtigsten Zentren des kroatischen Tourismus.

Geschichte Früheste Siedlungsspuren datieren zurück ins 2. Jt. v. Chr., als sich

Festlich kostümierte Teilnehmerinnen der Giostra tanzen zu historischen Weisen

Maskerade mit Galopp

Die Altstadt von **Poreč** bildet die ideale Kulisse für das historische Spektakel, das am zweiten Wochenende im September das Ende der sommerlichen Hochsaison markiert: Edeldamen und adlige Herren in Festkleidung wandeln durch die Gassen der mit bunten Bannern und Fahnen geschmückten Stadt. Straßenhändler preisen lautstark ihre Waren an. Trommler und Trompeter lassen ihre Musikinstrumente ertönen, während sich kostümierte Tänzer zu den alten Weisen bewegen. Jongleure und andere Gaukler in historischem Gewand bereichern die Szene. Dazwischen klappern die Hufe von Pferden auf dem Kopfsteinpflaster, stolze Reiter auf ihrem Rücken. Kern dieses rauschenden Volksfests ist die **Giostra** (www.giostra.info), ein Reiterturnier, dessen Regeln seit 1745 in den Stadtchroniken verankert sind. Neben diesem Wettkampf, bei dem die Teilnehmer im Galopp auf 180 m langem Parcours zwei Zielscheiben (Saracena) treffen müssen, werden inzwischen aber auch im Armbrustschießen die Kräfte gemessen. Kirmesvergnügen und kulinarische Reisen in die Vergangenheit runden das Festprogramm ab.

Histrier hier niederließen. Im 2. Jh. v. Chr. errichteten Römer ein Castrum, dem sie ein rechtwinkliges Straßenraster zugrundelegten. Der längs durch den Ort verlaufende Decumanus sowie der kreuzende Cardo Maximus prägen die Struktur der Altstadt bis heute. 476 fiel Poreč an die Ostgoten und 539 ans Oströmische Reich, unter dessen Herrschaft auch die frühbyzantinische Euphrasius-Basilika entstand, 1267 unter die Regentschaft der venezianischen Serenissima. In deren über 500-jähriger Ära erlangte Poreč als wichtiger Handelsposten Wohlstand, litt aber auch unter der Konkurrenz Venedigs zu den Genuesen, die im Kampf um die Vormachtstellung in der Adria Poreč 1354 empfindliche Zerstörungen zufügten. Sie raubten die Reliquien des städtischen Schutzpatrons, die Gebeine des hl. Maurus. Korsaren- und Uskokeneinfälle sowie eine Pestepidemie bestimmten das 15. und 16. Jh. Neuen Aufschwung brachte erst 1779–1918 die Ägide von Österreich-Ungarn und deren Erhebung der Adriastadt zum Verwaltungssitz für Istrien 1815. Im Jahr 1861 wurde Poreč gar zur Kapitale Istriens gekürt. Zur selben Zeit entdeckten die ersten Feriengäste – Aristokraten der k.u.k.-Monarchie – die Schönheit der Region. Zwischen den Weltkriegen gehörte Poreč zu Italien, ab 1945 dann zu Jugoslawien. Ab den 1960er-Jahren entwickelte sich die Stadt zu einer Tourismusmetropole der istrischen Westküste, nach der Unabhängigkeit von Kroatien im Jahre 1991 konnte sie ihre Attraktivität als Urlaubsziel noch steigern.

Entlang des Decumanus

Große Parkplätze sowie der Busbahnhof liegen östlich der autofreien Altstadt. Von hier sind es jeweils etwa 200 m zum **Trg Slobode** ❶**,** dem Platz des Volkes. Dort beginnt der noch aus römischen Zeiten stammende **Decumanus** ❷. Die wenige Meter breite Passage – teils noch mit 2000 Jahre altem Straßenpflaster – ist heute angesagte Flanier- und Shoppingmeile, flankiert von Boutiquen, Eiscafés und Restaurants. An die lange Ära venezianischer Herrschaft erinnert der hohe Fünfeckturm **Peterokutna Kula** ❸ mit einem Relief des Markuslöwen. Sein historisches Gemäuer trägt heute zum stilvollen Ambiente eines Restaurants bei, in den Sommermonaten ist auch die Dachterrasse geöffnet. Ebenfalls im 15. Jh. als Teil der Stadtbefestigung entstand am nahen Narodni Trg der **Kula Pietra de Mula** ❹ (Runder Turm).

Auf dem Decumanus wenige Schritte weiter befindet sich der 1729 errichtete, barocke **Sinčić Palast** ❺. Dort residiert seit 1884 das Stadtmuseum **Zavačajni Muzej Poreštine** (Decumanus 9, Tel. 052/431585, Mai–Sept. Di–So 10–13, 18–21, Okt.–April Di–So 10–12 Uhr). Das älteste Museum Istriens dokumentiert die Entwicklung der Region von frühesten menschlichen Spuren im Paläolithikum bis in die Neuzeit. Neben römischen Bodenmosaiken und Kaiserporträts besonders interessant ist eine Ausstellung über den Partisanenkampf während der italienischen und deutschen Besatzung im Zweiten Weltkrieg. Das Lapidarium im Innenhof mit seiner Sammlung antiker Skulpturen und Grabdenkmäler ist zudem reizvolle Kulisse für sommerliche *Jazzkonzerte* (www.jazzinlap.com).

Der Komplex der Euphrasius-Basilika

Top Tipp

Höhepunkt der Stadtbesichtigung ist die **Euphrasius-Basilika** ❻ (tgl. 7–20 Uhr). Sie bildet zusammen mit Baptisterium und Bischofspalast ein grandioses Ensemble, das Einflüsse von Rom, Venedig und Byzanz harmonisch vereint. Seit 1997 gehört sie zum UNESCO-Weltkulturerbe. Durch ein vergoldetes **Portal [A]** an der Eufrazjeva betritt man zunächst ein offenes **Atrium [B]** mit säulengeschmücktem Arkadengang. Dieser öffnet sich nach links zum oktogonalen **Baptisterium [C]** des 5./6. Jh. und dem dahinter liegenden Aufgang zum **Glockenturm [D]**. Dessen Aussichtsplattform bietet ein fantastisches Panorama der Riviera von Poreč und einen reizvollen Überblick über den Kirchenkomplex. Dessen bedeutendstes Bauwerk ist die **Basilika [E]**, die Bischof Euphrasius 543–54 auf den Grundmauern eines Bischof Maurus geweihten Oratoriums aus dem 3. Jh. errichten ließ. Fein gearbeitete Marmorsäulen trennen das helle Mittelschiff von zwei niedrigeren Seitenschiffen, dezenter Zierrat sind Reliefs mit floralen und geometrischen Motiven sowie Tierfiguren über den Arkadenbögen. Fulminant wirken dagegen die aus der **Hauptapsis [F]** das Langhaus golden durchschimmernden Mosaike, die im 6. Jh. ver-

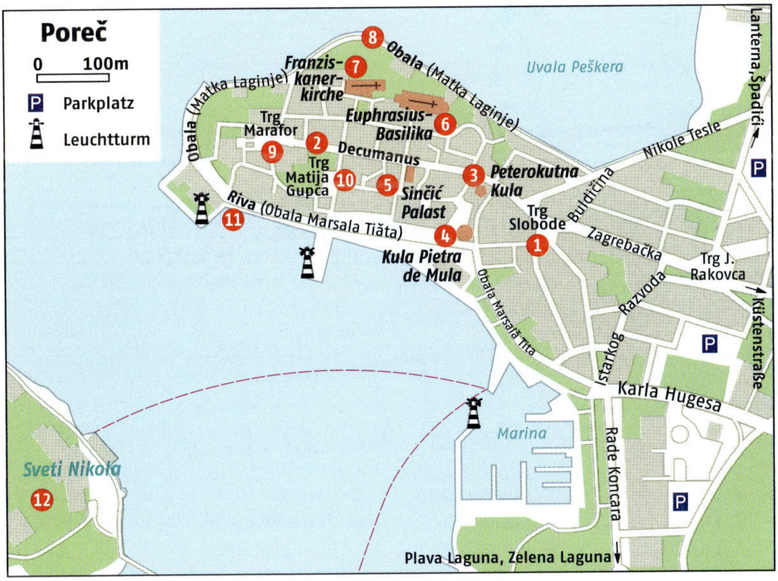

Späte Antike und frühbyzantinische Kunst harmonieren in der Euphrasius-Basilika

mutlich von jenen Meistern geschaffen wurden, die auch in Ravenna die Kirchen San Vitale sowie Sant'Apollinare Nuovo so prunkvoll ausgestalteten. Blickfang sind in der *Apsiskalotte* die Muttergottes mit Jesuskind und die sie flankierenden Erzengel und Märtyrer – unter ihnen auch Bischof Euphrasius mit dem Modell der Basilika und links neben ihm Bischof Maurus, der Gründer der Anlage. Am

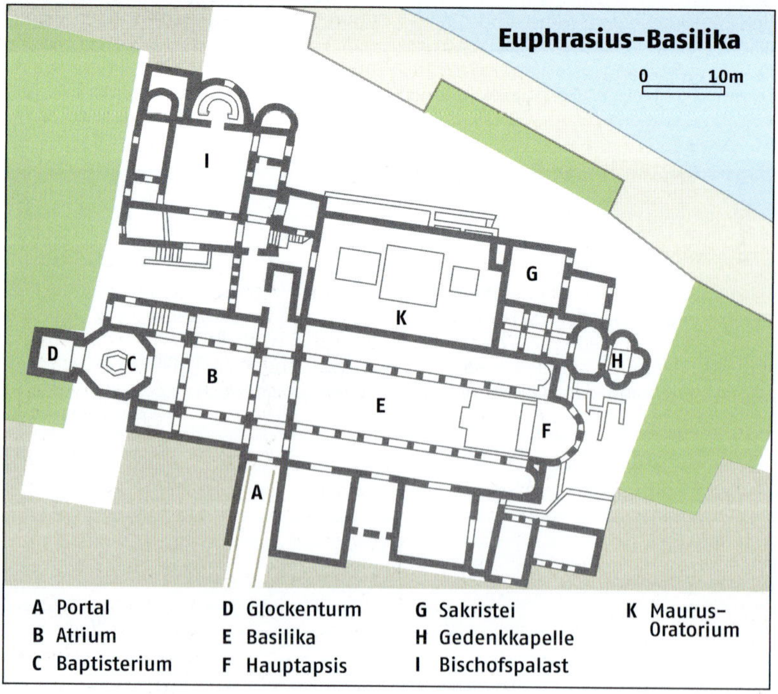

Über Jahrhunderte haben die Mosaike ihre Leuchtkraft beibehalten

Triumphbogen darüber stehen Apostel dem auf einem blauen Globus thronenden Weltenrichter Christus zur Seite. Von besonderer Schönheit und Detailfreude sind die Mosaike der *Fensterzone*. Sie zeigen etwa die Muttergottes mit Strickzeug, während ihr der Erzengel Gabriel die frohe Botschaft verkündet, oder offenbaren in der Szene ›Mariä Heimsuchung‹ die Schwangerschaft von Maria und Elisabeth durch sichtbare Rundungen. Als Zeuge des Geschehens ist im Hintergrund der Ehemann der hl. Elisabeth zu erkennen. Mit dem Finger an seinem Mund verweise er auf seine Stummheit, die andauern wird bis zum achten Tag nach Geburt und Beschneidung seines Sohnes, Johannes der Täufer. Die Bildzone unter diesen Schilderungen schmücken geometrische Muster aus Marmor, Perlmutt, farbigem Glas und Alabaster. Entlang der Sockelzone flankieren Kanonikerbänke den marmornen *Bischofsstuhl* aus dem 4. Jh. Erhabenheit strahlt mit seinen feinen Inkrustationen und eleganten Säulen (aus dem 6. Jh.) das aus dem 13. Jh. stammende *Marmorziborium* über dem Altar aus. Einen Blick lohnen auch die weniger gut erhaltenen Mosaike der *Südapsis* mit der Darstellung Christi als jungem Mann, der Ravennas Bischöfe Vitalis und Severus mit einem Lorbeerkranz krönt, sowie in der *Nordapsis* Christi Überreichung einer Krone an die hll. Cosmas und Damian. Eine Tür an der Nordwand führt zur **Sakristei [G]** mit Freskenresten aus dem 15. Jh. und zur kleeblattförmig gemauerten **Gedenkkapelle [H]**, die im 6. Jh. vermutlich als Euphrasius-Mausoleum entstand. Sie bewahrt den Sarkophag (13. Jh.) des hl. Maurus, dessen Gebeine seit 1934 wieder hier ruhen.

Prächtigen Abschluss des Rundgangs bildet der **Bischofspalast [I]** aus dem 6. Jh., den man von der Nordseite des Atriums betritt. Er beherbergt heute ein Lapidarium. Dessen größte Kostbarkeit ist ein Fisch-Mosaik aus dem 3. Jh., das Christus als Menschenfischer symbolisiert. Gleich östlich schließt sich das **Maurus-Oratorium [K]** an, die Keimzelle des gesamten Komplexes. Bischof Maurus soll hier in aller Heimlichkeit Gottesdienste abgehalten haben. 303 starb er unter Kaiser Valerian den Märtyrertod. Die freigelegten Bodenmosaike stammen aus dem 3. und 4. Jh. Nach dem visuellen Kunstgenuss sind die klassischen **Konzerte** (www.concertsinbazilika.com), die an Sommerabenden in der Basilika stattfinden, ein besonderes Erlebnis.

Rund um die Südspitze

Ebenfalls sommerlicher Veranstaltungsort ist die äußerlich sehr bescheiden wirkende ehemalige **Franziskanerkirche** 7. Sie wurde im 13. Jh. in gotischem Stil errichtet und Mitte des 18. Jh. barock umgestaltet. Zu Beginn des 19. Jh. profanisiert und von der Familie Polanesi erworben, erhielt der Bau eine Zwischendecke, welche ihn in zwei Geschosse unterteilt. Der mit Barockstuck und illusionistischen Freskenmedaillons gestaltete Prunksaal in der oberen Etage, in dem während der österreichischen Herrschaft 1861–1918 das istrische Parlament tagte, ist heute im Rahmen des Festivals **Annale** (http://annale porec.com/anale) Schauplatz für Ausstellungen moderner Kunst.

Reizvoll, mit schönen Ausblicken auf Adria und Küste, ist der Uferweg **Obala** 8, der die gesamte Altstadt umrundet. Von der Spitze der Porečer Landzunge kann man abzweigen in die Gassen des ältesten Stadtviertels zum **Trg Marafor** 9, an dem sich in der Antike das Forum befand und der römische Decumanus endete. Erhalten sind wenige Schritte nordwestlich und westlich des Platzes die Überreste eines *Mars-* und eines *Neptuntempels* aus dem 1. Jh.

Vorbei am *Romanischen Haus* (Romanićka Kuća) aus dem 11. Jh. mit schönem umlaufendem Holzbalkon erreicht man den nahen **Trg Matija Gupca** 10. Hier herrscht gemäßigte Betriebsamkeit zwischen Cafés, Verkaufsständen fliegender Händler und den Staffeleien von Porträtmalern. Die Ostseite des Platzes begrenzt der Cardo Maximus. Er leitet über zur palmenbestandenen Hafenpromenade **Riva** 11 mit dem Anleger der Ausflugsschiffe. Von der Mole am neoklassizistischen *Stadtpalast* aus dem frühen 20. Jh. legen die Fähren zur vorgelagerten Insel **Sveti Nikola** 12 ab. Sie besitzt mit dem im Jahre 1402 errichteten runden *Leuchtturm* eines der ältesten Bauwerke dieser Art an der Adriaküste. Tagesbesucher genießen die von Pinienwald gesäumten Spazierwege und die Badeplätze an den Felsstränden im Süden des Eilands. Wer länger verweilen möchte, kann Quartier nehmen in einem neoklassizistischen Palais von 1886, in dem heute das Hotel *Isabella Castle* (s. u.) Gäste beherbergt.

Ausflüge

Ein zauberhafter Wald aus Stalaktiten und Stalagmiten erwartet Besucher rund 9 km nordwestlich von Poreč in der Tropfsteinhöhle **Jama-Grotta Baredine** (an der Straße zwischen Nova Vas und Gedici, Tel. 052/42 13 33, www.baredine.com, April, Okt. tgl. 10–16, Mai, Juni, Sept. tgl. 10–17, Juli, Aug. tgl. 9.30–18 Uhr). Während einer 40-minütigen Führung durchstreift man mehrere Hallen mit fantastischen Tropfsteingebilden, die an die ›Jungfrau Maria‹, den ›Schiefen Turm von Pisa‹ und einen ›Schneemann als Fackelträger‹ erinnern. Beeindruckend ist zudem in 60 m Tiefe ein See, in dem blassrosa Grottenolme zu entdecken sind – ein besonderes Erlebnis, denn diese Salamanderverwandten sind europaweit nur in kalten, unterirdischen Gewässern im Karstgebirge an der Adria zu finden.

Für seine guten Weine bekannt ist 4 km weiter landeinwärts auf dem Rücken eines Kalkplateaus der kleine Ort **Višnjan**. Seine Anziehungskraft verdankt er weniger der Kapelle Sveti Antoni mit glagolitischen Inschriften, als vielmehr den renommierten Winzern (s. u.), deren hervorragende Tropfen an den umliegenden Hängen gedeihen und im Ort verkostet werden können.

Praktische Hinweise

Information

Tourismusverband der Stadt Poreč, Zagrebačka 9, Poreč, Tel. 052/45 12 93, www.istra.com/porec

Hotels

TOP TIPP ****Palazzo**, Obala Maršala Tita 24, Poreč, Tel. 052/85 88 00, www.hotel-palazzo.hr. Wieder in altem Glanz erstrahlendes Grandhotel mit 70 Zimmern in Aussichtslage an der Uferpromenade. Zur Ausstattung zählen ein schöner Wellnessbereich sowie das stilvolle Restaurant ›Parenzo 1910‹.

***Isabella Castle**, Sveti Nikola, Poreč, Tel. 052/46 50 00, www.valamar.com. Inselruhe im einstigen Lustschlösschen.

Filipini, Filipini, 5 km von Poreč, Tel. 052/46 32 01, www.istra.com/filipini. Sympathische Herberge mit 8 Apartments, Bar und kleinem Restaurant.

Camping

Lanterna, Poreč, Tel. 052/46 50 10, www.camping-adriatic.com. Ausgedehntes, terrassiertes Gelände am Meer mit betonierten Liegeflächen am langen schmalen Felsstrand. Abendunterhaltung.

Naturist Resort Solaris, Poreč, Tel. 052/46 50 10, www.camping-adriatic.com. Büsche und Bäume beschatten das große Fkk-Gelände mit Bungalows und Apartments. Gemauerte Liegeflächen an der Felsküste. Hunde sind erlaubt.

20 km Urlaubsfreude: Porečs Riviera ist die international wichtigste Destination Kroatiens

Die Riviera von Poreč

Zwischen der Tarski-Bucht bei Novigrad [Nr. 2] im Norden und dem Limski-Kanal [Nr. 11] im Süden erstreckt sich die gut 20 km lange Riviera von Poreč mit rund 100 000 Übernachtungsplätzen und einer exquisiten Infrastruktur. Die zerklüftete Küste mit zahlreichen vorgelagerten Inseln und beliebten Stränden säumen Altstadtschönheiten wie **Poreč** [Nr. 7] und **Vrsar** [Nr. 10] oder das charmante Fischerdorf **Funtana**. Mit modernen Hotelresorts, Bungalow-Anlagen, weitläufigen Campingplätzen sowie einem reichen Sport- und Freizeitangebot ganz auf die Bedürfnisse einer großen Zahl Feriengäste eingestellt sind neben der Halbinsel **Lanterna** auch das erst in den 1980er-Jahren entstandene **Červar-Porat** oder Badeorte wie **Špadiči, Brulo, Plava Laguna** und **Zelena Laguna**.

Mediterrane Wälder mit Kiefern, Zypressen, Hainbuchen und Ulmen sowie Weingärten, Getreidefelder und Olivenhaine prägen die **Poreština**, die Landschaft im Hinterland.

Marinas

Červar Porat, Riva Amfora 8, Červar Porat, Tel. 052/43 66 61, www.cervar-porat.com. Der Jachthafen der Feriensiedlung hat 250 Liegeplätze, Werkstätten, Geschäfte für nautische Geräte, Jacht- und Autovermietung.

Marina Poreč, Turističko Šetalište 9, Poreč, Tel. 052/45 19 13, www.marinaporec.com. Der städtische Jachthafen bietet 120 Anlegestellen, einen 5-Tonnen-Kran sowie eine Tankstelle für Motorboote.

Restaurants

Dvi Murve, Grožnjanska 17, Poreč, Tel. 052/43 41 15, www.dvimurve.hr. Traditionslokal mit Fischgerichten und üppiger Weinkarte.

La Riva, Obala Maršala Tita 3 d, Poreč, Tel. 052/45 20 11, www.lariva.com.hr. Bistro und Loungebar mit Blick auf die Uferpromenade. Köstliche Kleinigkeiten wie Tramezzini, Pršut, selbstgemachtes Eis und Torten, gute Weinkarte.

Stancija Boškarin, Višnjan, Tel. 052/44 95 53. Solides Grillrestaurant mit besten Steaks vom istrischen Boskarin-Rind.

Sveti Nikola, Obala Maršala Tita 23, Poreč, Tel. 052/42 30 18. Schickes Fischlokal direkt am Wasser mit Scampi-Carpaccio und anderen Leckereien.

Torre Rotonda, Narodni Trg 3a, Poreč, Tel. 098/25 57 31, www.torrerotonda.com. Ruhige Bar im mittelalterlichen Wehrturm, mit Terrasse.

Einkaufen

Kellerei Franc Arman, Narduci 5, Vižnada, Tel. 052/44 62 26. Der 18 km weite Ausflug lohnt sich. Bei Franc Arman gibt es einen wunderbaren, Barrique gereiften Teran-Wein und andere gute Tropfen.

Detailreich und farbenfroh malte Vincent von Kastav den Totentanz in der Kirche von Beram

TOP TIPP **Weingut Poletti**, Markovac 14, bei Višnjan, Tel. 052/44 92 51, www.vina-poletti.com. Beim Spitzenwinzer Peter Poletti werden schon in sechster Generation Malvasier und andere Weine produziert.

Weingut Roberto Pulin, Dr. S. Fortune 3, Višnjan, Tel. 052/44 91 56. Bester Rosenmuskateller weit und breit.

Tauchen

Diving Center Poreč, Brulo, Tel. 052/43 36 06, www.divingcenter-porec.com. Bei den Hotels Diamant und Kristal. Verleih von Tauchausrüstungen, Tauchtrips und Kurse.

8 Beram

Winziges Städtchen mit berühmtem Freskenschatz.

Auf einem bewaldeten Hügel liegt das nur 200 Einwohner zählende Dorf Beram mit der imposanten gotischen Kirche *Sveti Martin*, seine bedeutendste Attraktion ist jedoch etwa 1 km außerhalb die TOP TIPP kleine Friedhofskapelle zur Muttergottes im Fels **Sveta Marija na Škriljinah** (Schlüssel im Ort bei der Kustodin erfragen). Man erreicht sie über einen rechts hinter dem Ortsausgang von der Hauptstraße Richtung Pazin abzweigenden Weg. Ihre Anziehungskraft verdankt sie den Wandmalereien des Meisters Vincent von Kastav aus dem Jahre 1474, der in 46 Bildfeldern eine für die Entstehungszeit frappierende Dramatik und naturalistische Detailfreude zur Schau stellt. So sind Personen im zeitgenössischen Gewand wiedergegeben, Städte, Räume und Landschaften erscheinen als historisches Abbild.

Ein Meisterwerk der Expressivität und Farbenfreude ist das 7 m lange Freskenband des **Totentanzes** an der Westwand. Fröhlich tanzend, Dudelsack spielend, Trompete blasend, Lyra zupfend oder locker die Sense über die Schulter schwingend geleiten Skelette mit lachenden Fratzen eine Menschenschar, die sämtliche gesellschaftliche Schichten umfasst, ins Reich der Toten: Vom Papst, der den Reigen anführt, über Kardinal, Bischof, König und Königin, bis hin zu Ritter, Gastwirt, Soldat, Krüppel und Kind, im Angesicht des offenen Grabes sind sie alle gleich. Da hilft auch nicht das Bestechungsgeld, mit welchem sich der Händler vom Sterben freikaufen will.

Thematischer Schwerpunkt der Fresken an der **Nord**- und **Südwand** sind Szenen aus dem Neuen Testament. Ganze 8 m nimmt allein die ›Anbetung der Heiligen Drei Könige‹ in der oberen Zone der Nordwand ein, ein Aufzug von Mensch und Tier, der wie die akribische Momentaufnahme des mittelalterlichen Alltags wirkt.

i Praktische Hinweise

Restaurant

Vela Vrata, Beram 41, Beram, Tel. 052/62 28 01. Gemütliches Lokal mit Hausmannskost, Zutaten aus eigenem Anbau.

9 Pazin

›Herz Istriens‹ mit mittelalterlicher Burganlage über tiefer Schlucht.

Der auf einem Felsplateau 130 m über der wildromantischen Pazinčica-Schlucht (auch Fojba-Schlucht) liegende Ort (5300 Einw.) markiert mit dem gleich im Norden aufragenden Berg Orljak die geografische Mitte der istrischen Halbinsel. Die strategisch günstige Position an der Kreuzung wichtiger Verkehrsachsen machen Pazin zum betriebsamen Marktplatz und Verwaltungssitz des kroatischen Bezirks Istrien. Touristisch interessant sind vor allem das gut erhaltene mittelalterliche Kastell, das spektakulär am Rande eines steilen Abgrundes thront, und Wanderwege in die beeindruckende Karstlandschaft der Umgebung.

Geschichte Schon in der Schenkungsurkunde des Kaisers Otto II. an die Bischöfe von Poreč vom 2. Juni 983 wird hier ein Castrum Pisinium erwähnt. Das Datum dieses Dokuments feiert Pazin heute als seinen Gründungstag. Unter wechselnden Lehnsherren gewann der Ort zunehmend an Bedeutung, unter dem Namen Mitterburg wurde der florierende Handelsplatz 1825–61 gar Hauptstadt des habsburgischen Bezirks Istrien. Schwere Zeiten begannen mit der italienischen Besatzung ab 1918, Pazin wurde zu einem Zentrum der Partisanen und blutiger Auseinandersetzungen mit Faschisten und deutschen Truppen. Seit 1991 ist Pazin Sitz der Bezirksverwaltung von Istrien.

Altstadt und Burg

Das Zentrum von Pazin ist überschaubar, Parkmöglichkeiten bieten sich am **Trg Slobode** entlang des Stadtparks *Istarskih Velikana*. Hier beginnt die Fußgängerzone mit Cafés und Geschäften. Blickpunkt ist der 45 m hohe Campanile (1705) der Pfarrkirche **Sveti Nikola**. Sie wurde 1266 errichtet, 1441 erweitert und im 18. Jh. barockisiert. Aus dem 15. Jh. erhalten ist das vollständig freskierte Sternrippengewölbe, welches den Chor überspannt. Die Malereien sollen das Werk eines Südtiroler Künstlers sein, besonders dramatisch setzte er die Kreuzigung Christi in Szene.

Über die Straßen Velog Jože und Prilaz Kaštelu erreicht man die Hauptattraktion von Pazin, das am Rande der steilen Felswand der Pazinčica-Schlucht gebaute **Kaštel**. Es präsentiert sich als Vierflügelanlage mit einem großen Innenhof und ist sowohl größte als auch besterhaltene Burg Istriens. Sein heutiges Antlitz erhielt der Bau Mitte des 16. Jh., als Ost- und Nordflügel entstanden. Die Räume beherbergen das **Ethnografische Museum** (Tel. 052/622220, www.emi.hr, Di–So 10–18 Uhr). Es zeigt Exponate des Alltagslebens, etwa Küchengeräte und traditionelle Kleidung, Werkzeug und Gerät aus Handwerken wie der Weberei, Tischlerei, der Schmiede oder Töpferei. Reizvoll sind auch die Kirchenglocken des 17.–19. Jh., die im Erdgeschoss aufgereiht sind. Dazu kommen archaisch wirkende Blasinstrumente. Archäologische Funde aus der Frühzeit sowie eine Ausstellung zu bedeutenden Persönlichkeiten der Stadtgeschichte im ersten Obergeschoss runden den Museumsbesuch ab.

TOP TIPP

Die tief abfallende Pazinčica-Schlucht beeindruckte schon Dante Alighieri und Jules Verne

Die Pazinčica-Schlucht

Einen unvergleichlichen Blick auf Kaštel und Steilfelsen bietet die Fußgängerbrücke, die sich rund 100 m vom Burgtor entfernt über das tief unten plätschernde Flüsschen Pazinčica spannt. Hinter der Brücke führt ein Treppensteig hinab bis auf den Grund der Schlucht und mündet in einen ca. 1 km langen Lehrpfad zum Thema Karst. Er endet an der Höhle **Pazinska Jama**, die den Wasserlauf ›schluckt‹. Das eindrucksvolle Phänomen des in einer Felsspalte verschwindenden Baches inspirierte im 14. Jh. bereits *Dante Alighieri*, der Pazin während seiner Verbannung aus Florenz aufsuchte. Als Furcht einflößender Vorhof der Hölle gingen Schlucht und Höhle in seine ›Göttliche Komödie‹ ein. Literarische Anregung bot das Naturschauspiel auch *Jules Verne*, der es zu einer Episode in seinem 1885 veröffentlichten Roman ›Mathias Sandorf‹ verarbeitete. Dort lässt er den Titelhelden, einen ungarischen Grafen und Revolutionär, aus dem Kerker der Burg flüchten, in den Fluss Fojba stürzen und unterirdisch bis zum Limski-Kanal treiben, wo er wieder ans Tageslicht kommt.

Ein örtlicher *Jules Verne Club* (www.ice.hr/davors/ejvclub.htm) veranstaltet jedes Jahr im Juni die **Jules-Verne-Tage** zu Ehren des Autors mit einer szenischen Darstellung der dramaturgischen Vorlage. Wichtigster Paziner Festtag ist jedoch der 2. August, an welchem die hiesigen Franziskanermönche mit einer Prozession den **Rim-Dan** feiern und nach alter Sitte den Gläubigen ihre Sünden vergeben werden.

Wanderungen rund um Pazin

In der Region von Pazin greifen drei typische istrische Landschaftszonen ineinander: der weiße kalksteingeprägte Nordosten, der Terra-rossa-rote Südwesten und das schiefergraue Inneristrien. Dicht bewaldete Hügel wechseln mit engen Tälern und karstigen Schluchten, kleine Flüsse verschwinden plötzlich in Erdspalten.

Einige schöne **Wanderwege** starten am Marktplatz von Pazin, in der Regel gut markiert mit rot umrandeten weißen Punkten. In den Sommermonaten sind diese Wegweiser allerdings inmitten des üppigen Grüns manchmal schwer zu finden.

Besonders abwechslungsreich ist der **Weg des Heiligen Simeon** (ca. 11 km). Die Rundwanderung beginnt am Friedhof etwas außerhalb des vollständig unter Denkmalschutz stehenden Dorfes **Gračišće**, 8 km östlich von Pazin an der D 64. Schon vom Friedhof aus bietet sich ein herrlicher Ausblick über Inneristrien. Nach einem kurzen Marsch ist die Ruine der Kirche Sveti Simeon erreicht. Anschließend führt der Weg stetig bergab zum Bauerndorf **Žlepčari**. Nun geht es an einem Bach entlang zum Wasserfall **Sopot**. Hinter dem Dorf **Lovrići** passiert man zwei alte, dem Verfall preisgegebene Kirchlein, um dann noch etwa eine Stunde weiter durch die typisch istrische Landschaft zu wandern. Schließlich kommt das Dorf Gračišće wieder ins Blickfeld.

Gračišće

Einfache Bürgerhäuser, vor allem aus venezianischer Zeit, prägen die Gassen des 8 km von Pazin entfernten Gračišće. Kaum 50 Menschen leben in der Ortschaft, über der auch an warmen Sommertagen eine verträumte Stille liegt.

Hält man sich nach dem Durchschreiten des mittelalterlichen Tors nahe der Bushaltestelle an der D 64 rechts, so kommt man bald zum gotischen **Salomonpalast** von 1570. Er fällt durch die spitz zulaufenden Fenster im ersten Stock auf. Wenige Meter weiter öffnet sich ein kleiner Platz. In seiner Mitte steht die bescheidene **Votivkirche zur Seligen Jungfrau** aus dem Jahre 1425. Die Nägel an der Außenmauer schlugen kinderlose Frauen in den Stein, um so die Muttergottes um Fruchtbarkeit zu bitten. Die Ostwand im Inneren ziert ein Fresko, das die Heiligen Drei Könige beim Gebet an der Krippe zeigt. Der Weg zur Pfarrkirche **Sveti Vitus** am höchsten Punkt des Ortes lohnt vor allem wegen der weiten Aussicht, die man von ihrem Friedhof über die grüne Hügellandschaft Mittelistriens hat.

Am Ostermontag zur großen **Weinmesse** verwandeln sich die Straßen des mittelalterlichen Dorfes in eine lebhafte Weinschenke. Wer sich ein Glas kauft, kann anschließend von Probierstand zu Probierstand schlendern und die feinen Tropfen der Region verkosten. Ein noch größeres Fest findet am Sonntag nach dem 15. Juni zu Ehren des Dorfpatrons Sveti Vitus statt. Zur **Vidova** gibt es Essensstände und Musik, Publikums-

Der 1991 fertiggestellte Campanile von Sveti Martin harmoniert bestens mit dem Ortsbild Vrsars

magnet ist jedoch das vergnügliche Eselsrennen über den Festplatz.

i Praktische Hinweise

Information

Tourismusverband Pazin, Franine i Jurine 14, Pazin, Tel. 052/62 24 60, www.tzpazin.hr. Auskünfte und Vermittlung von Privatunterkünften.

Hotels

****Poli Svetega Antona**, Gračišće 29, Mobil-Tel. 091/255 44 00, www.istria-villas.info. Drei Ferienhäuser, darunter Villa Melchior mit traditionell eingerichteter Küche mit offenem Kamin, Wohnzimmer, Badezimmer und zwei Schlafzimmern.

***Lovac**, Š. Kurelića bb, Pazin, Tel. 052/62 43 24, tisadoo@inet.hr. Einfaches, sauberes Hotel mit Restaurant.

Restaurants

Gostionica Centar, Slobode 7, Pazin, Tel. 052/62 44 60. Bodenständiges Lokal mit istrischer Küche.

Konoba Marino, Gračišće 75, Tel. 052/68 70 81. Der Gasthof ist weithin bekannt für traditionelle istrische Hausmannskost. Probieren sollte man die Manestra. Die Zutaten des kräftigen Gemüseeintopfes mit Fleischeinlage wechseln mit der Jahreszeit.

10 Vrsar

Schmale Gassen, weiße Steine und die Mutter aller Fkk-Campingplätze.

Als ›Stadt des Marmors‹ genoss das reizvoll auf einem Hügel an der Küste liegende Vrsar schon im frühen Mittelalter großes Ansehen. Eingang in die Weltliteratur aber fand die Schönheit seiner Frauen und der Wohlgeschmack der heimischen Weine, denn deren Vorzüge schilderte der Verführer und Connaisseur **Giacomo Casanova** in seinen berühmten Memoiren. An seine Besuche 1743 und 1744 in Orsera, wie der Ort damals hieß, erinnert eine nach ihm benannte Altstadtgasse.

Geschichte Schon in der Bronzezeit war die Region um Vrsar besiedelt, wie Fundstücke auf den umliegenden Hügeln belegen. Es folgten Illyrer, die auf dem Areal der heutigen Stadt eine Festung errichteten, und im 1. Jh. v. Chr. *Römer*. Es entstand ein wichtiges landwirtschaftliches Zentrum, in dem sich ab dem 2. bis 3. Jh. auch eine frühchristliche Gemeinde entwickelte. Um 600 zerstörten einwandernde Kroaten die florierende Siedlung und vertrieben die romanischen Bewohner. Neuen Aufschwung erlebte das Gemeinwesen ab 983 unter der Herrschaft der *Bischöfe von Poreč*, zu deren Territorium es bis 1778 gehörte. Ihr Einfluss auf die Serenissima bescherte Vrsar nicht nur Reichtum, sondern sogar als einziger venezianischen Stadt Istriens Steuerfreiheit. Quelle des Wohlstands waren neben dem Fischfang und der Salzgewinnung vor allem die Steinbrüche von Vrsar, deren weißer Kalkstein als **istrischer Marmor** (s. u.) in zahlreichen Bauwerken und Skulpturen zeitlose Schönheit repräsentiert. Heute lebt Vrsar vornehmlich vom Tourismus, die Steinbrüche sind aufgelassen.

Durch die Altstadt

Malerisches und zugleich praktisches Entrée in das 2000-Einwohner-Städtchen ist der bunte **Fischerhafen** 1 am Südufer mit Cafés und Restaurants und dem angrenzenden großen Parkplatz. Steil hügelaufwärts geht es dann zum **Kaštel** 2, das im 12. Jh. als Sommerresidenz der Bischöfe von Poreč an der Stelle des antiken Vorgängerbaus der Illyrer auf dem 60 m hohen Plateau entstand. Von dem einst wehrhaften Charakter des Bauwerks, das inzwischen zu einer luxuriösen Apartmentanlage umgestaltet wurde, zeugen noch zwei romanische Türme und einige Mauerfragmente.

Gleich daneben ragt der 1991 fertiggestellte Glockenturm der Pfarrkirche **Sveti Martin** 3 in die Höhe. Bei klarem Wetter kann man von seiner *Aussichtsplattform* (tgl. 9.30–12.30, 17.30–21.30 Uhr) sogar die Euphrasius-Basilika in Poreč ausmachen. Nach dem grandiosen Panoramagenuss wirkt das 1935 geweihte Gotteshaus selbst eher schlicht. Diskrete Eleganz verleihen dem Innenraum zwei Säulenreihen mit palmettenverzierten Volutenkapitellen. Wandgemälde (1946) des Künstlers Antonio Macchi aus Rovinj in den Kuppelbögen des Hauptschiffes zeigen einen die Arme ausbreitenden Christus und schildern Episoden aus dem Leben des hl. Martin sowie das Martyrium der hl. Foška.

Äußerlich bescheiden gibt sich auch die kleine Kirche **Sveta Foška** 4 aus dem 17. Jh. Im Inneren birgt sie jedoch eine reiche Sammlung sakraler Kunst, darunter barock bewegte Darstellungen von der Folterung der Kirchenheiligen. Neben dem Gotteshaus ist das **Hauptstadttor** 5 aus dem 13. Jh. erhalten, geschmückt

Zeitlos schön – Istriens Marmor

Das Amphitheater von Pula ist nach mehr als 2000 Jahren noch immer in Betrieb. Das beweist sicherlich die hohe Baukunst der Römer, zeigt aber auch die besondere Qualität des verwendeten Materials. Der gelegentlich Karstmarmor genannte **Kalkstein** wurde südlich von Triest in Steinbrüchen entlang der gesamten istrischen Westküste abgebaut. Gut zu bearbeiten und von hoher Resistenz gegen Wind, Wetter und Salzwasser, findet sich der weiß leuchtende Werkstoff in vielen **Bauten** des gesamten nördlichen Adriaraumes, in Ravenna und Triest, vor allem aber in Venedig, etwa am Dogenpalast und am Canal Grande. Bildhauer wie Jacopo Sansovino und Antonio Rizzo verwandelten istrische Marmorblöcke in Skulpturen zeitloser Schönheit.

Jahrhunderte lang wurde der kostbare Kalkstein bei Rovinj, Poreč oder Vrsar abgebaut und verschifft, inzwischen sind diese **Steinbrüche** stillgelegt und selbst zu Kulturdenkmälern geworden. Die heutige Nachfrage gilt vor allem der Restaurierung historischer Gebäude, nur vereinzelt neuen Außenfassaden und Innendekorationen, Lieferanten sind Steinbrüche im Hinterland der Halbinsel. Der Bildhauer **Dušan Džamonja**, der von 1970 bis zu seinem Tod im Jahre 2009 in seinem Skulpturenpark (s. u.) in der Nähe von Vrsar Beispiele seiner Kunst lieferte, schuf aus dem istrischen Marmor seine weltweit erfolgreichen Plastiken. In seine Fußstapfen treten jeden Sommer junge Talente aus aller Welt, die im Steinbruch von Montraker (s. u.) bei einem **Bildhauer-Workshop** ihre Fertigkeit und die Güte des Steins unter Beweis stellen.

Fantasie anregende Marmorskulpturen schuf Dušan Džamonja (1928–2009)

mit dem venezianischen Relief eines geflügelten Löwen mit eingezogenem Schwanz und einem geschlossenen Buch zwischen den Tatzen. Interessant ist dieses Detail, da es auf den Kriegszustand Venedigs zur Erbauungszeit des Tors verweist – während ein geöffnetes Buch Friedenszeiten symbolisiert. Den gleichen Typus des Markuslöwen zeigt auch das romanische **Kleine Tor** 6 am Südhang der Altstadt. Es ist ebenfalls ein Rest der mittelalterlichen Stadtbefestigung und besitzt aus seiner Entstehungszeit im 12./13. Jh. noch die Torflügel aus massivem istrischen Eichenholz.

Rund um die Landzunge

An der Uferstraße der Marina zu Füßen der Altstadt steht die architektonisch interessante kleine Basilika **Sveta Marija od Mora** 7. Ihre Ursprünge datieren ins 8. Jh., ihre heutige romanische Gestalt geht auf das 12. Jh. zurück. Säulenarkaden mit Blumenmotiven an den Kapitellen teilen das karge Innere der Kirche in drei Schiffe. Unter einer weitgehend verblichenen Übermalung des 16. Jh. sind an den Wänden teilweise noch Fresken aus der Entstehungszeit erkennbar, etwa die Köpfe einiger Heiliger in der Hauptapsis.

Der Uferstraße westwärts folgend erreicht man bald den stillgelegten **Steinbruch von Montraker** 8. Ebenso wie Steinbrüche auf den vorgelagerten Inseln belieferte er jahrhundertelang Baumeister und Bildhauer mit dem wegen seiner besonderen Widerstandsfähigkeit hochgeschätzten istrischen Marmor. Inzwischen hat sich hier die *Internationale Sommerschule der Skulptur Montraker* (Tel. 052/441187, www.infovrsar.com) etabliert, die alljährlich ab Ende August mehrwöchige Bildhauerkurse anbietet. Die in dieser Zeit geschaffenen Werke sind im Steinbruch und in der Altstadt von Vrsar zu besichtigen.

Das Nordufer der Landzunge von Montraker bietet sich für eine Badepause am kieseligen **Stadtstrand** 9 an, den man bequem über Fußwege vom Parkplatz an der Rade Končara erreicht.

Wenige Kilometer nördlich liegt der **Skulpturenpark Dušana Džamonje** 10 (Tel. 052/432263, Juli, Aug. Di–So 9–20,

Sept.–Juni Di–So 9–18 Uhr) des kroatischen Bildhauers *Dušan Džamonja* (1928–2009), ein Anziehungspunkt für Freunde moderner Bildhauerkunst. Die abstrakt geformten, sanft gerundeten Figuren bilden imposante Blickpunkte in dem weitläufigen Areal, das sich über eine Fläche von 10 ha erstreckt und auch Džamonjas Atelier umfasst.

Ein Symbol des modernen Tourismus in Istrien ist die Fkk-Kultur, die 1961 auf dem Campingplatz **Koversada Naturist Park** 11 (s. u.) ihren Ausgangspunkt nahm. Der Traditionstreffpunkt der Nudisten umfasst neben der namengebenden Insel auch breite Uferzonen und Areale am Limski-Kanal.

Istrische Freikörperkultur

Sich im Einklang mit der Natur, frei von Schamgefühlen zu bewegen, ist inzwischen für viele Istrienurlauber zum Inbegriff entspannter Ferien geworden. Die Freikörperkultur, die heute überall entlang der kroatischen Küste zwischen Umag und Dubrovnik in gut ausgestatteten Anlagen etabliert ist, hat ihre Wurzeln schon im 18. Jh. Damals propagierte der schottische Advokat Lord Monboddo das Nacktbaden als Renaissance des altgriechischen Nudismus. Zu Beginn des 20. Jh. wurde die naturistische Lebensphilosophie als Gegensatz zum bürgerlichen Spießertum zunehmend populär.

Berühmter Name dieser Zeit ist der britische König Eduard VIII., der 1936 mit seiner Geliebten und späteren Gemahlin Wallis Simpson auf der Insel Rab verweilte und mit ausdrücklicher Genehmigung der lokalen Behörden nackt im Meer badete. Salonfähig auch für weniger exklusive Gäste wurde der kroatische Fkk-Tourismus schließlich 1961 mit der Eröffnung des Naturistencamps Koversada (s. o.). Zunächst bescheiden und auf das Eiland bei Vrsar beschränkt, wuchs das Areal bis heute stetig, dehnte sich auf das Festland aus und ist nun mit 120 ha Fläche eines der größten in Europa. Weitere Ferienanlagen folgten, das Angebot für Anhänger der Freikörperkultur ist inzwischen reichlich und umfasst neben Campingplätzen auch Hotels.

Praktische Hinweise

Information

Tourismusverband Vrsar, R. Končara 46, Vrsar, Tel. 052/44 11 87, www.infovrsar.com

Hotels

***Resort Belvedere**, Obala Tita, Vrsar, Tel. 052/68 91 00, www.maistra.hr. Große Anlage mit komfortablen Doppelzimmern in Zentralgebäude und Apartmentpavillons, umgeben von gepflegtem Garten mit Pool und Restaurant in unmittelbarer Strandnähe. Sehr schön ist der Ausblick auf den Archipel von Vrsar.

***Villa Vrsar**, Aldo Negri 34, Vrsar, Tel. 00 44/14 28 72 39 44, www.villavrsar.com, Ferienwohnungen für 2–6 Personen direkt in der Altstadt.

Aparthotel Riva, Obala Maršala Tita 35, Vrsar, Tel. 052/63 75 00, www.maistra.hr. 34 gut ausgestattete Apartments mit Blick auf die Altstadt und den Fischerhafen.

Camping

AC Porto Sole, Petalon, Vrsar, Tel. 052/42 65 00, www.campingrovinjvrsar.com. 800 befestigte Stellplätze auf welligem Wiesengelände entlang einer Kiesstrandbucht. Supermarkt, Sport- und Unterhaltungsprogramm. In der Nähe Freiluftdisko.

Koversada Naturist Park, Vrsar, Tel. 052/44 13 78, www.campingrovinjvrsar.com. Die Mutter aller Fkk-Campingplätze von Kroatien besitzt 1700 Stellflächen auf einem weitläufigen, dicht begrünten Gelände mit mehreren Restaurants, Supermarkt und Sportangeboten. Badefreuden garantieren 5 km Strand, darunter auch ein Sandstrand.

Marina

Marina Vrsar, Tel. 052/44 10 64, http://montraker.hr. Neue Anlage im Norden des Hafens, Wellenbrecher und Insel als natürlicher Schutz, 220 Liege-, 40 Stellplätze, gute technische Einrichtungen.

Restaurants

Konoba Bare, Kamenarija 4, Funtana, Tel. 052/44 51 93, www.konoba-bare.hr. Das in Qualität und Preisklasse gehobene Lokal kredenzt als Spezialität Gerichte unter einer Feuerhaube (Peka) oder vom Grill. Dazu gibt es selbstgebackenes Brot, Nudeln und Gnocchi.

Konoba Petra, Ortsteil Kapetanova Stancija 3, Vrsar, Tel. 052/44 23 66. Vielfältige

Kein Kroatien-Urlaub ist komplett ohne Bootsausflug – hier auf dem Limski-Kanal

Menükarte mit Kaninchen, Rehgulasch und Fisch zu moderaten Preisen.

Restaurant Trošt, Obala Maršala Tita 1a, Vrsar, Tel. 052/44 51 97, www.restoran-trost.hr. Mit Blick auf Marina und Meer genießt man frische Fischgerichte aus der Region, aber auch istrischen Schinken und Rinderfilet.

Tauchen

Orsera Dive Center, Gradina 10, Vrsar, beim Autocamp Orsera, Mobil-Tel. 098/78 66 34, www.orsera-diving.net. Tauchgänge und Kurse vom Anfänger bis zum Rettungstaucher.

Starfish Diving Center, AC Porto Sole, Vrsar, Tel. 052/44 21 19, www.starfish.hr. Tauchgänge und Kurse am Ausgang des Limski-Kanals, geöffnet April–Okt.

11 Limski-Kanal

TOP TIPP *Der von grünen Hügeln gesäumte ›Fjord‹ ist Naturreservat und Zuchtplatz köstlicher Austern.*

Wildromantisch und unberührt wirken die dicht bewaldeten Anhöhen, die den 12 km langen und bis zu 600 m breiten Meeresarm säumen. Seiner Dimension und Anmutung verdankt er die häufige Bezeichnung als Limfjord, obwohl er nicht wie die Fjorde Norwegens von eiszeitlichen Gletschern ausgefräst wurde, sondern erst vor rund 10 000 Jahren durch Einsturz und Flutung eines Karsttals entstand.

Die tiefblaue Wasserfläche, die sich malerisch durch die grüne Hügellandschaft schlängelt, ist oft bunt gesprenkelt von den Ausflugsschiffen, die Touristen aus Pula und den Häfen der istrischen Westküste hier anlanden. Neben dem eindrucksvollen **Naturerlebnis** genießen sie die frischen Austern, Muschel- und Fischgerichte, für welche die **Restaurants** am Limksi-Kanal berühmt sind. Lieferant der kulinarischen Spezialität sind Zuchtfarmen, die das spezielle Ambiente des Limski-Kanal nutzen: ein Gemenge von sauberem Süß- und salzigem Adriawasser. Wer den Limski-Kanal auf einer Autofahrt erkundet, dem wird auch die hiesige Begeisterung für Speisen am offenen Grill nicht verborgen bleiben: Allenthalben verlocken ganze Spanferkel und andere fleischliche Leckereien auf Drehspießen am Straßenrand zur Einkehr.

Etwas versteckt, am Ende des Limski-Kanals, windet sich ein Weg vom Parkplatz an der Straße (E 751) zwischen Sveti Lovreč und Bale den Hügel zum Eingang der **Romualdo-Höhle** (geführte Touren Mai, Okt. So 10–17, Juni, Sept. Mo–Sa 10–18, Juli, Aug. tgl. 10–19 Uhr) hinauf. Ihr Name erinnert an einen Benediktinermönch aus Ravenna, der im 11. Jh. in diese Gegend kam und sich zeitweise als Eremit in

die Kalksteingrotte zurückzog. Dass er in der rund 100 m langen und zwischen 70 cm und 6 m hohen Höhle keineswegs behaglich hauste, erspüren Besucher nach kurzem Verweilen im feuchtkalten Klima bei ganzjährig 15 Grad Celsius. Angenehm empfinden dieses Ambiente dagegen einige Tausend kleine Myotis-Fledermäuse, die sehr lichtempfindlich sind und daher nicht fotografiert werden dürfen. Knochenfunde und Ornamente an den Wänden belegen, dass bereits Steinzeitmenschen die Grotte kannten.

i Praktische Hinweise

Restaurants

TOP TIPP **Fjord**, Limski Kanal bb, Sveti Lovreč, Tel. 052/44 82 22. Frischer geht's nicht. Die Austern des Ausflugslokals stammen aus direkter Nachbarschaft aus dem Fjord, ebenso wie die Miesmuscheln.

Viking, Limski Kanal bb, Sveti Lovreč, Tel. 052/44 81 19. Nettes Fischrestaurant mit großer Terrasse am Limski-Kanal. Frische Austern und Scampi sowie andere istrische und italienische Klassiker, gute Weinkarte.

Einkaufen

TOP TIPP **Weingut Matošević**, Krunčići 2, bei Sveti Lovreč, Tel. 052/44 85 58, www.matosevic.com. Nahezu perfekte Merlots, Malvasier und Chardonnays bei Istriens innovativstem Winzer.

12 Rovinj

TOP TIPP *Wie ein buntes Wasserschloss wirkt die charmante Bilderbuchaltstadt auf der von Sveta Euphemia bekrönten Halbinsel.*

Rovinj (13 000 Einw.) gehört zu den meistbesuchten der vielen malerischen Orte an Istriens Westküste. Seinen besonderen Reiz verdankt es dem mittelalterlich-venezianischen Altstadtensemble. Die bunten Fassaden schmaler hoher Häuser reichen bis an die Uferkante, dahinter führen verwinkelte Gassen hügelaufwärts zur Basilika Sveta Euphemia, deren markanter Campanile weithin sichtbar die Silhouette Rovinjs dominiert. Gerahmt wird die Halbinsel vom einstigen Frachthafen Valdibora an der Nordseite und den Anlegern der Fischerboote und

Ausflugsschiffe an der Südseite. Hier starten Touren zu den vorgelagerten grünen Badeinseln Sveta Andrija und Sveta Katarina und zum nahen Limski-Kanal [Nr. 11].

TOP TIPP Ende August versammeln sich Fans von Pop- und Rockmusik zum Sommerfest ›**Rovinjer Nacht**‹. An zwei Abenden spielen international bekannte und lokale Bands auf Bühnen an mehreren Plätzen in der Altstadt gleichzeitig auf.

Geschichte Die Ursprünge Rovinjs gehen zurück auf eine illyrische Siedlung des 7. Jh. v. Chr., die 129 v. Chr. von Römern vereinnahmt wurde. Diese gründeten den Ort *Ruginium* mit dem Castrum Rubini genau dort, wo sich heute die Kirche Sveta Euphemia erhebt. Eine kleine Hafenstadt entstand, die Ende des 5. Jh. dem oströmischen Reich zufiel und fortan von Byzanz dominiert wurde. 788 kam Rovinj unter die Herrschaft der Franken, die Befestigungsanlagen errichteten, um die Stadt vor Überfällen von Slawen und sarazenischen Piraten zu schützen. 1283 gelang den Venezianern ihre Expansion am Nordufer der Adria bis nach *Ruvignio*, wie der Ort nun hieß. Im Zeichen des

Oben: *Auf dem Wasser zu schwimmen scheint die Altstadt von Rovinj*
Unten: *Eine Reminiszenz an venezianische Zeiten ist der geflügelte Markuslöwe*

Markuslöwen, Symbol der Serenissima, entwickelte sich die Stadt bis 1797 zu einem Zentrum für Schifffahrt, Schiffbau und Fischerei, die Befestigung wurde erneuert, die Meerenge zwischen Festlandsiedlung und Inselstadt zugeschüttet. Nach kurzem französischen Zwischenspiel regierte Österreich 1813–1918 in Rovinj und ließ es zur größten Stadt an der istrischen Westküste erblühen: Fabriken zur Glas- und Zementherstellung sowie Tabakverarbeitung entstanden, ein Theater sowie ein Meeresbiologieinstitut, eine Heilanstalt – das heutige Krankenhaus – und ein Eisenbahnanschluss kamen hinzu. Als Teil des kommunistischen Jugoslawien erhielt Rovinj erst in den frühen 1970er-Jahren neue wirtschaftliche Impulse durch den aufkeimenden Tourismus. Seit 1991 gehört Rovinj zur Republik Kroatien und hat sich zu einem der beliebtesten Ferienziele Istriens entwickelt.

Altstadtspaziergang

Idealer Ausgangspunkt einer Erkundung der autofreien Altstadt ist der quirlige **Trg Valdibora** 1 am Nordende der Halbinsel mit seinem großen Parkplatz. Zudem bietet sich hier Gelegenheit für einen Bummel über den Gemüse- und Lebensmittelmarkt, der täglich mit frischen regionalen Produkten wie Kräuterschnaps sowie Kunsthandwerk aufwartet.

Beschaulicher präsentiert sich wenige Schritte ostwärts der Hafenplatz **Trg Maršala Tita** 2 mit einladenden Cafés und dem dunkelrot hervorstechenden *Uhrturm* aus der Spätrenaissance, der mit einem eleganten Relief des Markuslöwen an seine venezianischen Bauherren erinnert. Ein weiterer geflügelter Löwe sowie die Köpfe eines venezianischen und eines orientalischen Kaufmanns zieren den barocken *Balbi-Bogen* vis-à-vis, der 1680 an der Stelle eines mittelalterlichen Stadttores errichtet wurde. Er überspannt den Raum zwischen dem wappengeschmückten Rathaus des 17. Jh. und dem ebenfalls barocken *Califfi-Palast*. In diesem einstigen Herrenhaus zeigt Rovinjs **Stadtmuseum** 3 (Zavičajni Muzej Grada Rovinja, Tel. 052/81 67 20, April–Sept. Di–Fr 10–15, 18–22, Sa, So 10–14, 19–22, Okt.–März Di–Sa 9–15 Uhr) archäologische Funde aus der Region sowie eine Sammlung von Gemälden und Skulpturen des 15. Jh. bis heute.

Richtung Westen öffnet sich der großzügige Platz zur Uferpromenade **Obala** 4 und zum Hafen, wo Ausflugsboote und zu Souvenirständen umgewandelte Fischerboote um die Gunst der Touristen buhlen. Mit hübschen Cafés und reizvollen Ausblicken über die Adria zu den vorgelagerten Inseln lässt sich auf der Obala die Altstadt Rovinjs umrunden.

Ein Marmoraltar Girolamo Laureatos – barocker Höhepunkt in der Kirche Sveta Euphemia

TOP TIPP Das **Museum Kuća o Batani** 5 (Obala Pina Budicina 2, Tel. 052/830650, www.batana.org, Juni–Sept. tgl. 9–13, 19–22, Okt.–Dez., März–Mai Di–So 10–13, 15–17 Uhr, Jan./Febr. nach Voranmeldung) dokumentiert in einer interaktiv aufbereiteten Ausstellung, welch wichtige Rolle Fischerei und Bootsbau im Alltag Rovinjs einst spielten. Besondere Beachtung verdient das traditionelle ›Batana‹-Boot, dessen flacher Rumpf es zum idealen Gefährt in den hiesigen Küstengewässern machte. Es wird ähnlich wie eine Gondel im Stehen gerudert und gilt heute als Identitätssymbol der Fischer an der istrischen Westküste.

Die verwinkelte Altstadt mit ihren schmalen Gässchen, kleinen Plätzen, Torbögen und Innenhöfen erschließt sich reizvoll über die kopfsteingepflasterte **Grisia** 6. Als bunte Outdoor-Galerie – Hausfassaden, Tore und Türen dienen gleichermaßen als Ausstellungs- und Verkaufsfläche für die Werke istrischer Künstler – verbindet sie den Trg Maršala Tita mit der an höchster Stelle thronenden Pfarrkirche **Sveta Euphemia** 7. Drei ältere Gotteshäuser mussten eingerissen werden, um Mitte des 17. Jh. Platz für den mächtigen, 30 m breiten und 51 m langen Sakralbau zu schaffen. Erst 80 Jahre nach dem venezianischen *Campanile* (im Sommer tgl. 10–12, 16–19, im Winter tgl. 10–12 Uhr), der 1654–80 mit 61 m als höchster Kirchturm Istriens in den Himmel wuchs, wurde das dreischiffige Gotteshaus im Barockstil fertiggestellt. Die Spitze des Glockenturms krönt eine fast 4 m hohe Kupferstatue der Schutzheiligen, die sich wie eine Wetterfahne im Wind dreht. Der Legende nach wurde der *Sarkophag* der aus Konstantinopel stammenden frühchristlichen Märtyrerin Euphemia im 9. Jh. vor der Küste Rovinjs angespült, nach-

Enge Gassen mit Kopfsteinpflaster und einladende Cafés: Atmosphäre tanken in Rovinj

dem er unter geheimnisvollen Umständen von seinem ursprünglichen Standort verschwunden war. Er steht nun hinter dem rechten Seitenaltar von Sveta Euphemia. Weitere Anziehungspunkte im nicht überladen wirkenden *Kircheninneren* sind drei kunstvolle Barockaltäre, die der venezianische Bildhauer Girolamo Laureato 1471 geschaffen hat, besonders bewegt wirken über dem Hauptaltar die aus Carrara-Marmor gemeißelten Figuren der hll. Rochus, Georg und Markus. Große Wandgemälde venezianischer Meister des 16. und 17. Jh., u. a. der Tizian-Schüler Contarini mit dem ›Letzten Abendmahl‹, schildern die Passionsgeschichte sowie Szenen aus dem Leben der hl. Euphemia.

Vor der Rückkehr zum Auto lohnt ein Abstecher auf der Ulica De Amicis zum barocken **Franziskanerkloster** ❽, das eine wertvolle Sammlung von Buchraritäten und sakraler Kunst besitzt. Wenige Schritte entfernt, am Trg Na Lokvi, ist die kleine Kapelle **Sveto Trojstvo** ❾ einen Blick wert. Sie entstand im 13. Jh. als Baptisterium und erhebt sich anders als üblich nicht auf acht-, sondern siebeneckigem Grundriss. Als schönes Element romanischer Baukunst besitzt sie eine steinerne Transenna, ein Gitterfenster mit einer Darstellung der Kreuzigungsszene flankiert von Maria, Petrus und zwei Aposteln in Golgatha.

Inseln und Sumpfland

Zu einem Spaziergang im Grünen oder zum erfrischenden Bad am Felsenstrand laden zwei der insgesamt 22 Inseln vor der Südküste Rovinjs ein. Die nächstgelegene, **Sveta Katarina** ❿, erreicht man per Fähre von der Mole aus in fünf Minuten. Die üppige Flora und der herrliche Park lassen heute kaum erahnen, dass dieses Eiland ursprünglich karstig und nahezu vegetationslos war. Schiffsladungen fruchtbarer Erde hatte zu Beginn des 20. Jh. der polnische Graf von Milevski vom Festland herbringen lassen, um die Insel zu begrünen und ein Schlösschen sowie Residenzen zu errichten. Heute beherbergen die restaurierten Gebäude die moderne Hotelanlage *Katarina* (www.maistra.com).

Die von Rovinj etwa 20 Fährminuten entfernte Insel **Sveta Andrija** ⓫ gleicht mit ihrem dichten Pflanzenwuchs einem Botanischen Garten. Der Triester Baron von Hütterodt hatte die ›Rote Insel‹ (kroatisch: Crveni otok) Ende des 19. Jh. aufforsten und auf den Grundmauern einer aufgelösten Benediktinerabtei einen Herrensitz errichten lassen. Heute sind diese Bauten Teil des Hotelkomplexes

Istra (www.maistra.com), der neben einer Bildergalerie auch ein reizvolles Restaurant besitzt. Die durch einen Damm mit Sveta Andrija verbundene Nachbarinsel Maškin ist bekannt als Fkk-Badeplatz.

Etwa 8 km südlich von Rovinj erstreckt sich das ornithologische Schutzgebiet **Močvara Palud** (Juni–Aug. tgl. 9–21 Uhr). Das aus mehreren Quellen mit Süßwasser versorgte Sumpfareal bietet über 200 Vogelarten, darunter Fischadler, Kuhreiher, Schwarzstorch und Tafelente, dauerhaften oder zeitweiligen Lebensraum. Sie lassen sich von einem gut ausgebauten Wegenetz beobachten, das auch als Etappenziel von Fahrradtouren beliebt ist.

i Praktische Hinweise

Information

Tourismusverband Rovinj, Pina Budicina 12, Tel. 052/81 15 66, www.tzgrovinj.hr

Hotels

TOP TIPP *****Monte Mulini**, Aleja Smareglia bb, Rovinj, Tel. 052/63 60 00, www.montemulinihotel.com. Große Zimmer und Suiten mit Blick auf Meer und Sonnenuntergang in Altstadtnähe. Bestens ausgestatteter Wellness- und Poolbereich, dazu exzellentes Restaurant Wine Vault mit üppiger Weinkarte.

Valdaliso, Monsena bb, Rovinj, Tel. 052/80 55 00, www.maistra.com. Komfortables Sommerhotel auf grüner Landzunge in Ortsnähe. Zudem einige Mobilheime für 4–6 Personen auf dem angeschlossenen Campingplatz. Tauchbasis Valdaliso (www.diving-rovinj.com) auf dem Gelände.

***Vila Lili**, Aleja Mohorovičića 16, Rovinj, Tel. 052/84 09 40, www.hotel-vilalili.hr. Gemütliches kleines Hotel nicht weit vom Zentrum mit kleiner Bar und Restaurant. Gutes Frühstücksbüffet.

Camping

Naturist-Camping Valalta, Cesta Valalta-Lim bb, Valalta bei Rovinj, Tel. 052/80 48 00, www.valalta.hr. Fkk-Campingplatz in üppig begrüntem, terrassiertem Gelände, dazu Bungalows und Mobilheime. Langer Fels- und kürzerer Kiesstrand, Kinderbucht mit Sandstrand.

Veštar, Rovinj, Tel. 052/80 37 00, www.campingrovinjvrsar.com. Durch Büsche und Bäume aufgelockertes Gelände, teils Stein- und Kiesstrand, viele Bootsfahrer. Kleiner abgetrennter Fkk-Bereich.

Marina

ACI Rovinj, Tel. 052/81 31 33, www.aci-club.hr. 420 Liege- und Stellplätze im südöstlichen Teil des Hafens, von einem Kiefernwald umgeben.

Restaurants

Amfora, Aleja Rismondo 23, Rovinj, Tel. 052/81 66 63. Beliebtes Restaurant mit exzellenten Fischgerichten und Aussicht auf Marina und Altstadt.

Blu, Val de Lesso 9, Rovinj, Tel. 052/81 12 65, www.blu.hr. Zu den kreativen Fischgerichten kommt die romantische Lage am Meer und der Blick auf die Altstadt. Nicht weit von der Feriensiedlung Amarin.

Monte, Montalbano 75, Rovinj, Tel. 052/83 02 03, www.monte.hr. Klassische istrische Gerichte auf hohem Niveau. Köstlich ist das Spanferkel mit karamellisierter Schwarte.

Puntulina, Svetog Križa 38, Rovinj, Tel. 052/81 31 86. Beste Fischgerichte und gute Weinkarte in der Altstadt auf einer Felsterrasse am Meer. Nette Weinbar im Untergeschoss.

Valentino, Santa Croce 28, Rovinj, Tel. 052/83 06 83, www.valentino-rovinj.com. Cocktail- und Champagnerbar mit bequemen Korbstühlen oder dicken Kuschelkissen direkt am Meer.

Tauchen

Nadi Scuba Diving Centar, J. Dobrile 11, Rovinj, Tel. 052/81 32 90, www.scuba.hr. Anfänger- und Fortgeschrittenenkurse, Wracktauchen.

Elegantes Design und höchster Komfort im Hotel Mulini in Rovinj

Pula und Südistrien – Glanzlichter römischer Architektur und Naturparadiese

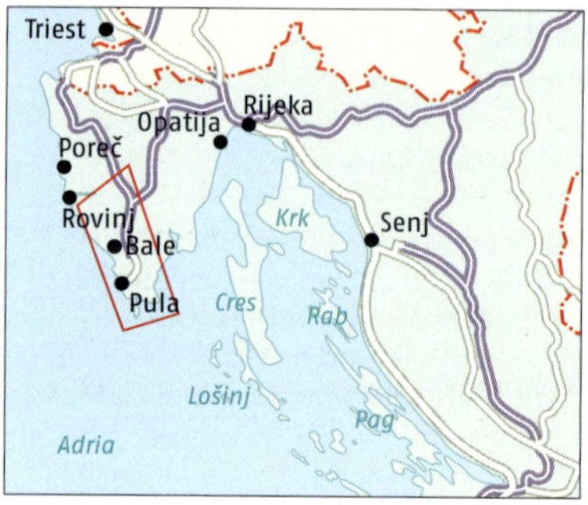

Im Süden Istriens wandelt man auf den Spuren der Römer. In **Pula**, der größten Stadt der Region, sind mit dem *Amphitheater*, dem *Augustustempel* und den *drei Stadttoren* großartige Monumente antiker Architektur erhalten. Die alten Römer schätzten die Gegend aber auch als Sommerfrische, wie die Überreste mehrerer Landhäuser rund um Pula bezeugen. Besonders wohl fühlten sie sich auf dem nur wenige Kilometer vor der Südwestküste liegenden **Brijuni-Archipel**, 14 größeren und kleineren Inseln mit üppiger *mediterraner* und *exotischer Pflanzenwelt*. Ein Ferienparadies par excellence, das Anfang des 20. Jh. zu einem exklusiven Urlaubsresort für die Hautevolee Europas ausgebaut wurde. Heute zieht der Archipel vor allem Tagesausflügler an. Ein weiterer landschaftlicher Höhepunkt ist der im äußersten Süden Istriens gelegene **Naturpark Kamenjak** mit seinen malerischen kleinen Buchten. Abwechslung vom Strandleben bieten mittelalterliche Orte wie **Bale** oder **Dvigrad**, das nach einer Pestepidemie im 17. Jh. von seinen Bewohnern verlassen wurde.

13 Pula

Liebenswerte Stadt an der Südspitze Istriens mit reicher römischer Vergangenheit.

Histrier und Römer, Venezianer und Österreicher haben hier gesiedelt und ihre Spuren hinterlassen. Besonders die Monumente der römischen und österreichischen Epoche prägen bis heute das Stadtbild, allen voran das römische Amphitheater und die 1903 errichtete Markthalle. Das historische Zentrum ist überwiegend autofrei und lädt mit seinen Geschäften, Boutiquen und Cafés zum Bummeln und Flanieren ein.

Geschichte Der Legende nach wurde Pula von Kolchiden aus dem heutigen Georgien gegründet. Diese hatten die Argonauten verfolgt, um in den Besitz des Goldenen Vlieses zu gelangen. Nach erfolgloser Jagd ließen sie sich schließlich an der Südwestspitze Istriens nieder. Soweit die griechische Mythologie. Gesichert ist, dass es bereits um 1000 v. Chr. eine Siedlung der **Histrier** auf dem Burghügel gegeben hat, wie zyklopische Mauerreste belegen. Seine erste Blüte

Wahrzeichen Pulas ist das imposante römische Amphitheater

erlebte der Ort unter den **Römern**, die hier 177 v. Chr. eine Kolonie gründeten. In dieser Zeit entstanden jene Monumente wie Amphitheater und Augustustempel, die heute zu den Hauptsehenswürdigkeiten Pulas zählen. Nach dem Zerfall Westroms kam die Stadt in rascher Folge unter die Herrschaft der Ostgoten, Byzantiner und Franken, bevor die **venezianischen Dogen** 1331 die Macht an sich rissen und für rund 450 Jahre behielten. Während dieser Epoche erlebte der Ort einen Niedergang, verlor durch Pest und Malaria einen Großteil seiner Einwohner.

Von 1797 bis 1918, unterbrochen nur von einem kurzen napoleonischen Gastspiel, stand die Südwestspitze Istriens unter der Regie der Habsburger. Mit der Eingliederung der Stadt in das **k.u.k.-Reich** begann der neuerliche Aufschwung. Ab 1848 wurde Pula Kriegshafen, 1866 wichtigster Stützpunkt der Kriegsflotten. Es entstanden Schiffswerften auf der vorgelagerten Insel Uljanik und ein Arsenal am Südhafen, aber auch ein neues Stadtviertel südlich des Burghügels. Mit der Fertigstellung der Bahnlinie Wien–Triest–Pula 1876 setzte ein rasches Bevölkerungswachstum ein. Bereits 1910 zählte die Hafenstadt 60 000 Einwohner. Durch den Anschluss an Österreich-Ungarn wurde Pula auch schon früh für den Fremdenverkehr entdeckt. Anfang des 20. Jh. besaß die Stadt bereits mehrere Hotels.

Nach dem Ersten Weltkrieg kam Istrien durch den *Vertrag von Rapallo* 1922 an **Italien**. Soziale Spannungen gipfelten in Streiks und Straßenkämpfen der kroatischen Bevölkerung und wurden von den italienischen Besatzern niedergeschlagen. Am 5. Mai 1945 befreiten Titos Partisanen die seit 1943 von der deutschen Armee besetzte Stadt. Offiziell fand Istrien erst mit dem *Friedensvertrag von London* 1947 Anschluss an **Jugoslawien** und gehörte dieser Föderation bis 1991 an. Heute ist Pula das wirtschaftliche, kulturelle und touristische Zentrum Istriens, im direkten Einzugsbereich der Stadt leben gut 80 000 Menschen.

Amphitheater

Es bietet sich an, die Besichtigung Pulas beim Amphitheater beginnen zu lassen, denn fast alle Wege in das historische Zentrum führen an dem markanten Bauwerk aus römischer Zeit vorbei. Die meisten Tagesgäste kommen mit Bus [Busbahnhof s. S. 57] oder Auto, Parkplätze findet man südwestlich des Theaters.

TOP TIPP Das **Amphitheater** 1 (Amfiteatar, Tel. 052/21 90 28, April tgl. 8–20, Mai/Sept. tgl. 8–21, Juni–Aug. tgl. 8–21.30, Okt. tgl. 9–19, Nov.–März tgl. 9–17 Uhr), von den

Einheimischen kurz Arena genannt, ist das weithin sichtbare Wahrzeichen Pulas. Es wurde unter Kaiser Augustus (30–14 v. Chr.) errichtet und unter Kaiser Vespasian (39–81 n. Chr.) ausgebaut. In diese Zeit fällt die Erweiterung des Zuschauerraums auf 30 Sitzreihen. Das elliptische Bauwerk aus weißem istrischem Kalkstein mit Ausmaßen von 132 x 105 m war einst das sechstgrößte Amphitheater im Römischen Reich und bot Platz für rund 25 000 Zuschauer. Die Außenmauern mit ihren eleganten Arkadenreihen, auf der Meerseite zweigeschossig, auf der Hangseite eingeschossig, sowie der oberen Reihe rechteckiger Fensteröffnungen sind vollständig erhalten und ragen 31 m empor. Eine Besonderheit für römische Amphitheater sind die vier äußeren *Treppenaufgänge*, über die man die Tribünen erreichen konnte. Der gute Zustand der Arena ist übrigens dem venezianischen Senator Gabriele Emo zu verdanken, der 1583 Pläne des Senats, das Bauwerk abreißen und seine Steinquader als Baumaterial nach Venedig transportieren zu lassen, verhindern konnte.

Einst erfreuten sich die Zuschauer hier an Gladiatorenkämpfen und Tierhatzen. Ein beliebter Ort für Veranstaltungen ist die Arena noch immer. Zu einem magischen Ereignis werden Konzerte unter freiem Himmel mit Stars wie José Carreras, Placido Domingo, Sting oder Joe Cocker. Daneben werden hier im Juli im Rahmen des **Pula Filmfestivals** (www.pulafilmfestival.hr) kroatische und europäische Filme gezeigt.

TOP TIPP

In den Katakomben des Amphitheaters befindet sich heute ein kleines **Museum** (Sommer tgl. 8–21, Winter tgl.

Das Pula Filmfestival lädt zum besonderen Kinovergnügen ins Amphitheater ein

Nehmen Sie Platz in Pulas guter Stube, dem großzügigen Trg Kapitolinski

9–16.30 Uhr), das anhand von Landkarten die Entstehung von Handelswegen und Siedlungen im Römischen Reich veranschaulicht. Ein Schwerpunkt der Ausstellung liegt auf der Öl- und Weinherstellung vor 2000 Jahren. Neben Repliken antiker Werkzeuge sind rund 2000 bei der Arena gefundene Amphoren ausgestellt.

Rund um den Burghügel

Südlich der Arena erstreckt sich der kleine **Titov Park** 2. Hier erinnert das wuchtige *Partisanendenkmal* mit einer bronzenen Figurengruppe an den Widerstand gegen die italienische und deutsche Besatzung während des Zweiten Weltkriegs. Die Grünanlage grenzt direkt an das Hafengelände. Entlang der Hafenstraße Riva gelangt man schnell in die kleine, überschaubare Altstadt, die sich ringförmig um den Burghügel mit der Festung aus venezianischer Zeit legt. Unweit des Riva befindet sich die **Katedrala Svete Marije** 3, die in der zweiten Hälfte des 5. Jh. auf den Fundamenten eines römischen Tempels errichtet wurde. Mitte des 17. Jh. erweiterte man das ursprünglich einschiffige Bauwerk zu einer dreischiffigen Basilika. Der frei stehende Glockenturm entstand noch einmal 50 Jahre später. Besondere Schätze im ansonsten eher schlichten Inneren sind Säulenkapitelle des frühchristlichen Vorgängerbaus, Bodenmosaike aus dem 5. und 6. Jh. sowie ein als Altartisch genutzter römischer Sarkophag aus dem 3. Jh.

Hinter der Kathedrale führt die Kandlerova Ulica direkt ins Herz der Altstadt, zum prächtigen Trg Kapitolinski, an dem sich einst das antike **Forum Romanum** befand. Heute laden mehrere Cafés rund um den weiten Platz zur Rast. In der warmen Jahreszeit lohnt ein Besuch auch abends, denn dann treten hier Jazz- und Folkloreensembles im Rahmen des Kulturprogramms *Auf Straßen und Plätzen* auf. Architektonisches Schmuckstück des Trg Kapitolinski ist der auf hohem Podest stehende und über mehrere Stufen zu erreichende **Augustustempel** 4 (Augustov Hram), der zwischen 2 v. Chr. und 14 n. Chr. entstanden ist und dem ersten römischen Kaiser Augustus und der Göttin Roma geweiht war. Die Schauseite des Tempels bildet ein Portikus aus 8 m hohen, glatten Säulen mit korinthischen Kapitellen, vier an der Frontseite sowie jeweils eine Säule und eine kannelierte Halbsäule an den Seiten. Seinen guten Erhaltungszustand verdankt das Bauwerk der Umwandlung in eine Kirche bereits in frühchristlicher Zeit. Heute ist in seinem Inneren ein *Lapidarium* (Sommer tgl. 9–21 Uhr, sonst nach Voranmeldung) eingerichtet, das römische Skulpturen aus der Region zeigt, u. a. einen hübschen Frauenkopf aus dem 1./2. Jh. Nebenan befand sich einst ein weiterer römischer Tempel, der *Dianatempel*, von dem allerdings nur noch die Rückwand erhalten ist. Diese wurde 1296 in den **Kommunalpalast** 5 (Gradska palača) integriert. Die luftige Arkadenreihe stammt aus dem 17. Jh.

Nicht weit entfernt, in der Sergijevaca 16, ist ein weiteres antikes Relikt zu bestaunen, das 1959 freigelegte, hervorragend erhaltene **Römische Mosaik** 6 (Rimski Mozaik) aus dem 2. Jh., das damals den Boden einer Patriziervilla schmückte. Das frei zugängliche, 12 x 6 m große Kunstwerk illustriert als zentrales Motiv die *Bestrafung der Dirke*, der eifersüchtigen und gewalttätigen Gattin des Königs Lykos von Theben. Sie schlug und quälte ihre Nichte Antiope und wurde schließlich von deren Söhnen Amphion und Zethos an die Hörner eines Stieres gebunden – diesen Moment stellt die Szene dar – und

Das Römische Mosaik mit der Bestrafung der Dirke begeistert durch seinen Detailreichtum

zu Tode geschleift. Weitere Mosaikfelder zeigen ornamentalen und pflanzlichen Schmuck, aber auch Vögel und Fische.

Wenn man die Sergijevaca ein Stück weiter geht und dann in die Maksimijanova Richtung Hafen abbiegt, stößt man in einer kleinen Grünanlage auf die auf kreuzförmigem Grundriss errichtete bescheidene **Kapela Svete Marije Formoze** 7 (derzeit wegen Restaurierung geschl.). Sie ist das einzige Überbleibsel einer 32 m langen und 19 m breiten dreischiffigen Basilika aus der Zeit des oströmischen Kaisers Justinian I. (6. Jh.), die mit reizvollen Mosaiken ausgestattet war. Mitte des 13. Jh. wurde die Kirche von den Venezianern wegen starker Baufälligkeit abgerissen. Einige der Mosaike konnten gerettet werden und befinden sich heute im Archäologischen Museum (s. u.).

Auf der Sergijevaca geht es anschließend wieder zurück und dann rechts in den Svetog Franje Asiškog hinein. Hier rückt alsbald das am Hang gelegene **Franziskanerkloster** 8 (Franjevački Samostan, tgl. 10–17 Uhr) ins Blickfeld. Die schlicht-elegante romanisch-gotische Klosterkirche (Anfang 14. Jh.) besticht durch ein hervorspringendes, durch Säulchen und Ornamentbänder verziertes Portal und eine winzige achtblättrige Fensterrose in einer ansonsten schmucklosen Fassade. Besonderes Prunkstück im Kircheninneren ist das aus dem 15. Jh. stammende geschnitzte und vergoldete *Polyptychon* des Hauptaltars mit Madonna und Kind im Zentrum, flankiert von je sechs Heiligen. Der dem heimischen Künstler *Meister Jakov* zugeschriebene Flügelaltar gehört zu den wertvollsten Schnitzarbeiten Istriens. Vor dem Verlassen der Kirche lohnt der Blick in den von viereckigen Säulen gestützten beschaulichen *Kreuzgang* aus dem 15. Jh.

Vom Franziskanerkloster sind es noch ein paar Schritte bergauf, dann ist der Festungshügel mit dem **Kaštel** erreicht, jener Ort, an dem sich bereits um 1000 v. Chr. eine histrische Siedlung und später das römische Kapitol befanden. 1631 beauftragten die Venezianer den französischen Festungsbaumeister *Antoine de Ville* mit der Errichtung des Kastells, einer quadratischen Anlage mit spitzen Bastionen an den vier Ecken. Von der Anhöhe bietet sich ein Panoramablick auf die Stadt und die Bucht *Pulski Zaljev*. In der Festung ist heute das **Historische Museum Istriens** 9 (Povijesni Muzej Istre, Gradinski uspon 6, Tel. 052/211566, Mai–Sept. tgl. 8–21, Okt.–April tgl. 9–17 Uhr) untergebracht. Alte Dokumente, Bilder und Fotografien, dazu Münzen und Waffen veranschaulichen das mittelalterliche und neuzeitliche Pula. Breiten Raum nimmt jene Epoche ein, in der die Stadt Kriegshafen der österreichisch-ungarischen Marine war. Der Innenhof des Kastells wird in den Sommermonaten regelmäßig als Kulisse für Konzerte genutzt.

Die serbisch-orthodoxe Kirche **Sveti Nikola** 10 (nur zu Gottesdiensten offen) in der Ulica Castropola, die den Festungshügel fast vollständig umrundet, geht auf das 7. Jh. zurück und wurde mehrfach umgebaut. Innen prunkt eine Ikonostase, die der griechische Meister *Tomios Batas* zu Beginn des 18. Jh. im Stil traditioneller byzantinischer Ikonen fertigte.

Biegt man am Ende der Castropola in die parallel zur früheren Stadtmauer verlaufenden Carrarina Ulica ein, gelangt man auf die Ostseite des Burghügels. Schnell ist mit der **Porta Gemina** 11 eines der drei verbliebenen römischen Stadttore erreicht. Der wegen seiner beiden Durchgänge auch Doppeltor (Dvojna Vrata) genannte Bogen wurde zu Beginn des 2. Jh. n. Chr. an der Straße errichtet, über die man Nesactium [Nr. 20] und Tarsatica, das heutige Rijeka [Nr. 26], erreichen konnte.

Heute markiert die Porta Gemina den Eingang zum **Archäologischen Museum Istriens** 12 (Arheološki Muzej Istre, Carrarina 3, Tel. 052/351300, www.ami-pula.hr, Mai–Sept. Mo–Fr 8–20, Sa/So 9–15, Okt.–April Mo–Fr 9–14 Uhr), das in einem neoklassizistischen

Gebäude aus dem 19. Jh. untergebracht ist. Es verfügt über eine ungewöhnlich umfangreiche Sammlung von rund 300 000 Stücken von prähistorischer bis frühmittelalterlicher Zeit. Eine wahre Fundgrube für historisch Interessierte! Zu den Glanzstücken des Museums gehören bronzene Schmuckstücke und andere Grabbeigaben aus der Nekropole von Nesactium, die dem sagenhaften *Schatz des histrischen Königs Epulon* [s. S. 69] zugeschrieben werden. Aus römischer Epoche beeindrucken der *Torso d'Imperatore*, das imposante Fragment einer überlebensgroßen Statue aus dem 1. Jh. n. Chr., die Kaiser Augustus dargestellt haben soll, und ein Mosaik aus derselben Zeit mit zwei Hähnen, das einst ein Landhaus zierte. Aus der mittelalterlichen Sammlung ragen das kostbare Fragment eines Mosaiks aus der Basilika Svete Marije Formoze (s. o.) mit einer Darstellung Jesu und des Apostels Petrus sowie eine meisterhaft gearbeitete Truhe aus Elfenbein mit dionysischen Szenen (9.–11. Jh.) heraus.

Zum Museumsareal gehört das **Kleine Römische Theater** 13 (Malo Rimsko Kazalište, Öffnungszeiten wie Archäologisches Museum, derzeit wegen Restaurierung geschl.), das sich mit seiner halbkreisförmigen Tribüne (Cavea) an den Hang des Burghügels lehnt. Obwohl das Bauwerk aus dem 1. Jh. n. Chr. im Laufe der Zeit zuweilen als Steinbruch diente, sind neben den Sitzreihen auch Reste des Bühnenhauses (Scaena) erhalten.

Verlässt man das Gelände und folgt ein Stück der Carrarina, stößt man alsbald auf ein weiteres Portal, das **Tor des Herkules** 14 (Herkulova Vrata), das in augustäischer Zeit Mitte des 1. Jh. v. Chr. errichtet wurde und damit das älteste römische Monument Pulas ist. Der einfache Bogen besitzt als einzigen Schmuck im Scheitelpunkt ein nur grob bearbeitetes Relief von Herkules, dem damaligen Schutzpatron der Stadt. Das dritte erhaltene antike Tor steht nicht weit entfernt, am Trg Portarata. Den **Triumphbogen der Sergier** 15 (Slavoluk Sergijevaca), einer der wenigen privat finanzierten römischen Triumphbögen, ließ Salvia Postuma Sergi 29–27 v. Chr. zu Ehren ihrer drei Brüder errichten. Diese hatten an der Seeschlacht von Actium (31 v. Chr.) teilgenommen, in der Octavian, der spätere Kaiser Augustus,

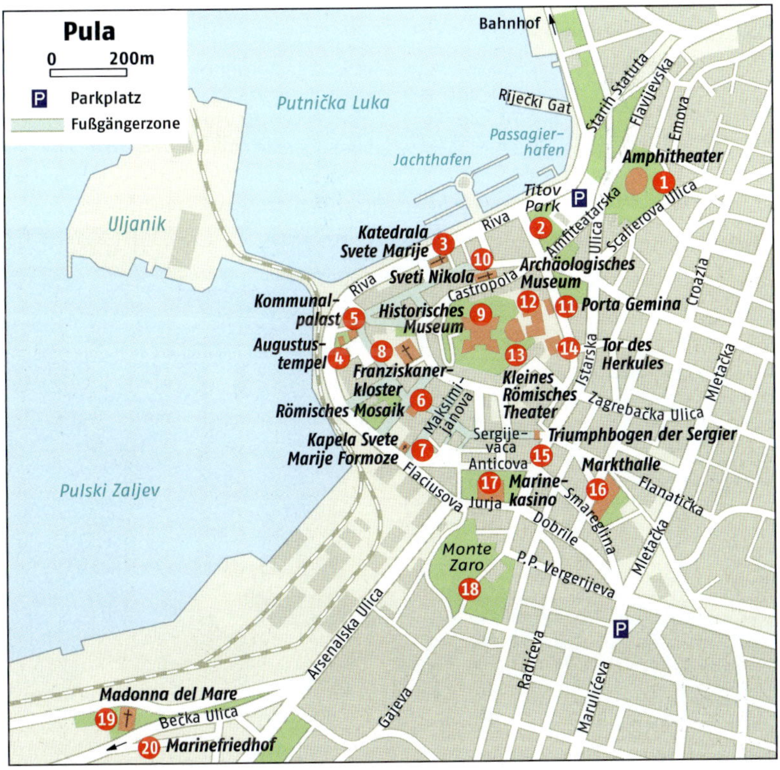

seinen Widersacher Marcus Antonius besiegen und dadurch seine Vorherrschaft im Römischen Reich sichern konnte. Es fällt auf, dass das 8 m hohe Tor zur Westseite hin stärker geschmückt ist, nämlich mit kannelierten Säulenschäften, herrlich herausgearbeiteten korinthischen Kapitellen sowie Reliefs in den Bogenfeldern. Die Ostseite hingegen geht sehr viel sparsamer mit Schmuckelementen um, die Kapitelle sind nur angedeutet, Reliefs fehlen völlig. Auf dieser Seite stand bis 1829 direkt hinter dem Bogen die zur Stadtbefestigung gehörende **Porta Aurea** (Goldenes Tor), das einstige Haupttor von Pula. Als 1829 mit der Stadtmauer auch das Goldene Tor abgerissen wurde, kam die weniger ausgearbeitete Ansicht zum Vorschein. Übrigens wird der Name Porta Aurea heute auch für den Sergierbogen verwendet. Vor einem Café im Schatten des Bogens sitzt eine *Bronzestatue* von *James Joyce* auf einem Stuhl und betrachtet das lebhafte Treiben. Der irische Dichter und spätere Autor des ›Ulysses‹ lebte 1904/05 ein Jahr in Pula und verdiente sich seinen Lebensunterhalt als Sprachlehrer für österreichische Marineoffiziere.

Das österreichische Erbe

Vom Triumphbogen der Sergier am Rande der Altstadt schlängelt sich die Sergijevaca Ulica zurück zum Forum. In der anderen Richtung führt die Einkaufsstraße Flanatička zu der 1903 ganz aus Stahl und Glas im Stil der Wiener Sezession erbauten **Markthalle** 16 (Trznica), einem der architektonischen Schmuckstücke Pulas aus der Neuzeit. In dem weiten, lichten Gebäude werden Fleisch, Fisch und Käse verkauft. Im Obergeschoss kann man in eines der Cafés einkehren und dem geschäftigen Trubel zusehen. Östlich der Halle befindet sich unter mächtigen Kastanienbäumen ein weiterer Markt mit einem großen Angebot an Obst und Gemüse.

Südlich der Altstadt entstand im 19. Jh. ein neues Stadtviertel für die Angehörigen der österreichisch-ungarischen Marine. Für sie wurde 1872 auch das von einem Park umgebene **Marinekasino** 17 (Mornaričko Kasino, nicht zugänglich) mit seiner pompösen Haupthalle und dem Wintergarten errichtet. TOP TIPP Noch etwas weiter südlich erstreckt sich ein hübscher Park rund um den **Monte Zaro** 18. Die Hügelkuppe lohnt den Anstieg, bietet sich von oben doch ein besonders schöner Blick auf die Stadt, die Küste und die vorgelagerten Inseln.

Weitere Sehenswürdigkeiten aus habsburgischer Zeit führen die Besucher in die südlichen Vororte. Hier befindet sich die im neoromanisch-byzantinischen Stil errichtete **Madonna del Mare** 19 (Bečka Ulica, Buslinie 1, Šijana–Stoja), die 1898 als Militärkirche der österreichisch-ungarischen Marine eingeweiht wurde. Dazu passend

Der Triumphbogen der Sergier markiert heute den Eingang zur kleinen Pulaer Altstadt

Die sehenswerte Markthalle von Pula mit ihrer lichten Architektur aus Stahl und Glas

dekorieren aus Stein gehauene Seemannsknoten das Portal, von der Fassade blicken Heiligenfiguren herab. Im Ortsteil Stoja erstreckt sich ein großer **Marinefriedhof** 20 (Mornaričko Groblje), auf dem 150 000 Soldaten bestattet sind. Der 1862 eröffnete Begräbnisplatz mit aufwändigen Grabmälern präsentiert sich mit seinen Palmen und Zypressen heute wie eine Parkanlage.

Halbinsel Verudela

Die südlich von Pula gelegene Halbinsel Verudela bietet sich mit etlichen Hotels und Campingplätzen als Stützpunkt für einen Istrienurlaub an. Im äußersten Süden der Landzunge befindet sich das 1886 erbaute *Fort Verudela*, das einst zu einer Reihe von Festungsanlagen gehörte, mit der die Österreicher die Küste rund um Pula sicherten. Im Jahr 2002 wurde das Fort grundlegend saniert und zu einem **Aquarium** (Verudela bb, Tel. 052/38 14 02, www.aquarium.hr, Juni–Aug. tgl. 9–22, April, Mai, Sept. tgl. 10–18, Okt.–März tgl. 10–16 Uhr) umgebaut. In 60 Wasserbecken lernt man die Tier- und Pflanzenwelt des Mittelmeeres, Fische europäischer Flüsse und Seen sowie tropische Meeresbewohner kennen. Eine weitere österreichisch-ungarische Bastion ist das im Nordwesten der Halbinsel Verudela gelegene, 1861–66 errichtete *Fort Bourguignon*. Die gut erhaltene kreisrunde Anlage hat sich in den letzten Jahren als Veranstaltungsort für Rock- und Popkonzerte einen Namen gemacht. So findet hier alljährlich im August das *Underground Festival Monte Paradiso* mit Bands statt, die sich den Musikrichtungen Ska, Reggae, Punk und Hardcore verschrieben haben.

i Praktische Hinweise

Information

Tourismusbüro Pula, Forum 3, Pula, Tel. 052/21 29 87, www.pulainfo.hr

Flughafen

Pula Airport, 6 km nordöstlich von Pula, Tel. 052/53 01 05, www.airport-pula.com. Ganzjährig Verbindungen über Zagreb, in den Sommermonaten Charterflüge von mehreren deutschen Städten aus.

Die Busverbindungen vom Flughafen ins Zentrum von Pula sind dürftig, daher bietet sich ein Taxi-Transfer an: Mobil-Tel. 098/44 08 44, www.taxipula.com

Bahnhof

Kolodvorska 7, Pula, www.hznet.hr. Pula ist per Bahn über das slowenische Ljubljana zu erreichen. Es gibt jedoch keine Direktverbindung an den Kvarner Golf.

Busbahnhof

Ulica 43 Istarske Divizije, Pula. Tägliche Verbindungen nach Rijeka sowie in alle größeren Ortschaften Istriens, u. a. nach

Rovinj, Poreč, Pazin. Vom Busbahnhof verkehren Busse ins Zentrum.

Hotels

*******Hotel Histria**, Verudela 17, Halbinsel Verudela, Tel. 052/59 00 00, www.arenaturist.com/Hotels/Histria. Schönes Hotel inmitten einer Ferienanlage mit Marina und diversen Sporteinrichtungen, Blick über die Meeresküste von Veruda.

****Scaletta**, Flavijevska 26, Pula, Tel. 052/54 10 25, www.hotel-scaletta.com. Hotel mit nettem Restaurant nahe der Arena.

Jugendherberge, Pula-Valsaline, Tel. 052/39 11 33, www.hfhs.hr. Am Meer gelegene Herberge mit 190 Betten. Dazu kommen 50 Plätze eines Mini-Campingplatzes. Diverse Sportmöglichkeiten: Tauchschule, Tischtennis, Paddelbootverleih.

Camping

Village Stoja, Stoja 37, Pula-Stoja, Tel. 052/38 71 44, www.arenacamps.com. Von Pinienbäumen beschattete Wiesen auf einer Halbinsel, Fels- und Kiesstrand, Sport- und Unterhaltungsprogramm, Tauchservice.

Marinas

Jachthafen Bunarina, Verudela 9, Halbinsel Verudela, Tel. 052/22 30 01, www.bunarina.hr. Gepflegte Anlage mit 500 Liegeplätzen, Bootsverleih, Ausflugsschiff Ulika, Restaurant, Sportanlagen und Campingplatz Otok Veruda.

Tehnomont Marina Veruda, südlich von Pula, Tel. 052/22 40 34, http://marinaveruda.hr. 630 Anlegestellen und 250 Lagerplätze an Land. Dazu Tankstelle für Boote, Werkstätten, Restaurants und Geschäfte.

Restaurants

Batelina, Čimulje 25, Pula-Banjole, Tel. 052/57 37 67. Kleines Restaurant mit köstlich zubereitetem Fisch aus eigenem Fang.

Kantina, Flanatička 16, Pula, Tel. 052/21 40 54. Alte Rezepte innovativ abgewandelt im Souterrain einer Villa aus der Habsburgerzeit, zusätzlich nette Vinothek und Oliothek.

Milan, Stoja 4, Pula-Stoja, Tel. 052/30 02 00, www.milan1967.hr. Eine große Auswahl an Fisch- und Meeresfrüchtegerichten, z. B. Risotto mit Scampi, serviert die Familie Matič seit mehr als 30 Jahren (vis-á-vis vom österreichisch-ungarischen Militärfriedhof).

TOP TIPP **Valsabbion**, Pješčana Uvala IX/26, Pula, Tel. 052/21 80 33, www.valsabbion.hr. Moderne istrische Kreativküche mit internationalem Renommé und Elementen der Molekularküche wenige Kilometer östlich vom Stadtzentrum. Dazu ein nettes Hotel mit 10 Zimmern und Schwimmbad auf dem Dach.

Vela Nera, Pješčana Uvala bb, Pula-Veruda, Tel. 052/21 92 09, www.velanera.hr. Im gemütlichen Speiseraum und auf der Terrasse nur wenige Schritte vom Hafenbecken der Marina Veruda wird einfallsreiche Fischküche serviert.

Panoramaflüge

Panoramaflüge Delić Air, Valtursko Polje 210, Pula, Tel. 052/50 65 05, www.delicair.hr. Rundflüge, Taxiflüge, Charter.

Tauchen

Diving Center Indie, Camping Indije Banjole, Banjolama, Tel. 052/57 36 58, www.divingindie.com. Tauchbasis mit Verleih, geführten Tauchgängen und Kursen. Viele Wracks vor der Küste.

Diving Center Puntizela, Mergus d.o.o., Pula, Tel. 052/51 74 74, www.relaxt-abgetaucht.de. Gut geführtes Tauchzentrum mit deutscher Beteiligung (April–Okt.).

14 Fažana und der Nationalpark Brijuni

Sehenswerte Kirchen in kleinem Fischerort und der schönste Archipel Istriens.

Das Fischerörtchen **Fažana** an der Südwestküste Istriens ist vor allem als Fährhafen für die vorgelagerten Brijuni-Inseln bekannt. Dennoch sollten Besucher einen Rundgang durch den Ort der sehenswerten alten Kirchen wegen nicht versäumen. Direkt am kleinen stimmungsvollen Hafen mit den bonbonbunten Häusern befindet sich die Ende des 15. Jh. errichtete spätgotische Pfarrkirche **Sveti Kuzme i Damjana** mit frei stehendem Glockenturm. Das von außen recht unscheinbare Gotteshaus überrascht im Inneren durch eine reiche Ausstattung. Sehenswert sind ein gotisches Kruzifix aus dem 16. Jh. sowie das 1598 von *Zorzi Ventura* aus Zadar geschaffene Gemälde ›Das letzte Abendmahl‹. Außerdem sind in der Sakristei Freskenreste erhalten, die vermutlich von einem

Die von bunten Häusern gerahmte Kirche Sveti Kuzme i Damjana am Hafen von Fažana

friulischen Meister des 16. Jh. geschaffen wurden. Außerhalb der Altstadt liegt versteckt am Wegesrand die kleine **Kirche der Muttergottes von Karmel** (Majke Božje Karmelske, 14. Jh.), über deren Eingang ein kleines Glockentürmchen emporragt. Die auf acht Säulen ruhende tiefe Vorhalle wurde im 17. Jh. angefügt. Den Innenraum zieren gotische Fresken aus dem 15. Jh. Ältestes Gotteshaus von Fažana ist die außerhalb in nordöstlicher Richtung gelegene einschiffige byzantinische Kirche **Sveti Elizeja**, die im 6. Jh. auf den Überresten einer römischen Sommerresidenz errichtet wurde und eine polygonale Apsis besitzt.

Bis in die 1950er-Jahre befand sich in Fažana eine der bedeutendsten Fabriken der Region zur Verarbeitung von Sardellen. Einmal im Jahr, am ersten Samstag im August, steht der Ort noch immer ganz im Zeichen dieses Fisches, dann wird das traditionelle *Sardellenfest* gefeiert und Feinschmecker reisen von weither an, um am Hafen und der Uferpromenade vorzügliche Fischgerichte zu genießen.

Brijuni-Archipel

Der aus 14 größeren und kleineren Eilanden bestehende Brijuni-Archipel erstreckt sich auf der Höhe von Fažana 3,5 km vor der Westküste Istriens und ist dank seiner üppigen Vegetation ein wahres Naturparadies. Fast 700 heimische und exotische Pflanzenarten, u. a. Steineichen, Kiefern und Zedern, Eukalyptus, Lorbeer und Bambus, gedeihen in dem milden, feuchten Klima. Darüber hinaus ist die Inselgruppe der Lebensraum für eine Vielzahl von Tieren, darunter 250 verschiedene Vogelarten. Um den Erhalt dieser einzigartigen Flora und Fauna zu sichern, wurde der **Nationalpark Brijuni** (www.brijuni.hr) 1983 eingerichtet. Der Öffentlichkeit zugänglich sind die beiden Hauptinseln *Veli Brijun* (5,6 km²) und *Mali Brijun* (1,1 km²). Die beiden Eilande auf eigene Faust erkunden darf aber nur, wer in einem der beiden Hotels (s. u.) auf Veli Brijun nächtigt. Tagesgäste müssen sich in Fažana einer geführten Gruppe anschließen. In den Sommermonaten verkehren regelmäßig Boote zwischen dem Küstenort und Veli Brijun, die Überfahrt dauert etwa 15–20 Minuten.

TOP TIPP

Mit der Einnahme der istrischen Halbinsel 177 v. Chr. entdeckten die **Römer** die landschaftliche Schönheit des Brijuni-Archipels und vertrieben die bis dahin hier siedelnden Histrier. Die Eroberer kultivierten das Land und erbauten mehrere *Villae Rusticae*, großzügige Landsitze. Aus byzantinischer Zeit stammen Reste eines Castrums an der Westküste von Veli

Tiefgrüne Farbtupfer im Blau der Adria – die Eilande des Brijuni-Archipels

Brijun. Auch die **Venezianer** nutzten das Eiland ab 1331 als Stützpunkt, errichteten eine Festung sowie einen kleinen Hafen und verschifften von hier Marmor, Salz und Fische in die Lagunenstadt. Im 18. und 19. Jh. breitete sich die Malaria aus, die Menschen verließen die Inseln in Scharen. 1893 schließlich kaufte der österreichische Industrielle *Paul Kupelwieser* die Inselgruppe, um dort ein **exklusives Urlaubsresort** für wohlhabende Gäste entstehen zu lassen. Zunächst befreite der deutsche Nobelpreisträger *Robert Koch* die Inseln von der Malaria. Dann wurden Hotels und Badeanstalten, Grünanlagen und Wanderwege angelegt. 1913 eröffnete als besonderes Highlight ein Safaripark mit afrikanischem Großwild. Während des Zweiten Weltkriegs war der Archipel zunächst italienischer, dann deutscher Stützpunkt und wurde im April 1945 von den Alliierten zerbombt. Zwischen 1947 und 1980 waren die Eilande Sommerfrische des langjährigen jugoslawischen Präsidenten Tito [s. S. 63] und für die Öffentlichkeit gesperrt.

Tagesausflügler nach **Veli Brijun** werden mit einer Touristenbahn über die Insel gefahren. Die früheren Tito-Villen stehen allerdings nicht zur Besichtigung offen. Wer sich für diese Ära interessiert, kann sich in dem kleinen *Museum* (Tel. 052/52 58 82, Sommer tgl. 8–19, Winter tgl. 8–14 Uhr) am Hafen, untergebracht im venezianischen Kastell aus dem 16. Jh., die Fotoausstellung über den früheren jugoslawischen Präsidenten anschauen. In der nahen Kirche *Sveti Germana* aus dem 15. Jh. werden Kopien alter Fresken aus verschiedenen istrischen Kirchen sowie glagolitische Handschriften aufbewahrt. Anschließend zuckeln die Besucher mit dem Bummelzug über die Insel. Das nordwestliche Ende von Veli Brijun nimmt der *Safaripark* ein, in dem sich Antilopen, Lamas, Zebras und sogar Elefanten tummeln. Die Fahrt geht weiter entlang der Westküste. In der Bucht Dobrika können die – allerdings recht spärlichen – Überreste eines byzantinischen *Castrums* sowie einer dreischiffigen Basilika aus dem 6. Jh. besichtigt werden. Auf der gegenüberliegenden Seite, in der Bucht Verige, entstand im 1. Jh. n. Chr. eine *Villa Rustica*, ein großzügiges römisches Landgut, das sich mit Wohn- und Empfangsräumen, dem Wirtschaftstrakt und Thermen über drei Terrassen erstreckte. Mauerreste lassen die einstige Pracht nur erahnen. Zu der Anlage gehörten auch Tempel – hier sind Säulenfragmente erhalten – und Priesterwohnungen. Die Nachbarinsel **Mali Brijun** mit ihrem mächtigen österreichischen Fort aus dem 19. Jh. kann im Rahmen eines Ausflugs mit dem Nationalparkschiff ›Veli Brijun‹ besichtigt werden.

i Praktische Hinweise

Information

Fremdenverkehrsamt Fažana, Istarske Divizije 8, Fažana, Tel. 052/38 37 27, www.infofazana.hr

Nationalpark Brijuni, Tel. 052/52 58 88, www.brijuni.hr

Hotels

***__Neptun__, Hafen Veli Brijun, Tel. 052/52 58 07. Schönes Hotel mit 87 Zimmern in der herrlichen Landschaft von Veli Brijun. In unmittelbarer Nähe befindet sich das ähnlich ausgestattete Hotel Karmen mit 53 Zimmern.

**Villetta Phasiana, Trg Sveti Kuzme i Damjana, Fažana, Tel. 052/52 05 58, www.villetta-phasiana.hr. Stilvoll mit italienischen Möbeln eingerichtetes Hotel am Hafen von Fažana. Kostenloses WiFi, Parken.

Camping

Bi-Village, Drangonja 115, Fažana, Tel. 052/30 03 00, www.bi-village.com. Ausgedehntes Gelände mit Pinienbäumen südlich des Ortes, Stein- und Kiesstrand, Füllstation für Taucherflaschen. Ausflugsangebot nach Brijuni.

Sogar Elefanten tummeln sich im Safari Park im Norden von Veli Brijun

Restaurants

Bare, Kamenarija 4, Fažana, Tel. 052/44 51 93, www.konoba-bare.hr. Ausgezeichnete regionale Gerichte wie Kalbshaxe, Fisch oder Lamm unter der Feuerhaube.

Galija, Veli Brijun, Tel. 052/52 58 88. Renommiertes Restaurant mit mediterraner Küche, flambierte Süßspeisen.

Karlen, Puljska Cesta 17, Fažana, Tel. 052/52 09 75. Das Restaurant liegt an der ›Sardellenstraße‹ und bietet Varianten von der Sardelle an: in Wein mariniert, paniert oder vom Grill.

Karmen, Veli Brijun, Tel. 052/52 58 07. Terrassen über zwei Ebenen, nur im Sommer geöffnet. Viele Fisch- und Fleischgerichte. Frische Meeresfrüchte. Große Weinauswahl, auch lokale Weine.

Marina, Titova Riva 2, Fažana, Tel. 052/52 10 71. Frische mediterrane Küche direkt an der Marina des Ortes. Gehört zum gleichnamigen Hotel.

15 Bale

Mittelalterliches Städtchen mit italienischen Wurzeln.

20 km nördlich von Pula thront auf einem sanft ansteigenden Hügel das wehrhafte Städtchen Bale, umgeben von Olivenhainen und Weinbergen. Bereits in römischer Zeit sicherte ein Castrum die Anhöhe, lag der Ort doch an der von Triest nach Pula führenden **Via Flavia**. Auf seinen Grundmauern entstand der heute denkmalgeschützte mittelalterliche Ortskern, in dessen Zentrum sich der im 14./15. Jh. errichtete **Palazzo Soardo-Bembo** erhebt. Das frisch restaurierte Gebäude mit zwei seitlich vorspringenden Türmen präsentiert sich im Stil venezianischer Adelspaläste im Übergang von Gotik zu Renaissance. Besonders der Mitteltrakt des Palastes gefällt durch seinen Balkon und die vierbogigen Loggien. Beim Spaziergang durch die beiden ringförmig angelegten Gassen, die den Stadthügel komplett umrunden, kann man weitere hübsche Fassaden alter venezianischer Palazzi bewundern. So z. B. das rot gestrichene **Rathaus** (Mo–Fr 8–13 Uhr) mit seinem dreibogigen Portikus. Heute sind hier Teile jenes sensationellen Fundes ausgestellt, den ein Taucher 1992 auf dem Meeresgrund in der Bucht *Porto Colone* gemacht hatte: Überreste verschiedener Dinosaurierarten, u. a. eines Brachosaurus, mit bis zu 25 m Länge einer der größten Saurier. Bedeutendste Kirche von Bale ist die 1880 an Stelle eines mittelalterlichen Vorgängerbaus errichtete neobarocke **Sveta Julijana** mit ihrem frei stehenden Glockenturm aus Naturstein. Zu den größten Schätzen im Innenraum gehören ein Steinsarkophag mit Reliefs aus dem 8. Jh. sowie ein geschnitzter Flügelaltar aus der Renaissance.

Dass die Stadt einst ein Zentrum der italienischstämmigen Bevölkerung Istriens war, zeigt sich nicht nur am venezianisch geprägten Stadtbild Bales, sondern auch an dem speziellen istrisch-romanischen Dialekt, den Teile der Bevölkerung noch heute sprechen. Auch das gesellschaftliche Leben des Ortes wird von der italienischstämmigen Bevölkerung geprägt, in deren Händen z. B. die Organisation des festlichen Höhepunktes des Jahres liegt: Am ersten Samstag im August wird alljährlich die *Nacht von Bale* begangen, ein ausgelassenes Volksfest mit Gesang, Tanz und kulinarischen Spezialitäten bis in die Morgenstunden.

i Praktische Hinweise

Information

Tourismusverband Bale, Rovinjska 1, Bale, Tel. 052/82 43 91, www.bale-valle.hr

Restaurant

Kamene Priče, Castel 57, Bale, Tel. 052/ 82 42 35, www.kameneprice.com. Jazzlounge und Restaurant in der Altstadt. Serviert werden vor allem Fischgerichte.

Der mittelalterliche Ortskern von Bale wird von stillen Gassen durchzogen

Titos Inselreich

Als Tito 1947 Veli Brijun, die Hauptinsel des Brijuni-Archipels, erstmals besuchte, fand er von dem einstigen Luxusresort nach den Bombenangriffen der Alliierten zwar nur noch Ruinen vor, doch die landschaftlichen Reize beeindruckten ihn so sehr, dass er die Eilande zu seiner bevorzugten **Sommerresidenz** erkor. Sie blieben es bis zu seinem Tod 1980. Auf dem kleinen Inselchen Vanga entstand Titos Privatsitz, Veli Brijun diente offiziellen Staatsempfängen. Mitte der 1950er-Jahre war der Wiederaufbau abgeschlossen.

Es versteht sich von selbst, dass die Inselgruppe für die Öffentlichkeit gesperrt war. **Politiker** aus aller Welt dagegen, aber auch internationale Schauspieler waren gern gesehen. Die Namensliste der Gäste ist lang, zu ihnen zählen der vietnamesische Revolutionsführer Ho-Chi-Minh, der ägyptische Staatspräsident Anwar-el-Sadat, Fidel Castro und Muhammar Gaddafi, Willy Brandt und die Königinnen Elizabeth II. von Großbritannien, Margarete von Dänemark und Juliane der Niederlande sowie die **Hollywoodstars** Liz Taylor und Richard Burton, Sophia Loren und Gina Lollobrigida. Ihr glamouröses Spektrum demonstriert eindrucksvoll, welchen Balanceakt zwischen Ost und West Tito während des Kalten Krieges vollführt hat. Die Besucher setzten mit der Staatsjacht ›Podgorka‹ von Fažana nach Brijuni über und wurden dann in Titos Cadillac, den dieser einst von Präsident Kennedy geschenkt bekommen hatte, über die Insel kutschiert.

Das kleine Museum am Hafen von Brijuni lässt die Ära Titos lebendig werden

Aufenthalte auf dem Archipel dienten jedoch nicht nur dem Vergnügen, nein, hier wurde große Politik gemacht: Im Jahre 1956 unterzeichneten Tito, der ägyptische Staatspräsident Nasser sowie der indische Ministerpräsident Nehru auf Veli Brijun die Gründungsurkunde der **Blockfreien Staaten**.

Mit der Nationalparkgründung 1983 und der Öffnung des Archipels kam auch der **Tourismus** auf den Inseln wieder in Schwung. Tagesausflügler strömen hierher, fasziniert von der landschaftlichen Schönheit und dem historischen Schauplatz großer Politik. Und auch für **Stars und Sternchen** ist die Inselgruppe nach wie vor ein Anziehungspunkt. Gesichtet wurden etwa das Model Naomi Campbell, der Formel-1-Pate Berni Ecclestone und seine Frau Slavica, die italienischen Modeunternehmer Missoni und Benetton, Ernst August von Hannover, Vanessa Redgrave oder Steven Spielberg.

16 Vodnjan

Wundersame Heilungen und Schätze sakraler Kunst.

Etwa 10 km südlich von Bale erstreckt sich die auf einer Anhöhe gelegene Kleinstadt Vodnjan inmitten einer landwirtschaftlich intensiv genutzten Region. Weithin bekannt ist der Ort für seine Wein- und Olivenölproduktion, daneben werden aber auch Gemüse und Tabak angebaut. Typisch für die Gegend sind die steinernen Trockenmauern zur Unterteilung der Felder und die **Kažuns**, kleine konische Steinhäuschen am Rande von Weingärten und Olivenhainen, die Hirten und Bauern von alters her Unterschlupf gegen die Unbilden des Wetters boten. Heute gibt es rund um Vodnjan noch etwa 2000 von ihnen. Unter dem Namen *Vicus Attinianum* war der Ort bereits in römischer Zeit das agrarische Zentrum im Süden der istrischen Halbinsel. Das hier hergestellte Olivenöl, noch heute eines der besten Istriens, schätzten schon die römischen Kaiser.

Von 1331 bis 1797 hatten die Venezianer die Macht in Vodnjan inne. Der mittelalterliche Ortskern mit seinen Kirchen und Palästen, den schmalen Gassen und kleinen Plätzen ist bis heute italienisch

Der Turm von Sveti Blaž in Vodnjan erinnert an die lange venezianische Herrschaft in Istrien …

geprägt. Und ebenso wie im nahen Bale ist auch hier der istrisch-romanische Dialekt nach wie vor lebendig. Überragt wird das Städtchen vom 60 m hohen – venezianischen Vorbildern folgendem – Glockenturm der Barockkirche **Sveti Blaž**. Mit einer Länge von 56 m, einer Breite von 32 m und einer Höhe von 25 m ist sie das größte Gotteshaus Istriens und bietet 5000 Gläubigen Platz. Anziehungspunkt für die meisten Besucher sind die in gläsernen Sarkophagen hinter dem Hauptaltar aufbewahrten mumifizierten Leichname dreier Heiliger, des hl. Leon Bembo († 1188), des hl. Giovanni Olini († 1300) und der hl. Nikolosa Bursa († 1512). Sie alle sollen kurz nach ihrem Tod wundersame Heilungen vollbracht haben. Wundersam ist auch der Zustand ihrer Körper. Obwohl sie nicht einbalsamiert wurden, zeigen sie kaum Spuren des Verfalls. Was den Verwesungsprozess aufgehalten hat, konnte bis heute nicht geklärt werden. So weit, so schaurig. Wer sich eher für die schönen Künste interessiert, wird mehr Freude an der in den Räumen der einstigen Sakristei untergebrachten TOP TIPP **Sammlung Sakraler Kunst** (Tel. 052/511420, Juni–Aug. tgl. 9.30–21.30 Uhr, sonst nach Voranmeldung) haben, dem größten und bedeutendsten Museum seiner Art in Istrien. Zu den mehr als 700 Exponaten des 5.–19. Jh., von denen nur ein Teil ausgestellt werden kann, zählen frühchristliche Steinreliefs, kostbare Reliquiare, Heiligengewänder, theologische Schriften und Barockstatuen aus dem 17. Jh. Ein Prunkstück ist die vom venezianischen Maler Paolo Veneziano 1321 geschaffene Abdeckung des Sarkophages von Leon Bembo, die Szenen aus dem Leben des Heiligen zeigt. Ein weiteres lohnendes Museum beherbergt der 1300 errichtete gotisch-venezianische **Palača Bettica** (Mo–Sa 10–12, Di und Do–Sa auch 19–21 Uhr). In seinen Gemäuern werden archäologische Funde sowie mittelalterliche Kunstwerke aus Kirchen der Region ausgestellt.

Gajana

Wundersame Kräfte scheinen auch in dem 6 km weiter nördlich gelegenen Dörfchen Gajana zu wirken. In die Kirche **Sveta Foška** aus dem 6. Jh. strömen wie vor Hunderten von Jahren Menschen, die sich von ›energetischen Kreisen‹ Heilung versprechen. Offensichtlich erfolgreich, wie diverse hier zurückgelassene Krücken und Votivgaben belegen. Die hl. Foška, Patronin gegen Kopfschmerzen, Rheuma und Arthritis, war im Jahre 250 in Ravenna als 15-jähriges Mädchen wegen ihrer christlichen Überzeugung gefoltert und enthauptet worden. Eine von Gläubigen in der Kirche Sveta Foška wahrgenommene Strahlung, die ein Gefühl der Wärme in den Gliedmaßen verspüren lässt, soll die Rekonvaleszenz von verschiedenen Gebrechen begünstigen.

Praktische Hinweise

Information

Tourismusbüro Vodnjan, Narodni Trg 3, Vodnjan, Tel. 052/51 17 00

Stadt Vodnjan, Trgovačka 2, Vodnjan, Tel. 052/51 15 22, www.vodnjan.hr

Hotel

****Pension San Rocco**, San Rocco 15, Vodnjan, Tel. 052/51 20 11. Eine kleine günstige Pension mit 8 Zimmern inkl. Bad/WC, in unmittelbarer Nähe zur Kirche Sveti Blaž, dazu einfaches Restaurant mit klassischer istrischer Küche.

Restaurants

Girotondo, Istarska 1, Vodnjan, Tel. 052/38 36 27, www.girotondo.hr. Restaurant mit feiner istrischer Küche. Regionales Olivenöl steht auf allen Tischen, hausgemachte Pasta und gute Pizzen.

Vodnjanka, Istarska bb, Vodnjan, Tel. 052/51 14 35. Istrische Spezialitäten wie Ombolo (Schweinefilet) mit Pilzen oder Schnecken mit Polenta (Jan. geschl.).

Einkaufen

Sandi Chiavalon, Vladimira Nazora 16, Vodnjan, Tel. 052/51 19 06, www.chiavalon.hr. Köstliche Olivenöle von einer Plantage mit 1100 Bäumen.

17 Svetvinčenat, Kanfanar, Dvigrad

Renaissancekleinod, mittelalterliches Städtchen und malerische Ruinenstadt.

Von Vodnjan aus geht die Fahrt in nördlicher Richtung durch eine fruchtbare, von Obstplantagen, Weinfeldern und Olivenhainen geprägte Landschaft. Nach etwa 15 km ist der 300-Seelen-Ort **Svetvinčenat** erreicht, in dem ein geschlossenes Gebäudeensemble aus der Renaissance gefällt: Auf der Nordseite des Hauptplatzes ragt das Kastell *Morosini-Grimani* empor, eine wuchtige mittelalterliche Burg, die die venezianische Adelsfamilie Grimani 1589 umbauen ließ. Die frisch restaurierte viertürmige Anlage mit dem breiten rechteckigen Wohnturm zum Platz hin gehört zu den besterhaltenen Festungen Istriens. Neben weiteren Aufführungsorten in anderen istrischen Städten bietet der hiesige Burghof in den Sommermonaten einen stimmungsvollen Rahmen für das beliebte *Istra-Etno-Jazz-Festival*. Die östliche Platzseite dominiert die *Pfarrkirche Sveta Marija* aus dem 16. Jh. mit ihrer von einem kleeblattförmigen Giebel bekrönten Fassade und einem schlanken Glockenturm. Die erst im 18. Jh. errichtete *Stadtloggia* fügt sich architektonisch gut in dieses Renaissance-Ensemble ein. Weiterhin lohnt ein Blick in die *Kapelle Sveti Vincent* (11. Jh.) auf dem Friedhof der Stadt. Hier kann man wunderbare Fresken bestaunen, die vom 12.–15. Jh. in mehreren Schichten aufgetragen wurden. Freigelegte Arbeiten des aus Treviso stammenden *Meisters Ognobenus* aus dem 13. Jh. von der ›Herrlichkeit des Herrn‹, den Aposteln und anderen Darstellungen aus dem Neuen Testament zeugen von byzantinischem Einfluss.

Ein weiteres lohnendes Fest in Svetvinčenat ist das Festival des *Tanzes und non-verbalen Theaters* (www.svetvincenatfestival.com), das alljährlich Ende Juli an mehreren Orten, u. a. dem Kastell und dem Hauptplatz, zur Aufführung kommt.

Nahe der Ortschaft **Feštini**, rund 5 km östlich von Svetvinčenat gelegen, wartet ein unterirdisches Königreich (Feštinsko Kraljevstvo) auf Besucher: Die erst 1930 entdeckte kleine **Tropfsteinhöhle** (Tel. 091/561 63 27, www.sige.hr, April, Mai, Okt. Sa, So 10–18, Juni–Sept. tgl. 10–18 Uhr) besteht aus einer 67 m langen und bis zu 27 m breiten Halle. Der Rundgang führt vorbei an etlichen bizarren Tropfsteinformationen, die so fantastische Namen wie Zauberhut oder Fledermausflügel

... während Sveta Marija in Svetvinčenat einen kroatischen Kleeblattgiebel zeigt

Die Ruinen von Dvigrad erstrecken sich malerisch auf einer Anhöhe der Limska Draga

tragen. Übrigens herrschen in der Höhle ganzjährig Temperaturen zwischen 13 und 15 °C.

In der Umgebung von Svetvinčenat überraschen weitere kleine Ortschaften durch große Kunstschätze. So das nur 5 km entfernte **Kanfanar**, das mit dem am Ortsrand gelegenen romanischen Gotteshaus *Sveta Agata* aus dem 10. Jh. einen besonderen Schatz besitzt. Deren Gewölbefresken aus dem 11. Jh. gehören zu den ältesten Istriens und zeigen 11 der 12 Apostel. In der Kirche *Sveti Silvester* am Hauptplatz sind etliche Kunstgegenstände der früheren Sveta-Sofia-Kirche aus Dvigrad (s. u.) untergebracht, darunter eine steinerne Kanzel aus dem 13. Jh. mit einem Relief der hl. Sophia sowie gotische Statuen aus dem 15./16. Jh.

Bizarre Gesteinsformationen in der kleinen Tropfsteinhöhle bei Feštini

Eine Asphaltstraße führt von Kanfanar zu dem wenige Kilometer weiter westlich gelegenen **Dvigrad**. Der im 17. Jh. nach einer Pestepidemie verlassene Ort erstreckt sich auf einer bewaldeten Anhöhe in der Trockenschlucht *Limska Draga*.

Der Name Dvigrad, Zweiburg, erinnert an die beiden sich gegenüberliegenden mittelalterlichen Festungsstädtchen *Parentino* und *Montecastello*, die einst den durch die Schlucht nach Pazin verlaufenden Handelsweg bewachten. Parentino auf der nordwestlichen Schluchtseite wurde bereits bei der Belagerung durch Genuesen 1381 vollständig zerstört, die Pest 1631 machte schließlich auch Montecastello auf der südöstlichen Seite den Garaus. Die Überlebenden der Epidemie verließen den Ort Richtung Kanfanar, nicht ohne Kirchenschätze aus Sveta Sofia zu retten, die inzwischen zur Ausstattung von Sveti Silvester (s. o.) gehören.

Heute locken die grün überwucherten malerischen Ruinen von Dvigrad zahlreiche Ausflügler an. Ein Rundgang führt vorbei an der Stadtmauer, Befestigungstürmen, Kirchen und Stadtvillen. Sie sind nicht nur ein beliebtes Ausflugsziel, sie dienen zuweilen auch als dekorative Kulisse für Spielfilme, wie dem Jackie-Chan-Streifen ›Armour of God‹, ›Der rechte Arm der Götter‹.

i Praktische Hinweise

Information

Fremdenverkehrsamt, Svetvinčenat 20, Svetvinčenat, Tel. 052/56 03 49, www.istria-svetvincenat.com

Gemeinde Kanfanar, M. Zelca 6, Tel. 052/82 50 03

Restaurant

Poli Ondine, Bričanci 4, ca. 1 km von Svetvinčenat, Tel. 052/56 00 51. Rustikales Ambiente mit ländlicher istrischer Küche, z. B. Gnocci und Fuzi, je nach Saison Speisen mit Spargel und Pilzen.

18 Premantura und der Naturpark Kamenjak

Ein Paradies für Naturliebhaber und Windsurfer.

Südöstlich von Pula erstreckt sich das **Kap Kamenjak** (Rt Kamenjak), die etwa 6 km lange und 1 km breite Südspitze von Istrien. Ausgangspunkt für Ausflüge in die wildromantische, von Macchia überzogene Felslandschaft ist der kleine Ferienort **Premantura** mit seinen knapp 250 Einwohnern – die einzige Ortschaft der Landzunge und zugleich die südlichste Istriens. Wegen der hier vor allem in Frühjahr und Herbst herrschenden starken Winde sind die hiesigen Strände vor allem bei Surfern beliebt.

Von Felsen gerahmte kleine Buchten locken scharenweise Badegäste ans Kap Kamenjak

Seit 1996 steht das Kap Kamenjak unter dem Schutz der kroatischen Vereinigung *Natura Histrica*, die sich um den Erhalt der einzigartigen Flora bemüht. Zu den über 500 Pflanzenarten, die auf dem kargen Kalksteinboden gedeihen, gehören auch 33 Arten wilder Orchideen. Besonders prächtig zeigt sich die Halbinsel im Frühjahr, wenn die zahlreichen Ginsterbüsche das Land in ein leuchtendes Gelb tauchen. Am Eingang des **Naturparks Kamenjak** (Mai–Sept. tgl. 8–22 Uhr, Okt.–April rund um die Uhr frei zugänglich) müssen Autofahrer zwischen Mai und September eine Eintrittsgebühr entrichten, für Fußgänger und Fahrradfahrer ist der Eintritt ganzjährig frei. Ein weiterer Grund auf den Wagen zu verzichten: Durch das Gelände mit seiner rund 30 km langen, zerklüfteten Küstenlinie führen einige wenige Schotterpisten und ansonsten nur unbefestigte Wege. Immer wieder entdeckt man malerische kleine Buchten mit Sand-, Kies- und Felsstrand, an denen man zumindest außerhalb der Hauptsaison friedvolle Ruhe genießen kann. Vorsicht: Ganz im Süden gibt es ablandige Strömungen. Vom Kap Kamenjak hat man auch einen schönen Blick auf den 35 m hohen Leuchtturm des südwestlich gelegenen winzigen Eilands Porer.

TOP TIPP

Praktische Hinweise

Information

Natura Histrica, Obala Alda Rismondo 2, Rovinj, Tel. 052/83 05 82, www.natura-histrica.hr, www.kamenjak.hr

Hotel

******Villa Lena***, Paredine 4 a, Premantura, Tel. 052/57 52 22, www.vidlen.hr. Freundlicher Apartmentkomplex mit Pool direkt am Ortseingang, Apartments und Zimmer sehr gepflegt zu moderaten Preisen.

Restaurants

Da Giovanni, Premantura 1 c, Premantura, Tel. 052/57 55 94. Kleines Restaurant am Ortseingang von Premantura, mit diversen Fischgerichten, allerlei Muscheln und Fisch vom Grill, aber auch andere istrische Spezialitäten.

TOP TIPP **Safari Bar**, in den Dünen am Kap Kamenjak, ausgeschildert. Urige Aussteigerbar, versteckt im Schilf, mit Kaffee und Drinks, Gegrilltem oder Gebäck. Es gibt auch Schaukeln und andere Spielgelegenheiten für Kinder.

19 Medulin

Medulin punktet mit herrlichen Buchten und Stränden.

Der einstige Fischerort Medulin, 10 km südöstlich von Pula, gehört dank herrlicher Strände und einer guten touristischen Infrastruktur zu den populärsten Seebädern Istriens. Hotels, Pensionen, Privatunterkünfte und Campingplätze konkurrieren um die Feriengäste, die die Einwohnerzahl des Städtchens in den Sommermonaten von gut 1800 leicht auf das Zehnfache ansteigen lassen. Als Siedlungsgebiet attraktiv war die Bucht von Medulin schon in vorgeschichtlicher Zeit. Fundamente befestigter Siedlungen beim *Hügel Vrčevan* nördlich der Stadt und am *Kap Kašteja*, einer schmalen Landzunge südlich von Medulin, zeugen von den Histriern, Überreste einst prächtiger Sommerresidenzen auf der *Halbinsel Vizula* von den Römern. Weithin sichtbar ist Medulins bedeutendstes Bauwerk, die weißgetünchte dreischiffige Basilika **Sveta Agnes** aus dem 16. Jh. mit ihren erst 1912 errichteten, 36 m hohen Doppeltürmen, einzigartig für Istrien. Auch ihr Innenraum ist sehenswert, hier können in der Apsis Mosaiken des 1943 geborenen Künstlers Dini aus Split zum Leben Jesu besichtigt werden.

Für Badeurlauber ist die geschützte Bucht von Medulin mit einigen Sandstränden sowie zehn vorgelagerten kleinen Inseln und Sandbänken besonders attraktiv. TOP TIPP Vor allem bei Familien beliebt ist der lange **Strand von Bijeca**. Da der Meeresboden nur sehr langsam absinkt, können auch kleinere Kinder ohne großes Risiko im Wasser spielen.

Praktische Hinweise

Information

Tourismusverband Medulin, Centar 223, Medulin, Tel. 052/57 71 45, www.medulin.hr

Hotel

****Arcus Residence**, Burle bb, Medulin, Tel. 052/52 91 00, www.arcus.hr. Gepflegte Anlage mit 84 Zimmern und Apartments, allesamt mit Hafenblick. Moderne Ausstattung, Internetzugang, kleiner Hallenpool.

Camping

Kažela, Tel. 052/57 74 60, www.arenaturist.hr. Großzügiges Gelände mit einigen Bäumen, Fkk in separatem Bereich. Knapp 2 km langer Kies- und Felsstrand, Badelandschaft. Hunde erlaubt.

Restaurant

Istriana, Pomer 331, Medulin, Tel. 095/904 40 04, www.konoba-istriana.com. Freundlicher Familienbetrieb mit bester istrischer Küche, z.B. hausgemachte Pasta und unter der Tonglocke gegartes Lamm.

Einkaufen

Ostojić-Perić, Burle 36, Medulin, Tel. 052/21 80 33. Fruchtige Olivenöle. Besonders empfehlenswert: das milde Leccino Öl (Verkauf auch im Restaurant Valsabbion in Pula).

Marina

ACI Pomer, Tel. 052/57 31 62, www.aci-club.hr. 250 Anlegestellen und 30 Stellplätze an Land, Sanitäranlagen, Restaurant, Geschäfte, Service mit Kran am nordwestlichen Abschnitt der Meduliner Bucht und südlich von Pomer.

Tauchen

Diving Center Shark, Autocamp Medulin, Tel. 052/894 27 41, www.diving-shark.hr.

Die schneeweiße Basilika Sveta Agnes überragt mit ihren Kirchtürmen die Häuser von Medulin

Kurse, Tauchgänge vor der Küste zu Wracks, Felsen, Tunnels. Es besteht die Möglichkeit, die Tauchausrüstung zu mieten oder zu kaufen.

20 Nesactium
Nezakcij

Die legendäre Hauptstadt der Histrier ist heute einsame Ausgrabungsstätte.

Wer von Pula in nordöstliche Richtung vorbei am Flughafen fährt, stößt nach etwa 10 km auf die Überreste des antiken Nesactium, der einstigen Kapitale der Histrier. Die Ureinwohner Istriens besiedelten die Region ab 1200 v. Chr. Sie lebten vom Seehandel, der ihnen Wohlstand und Wachstum bescherte. Eine abrupte Wende erfuhr die Niederlassung 177 v. Chr., als die Römer Nesactium belagerten. Um den überlegenen Legionären aus Rom nicht in die Hände zu fallen, sollen der histrische *König Epulon* und seine Mitstreiter den Freitod gewählt haben, nicht ohne zuvor noch die sagenhaften Reichtümer des Regenten zu vergraben. Und tatsächlich entdeckten Archäologen 1981, nach über 2000 Jahren, in der Nekropole von Nesactium den Schatz Epulons, u. a. Bronzeschmuck, der heute ebenso wie Keramik und Statuenfragmente im Archäologischen Museum in Pula [s. S. 55] ausgestellt wird. Als römische Kolonie musste Nesactium seine Vormachtstellung in der Region schon alsbald an Pula abtreten und verschwand in der Folge in der Versenkung. Die Slawen- und Awarenüberfälle im 6. und 7. Jh. machten die Siedlung schließlich endgültig dem Erdboden gleich.

Über Jahrhunderte war die zerstörte Siedlung in Vergessenheit geraten. Erst Ende des 19. Jh. entdeckten Archäologen die legendäre Metropole der Histrier wieder. Die Fundamente einiger Häuser und Festungswälle aus verschiedenen Epochen wurden ergraben. Die frei zugängliche größte Ausgrabung Istriens vermittelt mit ihren spärlichen Hinterlassenschaften allerdings nur noch einen bescheidenen Eindruck der einstigen Pracht. Zu besichtigen sind die Überreste der histrischen Stadtmauer sowie die Grundmauern des römischen Forums aus dem 1. Jh. n. Chr. mit drei kleinen Tempeln sowie Fundamente zweier frühchristlicher Basiliken aus dem 4. Jh. Das kleine **Archäologische Museum** (Tel. 052/21 86 03, Sommer tgl. 9–12 und 17–21, Winter tgl. 9–12 und 14–17 Uhr) informiert anhand von Lageplänen über die Ergebnisse der Grabungen.

Die liburnische Riviera und der Norden – Gründerzeitcharme und Glagolitenerbe

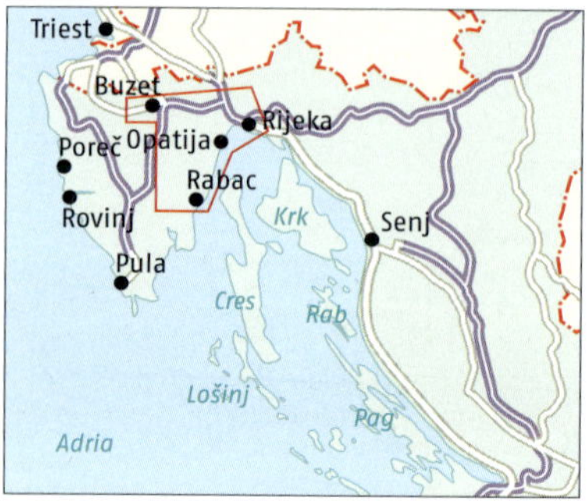

Im Hinterland trüffelreiche Eichenwälder, satt grüne Weinberge und dazwischen karge Weiden, an der Küste steil abfallende Felsen und tief eingeschnittene Buchten – mit diesem Kaleidoskop wartet die Landschaft im Nordosten der istrischen Halbinsel auf. Vergleichbar facettenreich sind auch die Sehenswürdigkeiten, etwa die mittelalterlichen Bergstädtchen **Labin** und **Buzet** mit grandiosen Panoramablicken, die winzigen Dörfer **Hum** und **Roč** an der Glagolitischen Allee und vor allem die Seebäder **Opatija** und **Lovran** mit ihren prächtigen Fin-de-Siècle-Villen und Grandhotels entlang der Küstenpromenade Lungomare. Urbane Metropole mit herrlicher Flaniermeile, attraktiven Museen und der Burg Trsat ist am Scheitelpunkt des Kvarner Golfs die Hafenstadt **Rijeka**.

21 Labin

Mittelalterliche Stadt mit traumhaftem Panoramablick.

Hoch über der Adria träumt die Altstadt von Labin (9 000 Einw.) vor sich hin. Ein Spaziergang durch ihre engen Gassen führt vorbei an alten Palazzi und Kirchen, und vom weithin sichtbaren Campanile bietet sich ein Prachtblick hinunter nach Rabac und aufs blaue Meer.

Geschichte Schon die Illyrer, die sich im 4. Jh. v. Chr. auf dem 320 m hohen Hügel niederließen, dürften die weite Aussicht von dort geschätzt haben, bot sie doch

Schutz vor Überraschungsangriffen. Bei den Römern war diese Albona genannte Siedlung als Piratennest verschrien. Nachdem sie Istrien unter ihre Kontrolle gebracht hatten, sicherten sie die Anhöhe deshalb 177 v. Chr. mit einem Militärlager. Wie der Rest der Halbinsel gehörte der Ort im Laufe der Jahrhunderte zu Byzanz, Venedig, Habsburg-Österreich und schließlich Italien.

Seit dem 18. Jh. trieben Bergleute Stollen tief in den Hügel von Labin, stets auf der Suche nach Kohle für die in Pula stationierte österreichische Marine. So unmenschlich waren die Arbeitsbedingungen in der Mine, dass die Kohlekumpel 1921 rebellierten und die ›Labiner Republik‹ ausriefen. Sie wurde jedoch schon nach etwa fünf Wochen von italienischen Truppen niedergeschlagen. Besonders im 20. Jh. kamen viele Zuwanderer aus allen Teilen Jugoslawiens in den Ort, um dort Kohle zu fördern. Für sie entstand das moderne Podlabin unterhalb der Altstadt. Seit dem Ende des Bergbaus in den 1990er-Jahren sorgt vor allem der Tourismus im 4 km entfernten Rabac für Beschäftigung.

Das historische Zentrum

Eine schmale Straße führt vom Kreisverkehr in Podlabin hinauf zu einem Parkplatz jenseits der Labiner Altstadt. Von dort sind es nur wenige Schritte zu ihrem Hauptplatz, den von Cafés gesäumten **Titov Trg**. Zu ihnen zählt das gemütliche Velo Café, von dessen Tischen man hinüber zum vierstöckigen *Stadtpalast* von 1900 blickt. Er dient als Rathaus und zitiert mit seinem Arkadengang und den Bogenfenstern die Renaissance.

Auf der anderen Seite des Platzes gewährt ein kleines, nach dem hl. Florian benanntes Tor Zugang zur eigentlichen Altstadt. Unter den Schwingen des venezianischen Löwen ist das Labiner Stadtwappen angebracht. Über in Jahrhunderten glattgeschliffene Pflastersteine geht es sodann bergan zur 1336 erbauten Pfarrkirche **Sveta Marija.** Auch in ihre Fassade ist der geflügelte Markuslöwe eingelassen und erinnert die Gottesdienstbesucher daran, unter wessen Herrschaft Labin 1420–1797 stand. Darüber ziert eine gotische Rosette das Mauerwerk. Im Inneren beeindruckt die wabenförmige Stuckierung der Decke. Kleine barocke Schmuckstücke sind die sechs Seitenaltäre mit ihren korinthischen Säulen und den opulent geformten Kapitellen.

Gleich nebenan erhebt sich der Barockpalast *Battiala-Lazzarini* aus dem 18. Jh. Pausbäckige Putten beleben die steinernen Fensteröffnungen des leuchtend roten Baus. In seinen Räumen zeigt das **Museum** (Ulica Prvog Maja 6, Tel. 052/ 852477, Mai–Aug. Mo–Fr 10–13, 18–20,

Links: Labin inmitten frühlingshaften Grüns
Unten: Pfarrkirche Sveta Marija am Titov Trg

Sa 10–13, Sept. Mo–Fr 10–13, 17–19, Sa 10–13, Okt.–April Mo–Fr 7–15 Uhr) archäologische Funde aus römischer Zeit. Im Untergeschoss befindet sich der nachgebaute Stollen eines Kohlebergwerks, ein enger Schacht, in dem man eine Ahnung vom harten Leben der Minenarbeiter von Labin bekommt. Auch das Kirchlein *Maria Trösterin* aus dem 15. Jh. gleich nebenan gehört zum Museum. In ihm ist eine Sammlung sakraler Kunst (im Sommer Mo–Sa 10–16 Uhr) aus dem 16.–17. Jh. zu sehen.

Nur wenige Schritte sind es zum **Francović Palast** (Giuseppine Martinuzzi 7, Tel. 052/852477, www.flacius.net, geöffnet nach Vereinbarung). Dort folgt eine kleine Ausstellung dem Lebensweg des berühmtesten Sohnes der Stadt, dem Humanisten und Reformatoren *Mattija Vlačić* (1520–1575). Er verließ seine Heimatstadt schon in jungen Jahren, studierte Theologie in Venedig und ging dann nach Deutschland, um sich dort der Reformationsbewegung um Martin Luther anzuschließen. In Schaukästen sind einige seiner Schriften zu sehen.

Anschließend steigt der Treppenweg weiter bergan zum höchsten Punkt von Labin. Dort ragt der venezianische

TOP TIPP

Stadtturm weit über die Dächer der übrigen Häuser empor. Gegen eine kleine Gebühr kann man seine Leiterstiegen emporklimmen und einen herrlichen Rundblick bis hinunter nach Rabac an der Kvarner Bucht genießen.

Auf der Fahrt von Labin in Richtung Opatija auf der D 66 passiert man nach gut 2,5 km den **Skulpturenpark von Dubrova**. Künstler aus aller Welt fügen jedes Jahr neue Werke hinzu, inzwischen sind über 100 steinerne Plastiken dort unter freiem Himmel versammelt. Zu den originellsten Stücken gehören steinerne Fußballer und rätselhafte Steintürme. Anschließend führt die aussichtsreiche Küstenstraße über Plomin weiter nach Brestova. Dort legen die Fähren hinüber nach Cres ab.

Halbinsel Koromačno

Südlich von Labin greift die Halbinsel **Koromačno** gut 14 km weit ins Meer hinaus. Im Westen trennt sie nur die tief ins Land eingeschnittene *Bucht von Raša* vom Festland, im Osten dagegen öffnet sich der Blick über die Adria hinweg zur Insel Cres. Auf einem schmalen Sträßlein, das sich gut 200 m oberhalb der Bucht von Raša an der felsigen Küste entlangwindet, erreicht man nach gut 20 km den Weiler **Skitača**. Dessen unscheinbare Ortskirche ist der hl. Lucia geweiht, die an einer Quelle in der Nähe ihr Gesicht gewaschen haben soll und als Helferin bei Augenleiden gilt. Sie ist daher Anziehungspunkt für Pilger mit schwindender Sehkraft, die hier ihren Rosenkranz ins geweihte Wasser tauchen und auf Heilung hoffen. Gut 300 m sind es von der Kirche hinauf zum Gipfelkreuz über dem Ort. Von dort hat man einen schönen Blick auf den Kvarner Archipel und das südliche Istrien. Die Weiterfahrt um die Halbinsel führt durch die Feriensiedlung Ravni. Eine asphaltierte Stichstraße verbindet sie mit der felsigen Küste, an der sich einige Badestellen befinden.

Jenseits der Halbinsel, an der D 66 in Richtung Pula, befindet sich **Barban**. Nur einmal im Jahr, während des Ringstechens *Trka Na Prstenac* im August, erwacht das beschauliche Dorf zum Leben. Dabei müssen Reiter im Galopp mit ihrer Lanze einen handtellergroßen Ring durchstechen. Fröhliche Volkstanzdarbietungen und abendliches Feuerwerk runden das Programm ab.

Praktische Hinweise

Information

Infopunkt, Titov Trg 10, Labin, Tel. 052/85 23 99, www.rabac-labin.com

Das Reiterspiel Trka Na Prstenac in Barban erfordert höchstes Geschick

Schon 1876 lobte der Brite Richard Francis Burton die heute vielbesuchte Küste bei Rabac

Hotels

****Hotel Agrotourismus Istra Partner**, Bratulići 17, Barban, Tel. 052/544400, Mobil-Tel. 099/221 93 81, www.agroturizam-istra-partner.com. Traditionelle, kleine Anlage mit mehreren ruhigen Zimmern. Restaurant mit klassischen istrischen Speisen auf zwei Terrassen.

****Villa Calussovo Ripenda**, Kras 18, Labin, Tel. 052/85 11 88, www.villa-calussovo.com. Zum Hotel umfunktioniertes altes Bauernhaus zwischen Rabac und Labin. Das dazugehörige Restaurant bietet rustikales Ambiente mit istrischer Küche, Schinken, Käse, traditionelle Speisen je nach Jahreszeit und eine Terrasse mit Blick auf Labin.

Camping

Tunarica Camping, Tunarica bb, Koromačno, Tel. 052/85 68 11, www.tunarica.hr. Ruhiges Gelände für 450 Personen, mit Strom, heißem Wasser, Mietbooten und einer Füllstation für Flaschentaucher.

Restaurants

Dubrova, Dubrova bb, Labin, Tel. 052/88 50 54. Ruhig im Skulpturenpark gelegenes Restaurant mit fantasievoller istrischer Küche. Hausspezialitäten sind Fuzi-Nudeln und Gnocchi, Rohschinken (Pršut) und Pilzgerichte, Terrassen mit 120 Plätzen, regelmäßige Kulturveranstaltungen.

Due Fratelli, Montozi 5, Labin, Tel. 052/36 64 98. Traditionelle istrische Gerichte, Meeresfrüchte und gute Weine. Lage an der Straße Richtung Rabac, etwa 800 m von Labin entfernt.

Riva, Luka Plomin bb, Plomin, Tel. 052/86 34 04, www.riva.hr. Istrisches Grillrestaurant mit Fisch- und Fleischgerichten am Hafen des Ortes, gute Pasta, hausgemachte Gnocchi, zum Dessert gibt es auch Krafi Istrian, einen süßen Kuchen mit Nussfüllung.

22 Rabac

Moderne Sommerfrische mit Tradition.

Tief unter Labin, am Ende eines zunächst recht engen Taleinschnitts, schmiegt sich das einstige Fischerdorf Rabac in eine kleine Bucht. Während sich auf der sonnigen Nordküste des von mehreren großen Hotelbauten geprägten Ortes eine große Ferienhaussiedlung den Hang emporzieht, sind die Höhen im Süden von dichtem Grün bedeckt.

Im Scheitel der Bucht breitet sich ein schöner **Kiesstrand** aus. Ihn begleitet die

Strandpromenade, die die Hotels von Rabac miteinander verbindet. Entlang des Hafens wartet sie mit besonders vielen Restaurants, Eisdielen und Cafés auf und führt schließlich um das Kap von Rabac herum. Auf dem etwa 2,5 km langen Spazierweg kommt man immer wieder an Badeplätzen vorbei. Badeschuhe sollte man stets im Gepäck haben, prägen doch zumeist scharfkantige Felsen die Küste.

Hinter dem Tenniscamp Zischka (www.zischka.at) am Kap von Rabac beginnt ein etwa 1,5 km langer Waldweg zur **Bounty Bay**, einer von steilen Felsen eingefassten Kiesbucht. Über einen knarrenden Bohlenweg geht es hinunter zum Strand. Gute Schwimmer wagen sich von dort zu den angrenzenden, einsamen Buchten und in den Fels führenden Grotten. Um das **Unterwasserleben** in Augenschein nehmen zu können, schadet auch eine Schnorchelausrüstung nicht. Mit etwas Glück lassen sich sogar Seepferdchen im Wasser beobachten. Wer nicht taucht oder schnorchelt, kann vom Hafen aus eine Tour mit dem **Glasbodenboot** unternehmen.

TOP TIPP

Dem Bachlauf, der das Tal von Rabac in den Fels grub, folgt ein etwa 4,5 km langer **Wanderweg** hinauf nach Labin. Er beginnt am nordöstlichen Ortsrand, nahe des Hotels Narcis, und ist mit einem roten Kreis auf weißem Grund markiert.

Praktische Hinweise

Information

Tourismusverband Labin-Rabac, Aldo Negri 20, Labin, Tel. 052/85 55 60, www.rabac-labin.com

Hotels

***__Albona Hotel & Residence__, Rabac bb, Rabac, Tel. 052/46 52 00, www.valamar.com. Farbenfrohes modernes Hotel mit gutem Service, rund 100 m vom Strand.

***__Amfora__, Rabac bb, Rabac, Tel. 052/87 22 22, www.hotel-amfora.com. 52 Zimmer mit Klimaanlage, die Hälfte mit Meerblick, 30 m vom Hafen entfernt. Zum Strand sind es 200 m.

***__Nostromo__, Obala Maršala Tita 7, Rabac, Tel. 052/87 26 01, www.nostromo.hr.

Olivenöl – das grüne Gold Istriens

Schon zu römischen Zeiten hatte das Olivenöl aus Istrien einen hervorragenden Ruf. Der Römer Valerius Martialus, der im 1. Jh. n. Chr. lebte, pries seine Heimatstadt Cordoba in einem Vergleich mit dem istrischen Öl: »Cordoba, das fruchtbarer ist als Venafro und vollkommen, wie das Öl aus Istrien.« Und auch heute spielt das gesunde Agrarprodukt aus ca. 1 Mio. Olivenbäumen eine wichtige Rolle in der Landesküche sowie für den Export.

Zumeist sind es regionale Arten wie Vodnjaska Crnica, Buza oder Istarska Blelica, die an die **Böden** und das Klima Istriens gut angepasst sind. Eine wichtige Rolle bei der Herstellung guten Olivenöls spielt zudem die richtige **Erntezeit**. Tranquilino Beleti etwa, in dessen Ölmühle Al Torcio bei Novigrad Spitzenprodukte entstehen, folgt dabei dem Credo: »Wenn ein Drittel der Früchte noch grün ist, gibt es das beste Aroma.« Große Bedeutung hat auch das **Erntewetter**, denn ist die Luft zu trocken, entzieht sie den Früchten zuviel Wasser. Die fehlende Flüssigkeit muss anschließend wieder hinzugefügt werden, ein Manko für den Geschmack.

Gelegenheiten, die hochwertigen istrischen Olivenöle direkt beim Erzeugen zu kosten und zu kaufen, finden sich im Bergland Nordistriens und an der Westküste entlang der ausgeschilderten **Olivenstraße** ›Cesta Maslinova Ulja‹.

Agrolaguna, Mate Vlašića 34, Poreč, Tel. 052/45 31 79, www.agrolaguna.hr

Al Torcio, Strada Contessa 22 a, Novigrad, Tel. 052/75 80 93, www.altorcio.hr

San Gurmano, Obala Maršala Tita 21, Poreč, Tel. 052/43 22 24, www.sangurmano.com

Gemütliches Familienhotel mit 8 Zimmern und Apartments, zusätzlich Restaurant mit frischen Produkten und regionalen Gerichten.

Licul Apartments, Losinjska 26, Rabac, Tel. 052/87 2153, www.rabaccroatia.com. Familiäre Anlage mit 4 Apartments für 2 bis 8 Personen, alle mit Terrasse und Küchenzeile.

Camping

Camp Oliva, Rabac, Tel. 052/87 22 58, www.maslinica-rabac.com. Mit Olivenbäumen bewachsenes Gelände 5 km vom Meer. Wellness in angeschlossenem Hotel, Sport- und Unterhaltungsprogramm.

Restaurants

Lino, O. M. Tita 59, Rabac, Tel. 052/87 26 29. Frischer Fisch, bestens zubereitet.

Rapčanka, O. M. Tita 31, Rabac, Tel. 052/87 27 84. Istrische Küstenküche mit gut zubereiteten Fischen, Muscheln und Krustentieren.

Vale Vista, O. M. Tita 2 b, Rabac, Tel. 052/87 21 67. Gepflegtes Restaurant mit guter Grillküche.

Einkaufen

TOP TIPP **Oleum Viride Belić**, Creska 34, Rabac, Tel. 052/87 21 89, www.oleabb.hr. Das Sortiment besteht aus 10 Sorten feinsten Olivenöls. Verkostung und Verkauf nach Voranmeldung.

Tauchen

Scubacenter SV. Marina, im Autokamp Marina, Tel. 052/87 90 52, http://scubacenter.de. Verleih und geführte Tauchgänge, Tauchkurse.

23 Mošćenička Draga

Populärer Badeort vor der Kulisse des Učka-Gebirges.

Schmal, aber über 1 km lang und mit herrlichem Blick auf die gegenüberliegende Insel Cres erstreckt sich der weiße TOP TIPP **Sipar-Kiesstrand** an der weiten Bucht Sveta Marina. Seine Attraktivität macht Mošćenička Draga zu einem der beliebtesten Urlaubsorte an der istrischen Ostküste. In den Sommermonaten füllen Badegäste jeden Zentimeter entlang des Adria-Ufers. Auch am idyllischen Kiesstrand der benachbarten Bucht **Sveti**

Auf feinem weißen Kies ruhen Urlauber am Strand von Mošćenička Draga

Ivan oder an dem von Pinien beschatteten Strand von **Medveja** 4 km nördlich tummeln sich die Touristen.

Beschaulicher gibt sich das **Zentrum** des einstigen Fischerorts, denn während der Hochsaison wird es zur autofreien Zone erklärt. Seine Cafés, Eisdielen, Restaurants und kleinen Geschäfte erwachen vor allem in den Abendstunden zum Leben, wenn die vom Baden müden Urlauber durch die Gassen von Mošćenička Draga oder entlang der von Gründerzeit-Villen gesäumten **Promenade** flanieren.

Kastell Mošćenice

Zu Fuß über 756 Treppenstufen oder per Auto über eine Serpentinenstraße erreicht man das mittelalterliche Städtchen, das auf 173 m Höhe über dem Meer thront. Ein massiver **Mauerring** rahmt den winzigen Kern, den man durch ein mit dem Wappen der Habsburger geschmücktes Tor (1634) betritt. Gleich daneben gibt ein kleines **Ethnografisches Museum** (Tel. 051/73 75 51, Juni–Aug. tgl. 10–13, Sept.–Mai tgl. 10–16 Uhr) Auskunft über die Ortsgeschichte und die Bedeutung des Olivenanbaus für die Region. Eine schmale Gasse geleitet zur barocken Pfarrkirche **Sveti Andreja Apostol** (17. Jh.) mit trutzigem Glockenturm und skulpturenreichem Hauptaltar (18. Jh.) eines italienischen Meisters. Hinter der Kirche öffnet sich eine **Loggia** aus venezianischer Zeit mit grandioser Aussicht über die Kvarner Küste.

Unterwegs im Učka-Gebirge

Der lang gestreckte Bergrücken des **Učka** ist eine herrliche Wanderregion mit etlichen markierten Wegen, die immer wieder wunderbare Blicke auf die Adria und die Halbinsel Istrien ermöglichen.

Von Veprinac aus führt eine enge Straße hinauf zum etwa 7 km entfernten **Poklon-Pass** mit einem Wanderparkplatz. Dort beginnt ein gut begehbarer Weg (ca. 2 Std. einfach) zum höchsten Gipfel des Učka, dem kahlen **Vojak** (1401 m). Seit 1911 krönt ihn ein steinerner Aussichtsturm.

Zurück am Poklon-Pass gelangt man mit dem Auto ins nur 1 km entfernt gelegene Dorf **Vela Učka**, wo man sich an der *Kaiser-Joseph II.-Quelle* erfrischen kann, die Ende des 18. Jh. in einen tempelartigen Bau gefasst wurde. Anschließend geht es etwa 4 km bergab. Dort, wo die Passstraße den Ausgang des 5 km langen Učka-Tunnels passiert, stößt man auf einen weiteren Wanderparkplatz. Er ist Ausgangspunkt eines Lehrpfades (600 m einfach), der Einblicke in den imposanten Canyon **Vela Draga** gewährt. Markante Felstürme flankieren die Schlucht, über der Steinadler und Wanderfalken ihre Kreise ziehen. Rund 60 *Kletterrouten* sind in der Umgebung ausgewiesen.

Auch **Mountainbiker** vermag das Učka-Gebirge zu begeistern. Wiederum ist der Poklon-Pass ein guter Ausgangspunkt. Relativ leicht zu bewältigen ist die Fahrt hinauf zum Vojak (gesamt 14 km, ca. 465 Höhenmeter) auf dem Wanderweg oder der Asphaltstraße. Anspruchsvoller sind da schon Fahrten ins Bauerndorf *Brest* (25 km, 468 hm) oder zum 1272 m hohen **Veli Planik** (ca. 26 km, 267 hm), der bereits zum Ćićarija-Gebirge gehört. Von seinem Gipfel reicht der Blick bei guter Sicht bis zu den Alpen und bis zum Gorski-Kotar-Gebirge hinter Rijeka.

i Praktische Hinweise

Information

Park Prirode Učka, Liganj 42, Lovran, Tel. 051/29 37 51, www.pp-ucka.hr. Eine Wanderkarte sowie der MTB-Tourenplan Učka Bike sind im Büro des Nationalparks und bei den meisten Tourist Infos der Region erhältlich.

Unterkunft

Pansion-Restoran Učka, Poklon-Pass, Vela Učka, Tel. 051/60 33 40. Einfache Zimmer unmittelbar am Aufstieg zum Vojak.

Restaurant

Dopolavoro, Vela Učka 9, Učka, Tel. 051/29 96 41. An der Passstraße in fast 1000 m Höhe kommen deftige Wild-, Pilz- und Peka-Gerichte auf den Tisch.

i Praktische Hinweise

Information

Fremdenverkehrsamt, Aleja Slatina bb, Mošćenička Draga, Tel. 051/73 91 66, www.tz-moscenicka.hr

Hotels

****__Marina__, Aleja Slatina 2, Mošćenička Draga, Tel. 051/73 75 04, www.liburnia.hr. Angenehmes Haus 50 m vom langen Kiesstrand entfernt, mit Wellnesszentrum.

****Villa Kleiner**, Setalište 25, Travnja 28, Mošćenička Draga, Tel. 051/73 75 44, http://villa-kleiner.com. Familienfreundliches kleines Apartmenthotel mit 13 Wohneinheiten, Pool, Sauna und Fitnessangebot, nahe einer Badeplattform und 80 m vom Strand entfernt.

*__Pension-Restaurant Perun__, Kastell Mošćenice, Tel. 051/73 90 47. Einfache Herberge, dazu nettes Restaurant mit Panoramaterrasse und istrischen Spezialitäten: Fuzi mit Wildgulasch,

hausgemachte Würste und Köstlichkeiten aus dem Meer.

Camping

Autocamp Draga, Aleja Slatina bb, Mošćenička Draga, Tel. 051/737523, www.autocampdraga.com. Ruhige Anlage, rund 100 m vom Zentrum entfernt. Zum langen Kieselstrand sind es 150 m. Insgesamt 300 Stellplätze für Camper und Zeltplätze, davon die Hälfte mit elektrischem Anschluss. Gute Lage, aber recht schlichte Ausstattung (März–Sept.).

Restaurants

Café Bar Gimi, an der Promenade, Mošćenička Draga. Patisserie-Spezialitäten und bestes Eis.

Dopolavoro, Učka 9, Ičići, Tel. 051/299070. Exzellente Wildgerichte aus dem Bratentopf im 1000 m hohen Učka-Gebirge.

Johnson, Sveti Petar bb, Mošćenička Draga, Tel. 051/737578. Bester Fisch sowie frische Schalen- und Krustentiere.

Konoba Kali Medveja, Kali 39 a, Medveja, Tel. 051/293268, www.konobakali.hr. Traditionelle Gerichte der Liburnia-Region nach alten Rezepten zubereitet, große überdachte Terrasse mit Blick über das Meer. Im Dorf Kali oberhalb von Medveja zu Füßen des Učka-Gebirges.

Konoba Nostromo, Aleja Slatina 6, Mošćenička Draga, Tel. 051/737328. Fischsuppen und wunderbar zubereitete Meerestiere, aber auch gute Steaks.

Beste Aussichten auf dem Lungomare zwischen Opatija und Volosko

24 Lovran

Seebad mit altehrwürdiger Noblesse am Beginn des Lungomare.

Lange Strände, schöne Hotels, eine kompakte mittelalterliche Altstadt und die waldreiche Umgebung machen den Reiz des traditionsreichen Bade- und Kurortes aus. Lovran markiert das südliche Ende der liburnischen Riviera und der idyllischen Küstenpromenade Lungomare, die sich 12 km über Opatija [Nr. 25] bis nach Volosko im Norden direkt am Meer entlangzieht.

Schon der Schwiegersohn des römischen Kaisers Augustus soll hier eine Villa besessen haben, im 7. Jh. wird das Hafenstädtchen Laurana erstmals schriftlich erwähnt in der ›Cosmographia Ravenna‹, einem mittelalterlichen geografischen Werk. Seinen Namen verdankt der Ort den Lorbeerbäumen, die hier lange kultiviert wurden und in der üppigen Vegetation der Küste noch immer zu finden sind. Wie das nur 5 km entfernte Opatija profitierte Lovran von der Anbindung an die Bahnlinie nach Triest und Wien 1873 und entwickelte sich zum Seebad der k.u.k.-Prominenz. Die in dieser Ära entstandenen mondänen Villen und Grandhotels inmitten prachtvoller Gärten prägen die Uferzone des Ortes.

Ganz mittelalterlich präsentiert sich dagegen die **Altstadt** mit ihren verwinkelten, teils von Bögen überwölbten Gassen und der alten Stadtmauer, die man durch ein größeres Tor von der Landseite oder das enge Tor **Stubice** von

der Meerseite her betreten kann. Den Hauptplatz überragt die mehrfach umgebaute Kirche **Sveti Juraj** (15. Jh.), deren helle barocke Fassade mit dem senfgelb leuchtenden Verputz ihres romanischen Glockenturms aus dem 12. Jh. kontrastiert. Im Inneren ist der gotische Chor mit Fresken zur Passionsgeschichte erhalten. Ein unbekannter Meister schuf sie um 1480 und bereicherte die Szenerie durch musizierende Engel. Eine farbig gefasste Holzschnitzerei schildert vis-à-vis der Kirche über dem **Rathausportal** in charmant naiver Harmlosigkeit den siegreichen Kampf des hl. Georg gegen den Drachen, das Sinnbild des Bösen. Das Portal des benachbarten **Mustačon-Hauses** schmückt das Holzschnitzwerk eines ›Muselmanenkopfes‹ mit Turban und einem ornamental wuchernden Schnurrbart.

Reste des Kaštels aus dem 12. Jh. sind nahebei in dem massiven, wie ein Wachturm aufgemauerten Gebäude der **Galerija Fortezza** (Trg Slobode 1, Tel. 051/29 24 50, www.billichgallery.com, Mo–Fr 11–18, So 11–15 Uhr) erhalten. Sie stellt Gemälde des kroatischen Künstlers Charles Billich (*1934) aus, der sich u.a. durch seine Stadtansichten und Sportmotive etwa zur Sommerolympiade 1996 einen Namen gemacht hat.

Zu Füßen der Altstadt, in einem kleinen Park auf der westlichen Hafenseite, steht das romanische Kirchlein **Sveto Trojstvo** aus dem 13. Jh. Es ist das älteste Gotteshaus der Stadt und bewahrt im Inneren eine Grabplatte von 1595 mit einer glagolitischen Inschrift.

Auf dem **Lungomare**, der am Hafen beginnenden Uferpromenade Richtung Opatija, passiert man anschließend üppige Grünanlagen, altehrwürdige Grandhotels sowie die reizvolle Badebucht **Kupalište Kvarner** am subtropisch bepflanzten Park Komušćak. Wenige Schritte weiter kommt die um 1900 vom Wiener Architekt Carl Seidl entworfene **Villa Frappart** ins Blickfeld. Sie vereint kostbare Materialien wie farbigen Marmor aus Verona (rosa), Siena (gelb) und Griechenland (blau) und feinstes belgisches Kristallglas für die Fenster in einem harmonischen Stilmix aus venezianischer Gotik und floralem Jugendstil.

i Praktische Hinweise

Information

Tourismusbüro, Trg Slobode 1, Lovran, Tel. 051/29 17 40, www.tz-lovran.hr

Hotels

****__Villa Astra__, Viktora Cara Emina 11, Lovran, Tel. 051/294400, www.lovranske-vile.com. Intimes Schlosshotel mit nur 6 Zimmern, mit Pool, Wellnessbereich und Tennisplatz. Auch die historischen Prachtbauten Villa Adela und Casa Oraj in Lovran lassen sich über die Webseite buchen.

**__Bristol__, Maršala Tita 27, Lovran, Tel. 051/29 10 22. Gediegener Komfort mit dem Charme des Fin-de-Siècle.

**__Ika__, Uferpromenade an der ACI Marina, Ičići, Tel. 051/29 17 77, www.hotel-ika.hr. Gut geführtes Familienhotel unweit eines schmalen Kiesstrands, 2 km nördlich von Lovran. Eigenes Restaurant Bellevue mit reicher Auswahl an Meerestieren auf kastanienbestandener Terrasse.

Restaurants

Gradska Kavana, Maršala Tita 41, Lovran. Das schöne Café offeriert Gebäck, Sandwiches, Cocktails sowie diverse Frühstücksvarianten.

Knezgrad, Trg Slobode 12, Lovran, Tel. 051/29 18 38. Köstliche Muschelsuppe, Tintenfisch mit Schinken gefüllt und andere kroatische Küstenspezialitäten.

Najade, Maršala Tita 69, Lovran, Tel. 051/29 18 66. Das für seine Meeresfrüchte berühmte Restaurant serviert als Spezialität mit Scampi gefülltenTintenfisch.

25 Opatija

TOP TIPP *Mondänes Seebad der k.u.k.-Epoche an herrlicher Uferpromenade.*

Grandhotels im Stil des Fin-de-Siècle und prachtvolle Belle-Époque-Villen, umrahmt von einer blütenreichen subtropischen Vegetation, machen den Charme Opatijas aus. Das traditionsreiche Seebad, das der Jetset der Donaumonarchie schon Mitte des 19. Jh. als ›Perle der Adria‹ und angesagten Kurort schätzte, bezaubert heute mit seinem nostalgischen Glanz und dem 12 km langen Lungomare, der die Küste bis Lovran [Nr. 24] und Volosko zur Flaniermeile kürt.

Geschichte Der Name Opatija ist der kroatische Ausdruck für Abtei und geht zurück auf das im 15. Jh. erstmals erwähnte Benediktinerkloster *Sveti Jakov*, von dem heute nur die kleine Kirche erhalten ist. Die rund um die Abtei gewachsene

Abendstimmung im früheren Fischerort Opatija, der ab 1838 zum eleganten Seebad wurde

Fischersiedlung blieb zunächst relativ bedeutungslos, erst mit der Fertigstellung der Küstenstraße Rijeka–Lovran 1838 begann Opatijas Stern zu strahlen. Als ruhigen Wochenendsitz ließ sich der wohlhabende Kaufmann *Iginijo Scarpa* aus Rijeka 1845 eine stilvolle Villa mit gepflegtem kleinen Park errichten und benannte sie nach seiner verstorbenen Gemahlin *Angiolina*. Sie avancierte bald zur noblen Adresse für Empfänge der istrischen Prominenz, im Jahre 1860 war sogar die österreichische Kaiserin Maria Anna für einen Kuraufenthalt hier zu Gast. Schwung in Opatijas Karriere als mondänes Seebad brachte 1873 die Verlängerung der Schienenstrecke der Kaiserin-Elisabeth-Südbahn Wien-Triest bis zur Kvarner Küste. Dem Lockruf milder Winter in schöner Landschaft folgten illustre Persönlichkeiten wie der österreichische Kronprinz Rudolf mit seiner Gemahlin Stephanie, der sächsische König August Friedrich II. oder Prinzessin Luise von Sachsen-Coburg sowie die Komponisten Giacomo Puccini, Gustav Mahler oder der irischen Dichter James Joyce. 1884 öffnete mit dem ›Kvarner‹ das erste Hotel seine Pforten, weitere folgten bald, und wer es sich leisten konnte, ließ sich eine dekorative Villa in schöner Küstenlage als dauerhaftes Feriendomizil errichten. Es entstanden prächtige Parks mit Setzlingen aus aller Herren Länder, die im milden subtropischen Klima an Istriens Ostküste gut gedeihen konnten. So gehört die *Camelia Japponica* heute zu den Wahrzeichen Opatijas.

Ein vorläufiges jähes Ende nahm der Boom des Seebades 1914 mit Ausbruch des Ersten Weltkrieges und der Enteignung der noblen Grundbesitzer durch die neue italienische Führung. Eine Renaissance des Tourismus begann erst wieder unter jugoslawischer Flagge ab den 1960er-Jahren, die historischen Hotelpaläste wurden aufwendig restauriert und ergänzt durch moderne Resorts, Campingsplätze und den Jachthafen.

Stadtpromenade

Hauptschlagader Opatijas ist die **Ulica Maršala Tito** (1), gesäumt von Geschäften, Cafés und prächtigen Hotelbauten.

Maronen-Potpourri

Im herbstlichen Oktober zieht traditionell das Aroma gerösteter Maronen durch die Straßen von Lovran. Es ist die Zeit der **Marunada**, des Festes der delikaten Edelkastanie Castanea sativa, die nun mit ihrer stacheligen Hülle geerntet und als süße Gaumenfreude auf den Teller kommt: etwa als Dessert Marunjaca oder als Basis von Pasta, denn Maronenmehl eignet sich gut zum Herstellen von Nudeln und Gnocchi oder zum Backen köstlicher Kekse und Kuchen. Selbst Speiseeis gibt es mit Maronengeschmack. All diese Kreationen werden an kleinen Ständen und in Restaurants angeboten, und bei Live-Auftritten diverser Musikgruppen auf den Plätzen der Altstadt kann man die Kalorien wunderbar wieder abtanzen.

Parallel verläuft kurvenreich am Wasser entlang die Strandpromenade des **Lungomare** 2, die sich auf 12 km Länge nord- und südwärts bis Volosko und Lovran erstreckt. Keimzelle der mondänen Seebadpracht ist die neoklassizistische **Villa Angiolina** 3 (s. o.) im gleichnamigen Park. Ihre eleganten Säle, die ab Mitte des 19. Jh. Treffpunkt der gesellschaftlichen Crème de la crème waren, sind heute prunkvoller Rahmen des **Tourismusmuseums** (Hrvatski Muzej Turizma, Tel. 051/60 36 36, www.hrmt.hr, Juni–Mitte Sept. Di–So 9–13, 17–22, Mitte Sept.–Mai Di–So 10–18 Uhr). Historische Reiseführer, Ansichtskarten, Hotelinventar und Strandutensilien vermitteln ein faszinierendes Bild des einstigen Kurbetriebs und Ferienalltags. Friedrich Julius Schüler, der als Direktor der Wiener Südbahn mit seiner Entscheidung für die Trasse nach Opatija den Fremdenverkehr ins Laufen brachte, ist inmitten der exotischen Pflanzenfülle des **Park Angiolina** 4 ein Denkmal gewidmet. Die 1885 von Karl Schubert gestaltete Grünanlage mutet mit ihren Mammut- und Zitronenbäumen, Kamelien, Tamarisken, Zedern, Palmen und Schwarzem Bambus wie ein Botanischer Garten an.

Schon 1884 entstand am Westrand des Parks der vierstöckige Prachtbau des **Hotel Kvarner** 5 (www.liburnia.hr), dessen Gäste heute neben der schönen Lage direkt am Wasser vor allem den nostalgischen Charme genießen. Opulente Kulisse für abendliche Banketts ist der von dem Architekten Alfred Wildhack 1911 mit Stuckaturen im Art-Déco-Stil und großen Lüstern gestaltete Kristallsaal.

Im angrenzenden **Park Sveti Jakov** 6 erinnert die gleichnamige kleine Kirche aus dem 15. Jh. an die ursprünglich hier errichtete Benediktinerabtei, die Opatija den Namen gab. Sie birgt die eindrucksvolle Replik eines Pietà-Reliefs (1940) des kroatischen Bildhauers Ivan Meštrović sowie einen Kreuzweg (1956) des Slowenen Tone Kralj. Nahebei grüßen in triumphaler Pose der griechische Sonnengott Helios und die Mondgöttin Selene von dem neobarocken *Marmorbrunnen* (1889) von Hans Rothansky. Aus dem Jahr 1900 stammt am Ufer der mit filigranen Stuckbändern, hohen Sprossenfenstern und schlanken Säulen gestaltete *Pavillon*

Üppiger Zierrat aus Stuck, Säulen und Statuen dekoriert die Fassade des Hotels Kvarner

Šporer (Do–Di 10–17 Uhr), der heute als Kunstgalerie genutzt wird.

Wenige Schritte entfernt steht anmutig auf einem Felsblock im Wasser ein Wahrzeichen Opatijas: ›**Gruß ans Meer**‹ 7 heißt die 1956 von dem Kvarner Künstler Zvonko Car geschaffene Bronzestatue, die mit Blick über die Adria auf ihrer ausgestreckten Hand eine Möve landen lässt.

Dem Lungomare weiter folgend passiert man das 1908 von dem Architekten Carl Seidl konzipierte **Hotel Milenij** 8 (s.u.), das mit einem grandiosen Biedermeier-Ambiente und dem 1924 von dem Wiener Künstler Karl Ludwig Hassman

geschaffenen Argonauten-Fries im Restaurant-Saal begeistert. Vis-à-vis der Ulica Maršala Tito steht das traditionsreiche **Hotel Imperial** 9, das 1885 unter dem Namen ›Kronprinzessin Stephanie‹ als zweites Hotel Opatijas eröffnet wurde. Institutionen sind wegen seiner opulenten Gründerzeit-Ausstattung der als Veranstaltungsraum genutzte Goldene Saal und das Kaffeehaus Kavarna Imperial mit großer Terrasse am Boulevard.

In Sichtweite am gepflasterten Ufer laden die Liegestühle und Sonnenschirme des Strandbads **Slatina** 10 zum Badespaß in den natürlichen kleinen Einbuchtungen der Felsküste. Das Bodenpflaster der Slatina Promenade ist in Anlehnung an das Vorbild Hollywoods als ›Walk of Fame‹ gestaltet und ehrt kroatische VIPs wie den Sänger Ivo Robi oder die Skilegende Janica Kostelić mit einem Stern.

Weiter südlich zieht die imposante **Villa Madonna** 11 von 1891 die Aufmerksamkeit auf sich. In ihren eleganten Räumen trafen sich einst der Habsburger Kaiser und seine Geliebte, die Wiener Hofschauspielerin Katharina Schratt zum Tête-à-tête. Heute beherbergt das Gebäude das *Casino Admiral Opatija* (s.u.), das neben Roulette und Spielautomaten auch zwei Café-Bars und eine Terrasse mit herrlicher Aussicht bietet.

Renommierte Kureinrichtung ist wenige Schritte weiter das **Thalassocenter** 12 (Ulica Maršala Tita 188, www.thalasso

Die beliebte und stets belebte Flaniermeile Korzo im Herzen von Rijeka

therapia-opatija.hr), das hinter der historistischen Fassade der einstigen Villa Dubrava moderne Wellness- und medizinische Therapieprogramme bietet.

i Praktische Hinweise

Information

Tourismusverband Opatija, Vladimira Nazora 3, Opatija, Tel. 051/27 17 10, www.opatija-tourism.hr/de

Hotels

****__Bristol__, Ulica Maršala Tita 108, Opatija, Tel. 051/70 63 00, www.hotel-bristol.hr. Hotel aus der k.u.k.-Zeit mit großen Zimmern und Bar im Wiener Kaffeehausstil.

****__Milenij__, Ulica Maršala Tita 109, Opatija, Tel. 051/27 22 22, www.milenijhoteli.hr. Schmuckes Hotel im Gründerzeit-Stil mit 94 Zimmern und Suiten, dazu Wellnesscenter mit Pool.

TOP TIPP ***__Astoria__, Ulica Maršala Tita 174, Opatija, Tel. 051/70 63 50, www.hotel-astoria.hr. Extravagante moderne Herberge in einem Hotelbau von 1904 mit in warmen Farben gestalteten Zimmern. Nutzung des benachbarten Thalasso-Wellnesscenters inkl.

**__Imperial__, Ulica Maršala Tita 124/3, Opatija, Tel. 051/27 15 77, www.liburnia.hr. Mondäner Hotelpalast mit dem Charme der Wiener Sezession und modernem Komfort.

Camping

Ičići, Liburnijska 46, Opatija, Tel. 051/70 43 87. Gut ausgestattete Anlage nicht weit vom Wasser, dazu Barbecue am Samstag, 5 km südlich von Opatija.

Restaurants

Le Mandrać, Obala F. Supila 10, Volosko, Tel. 051/70 13 57. Innovative Fischküche mit Zutaten direkt aus dem Mittelmeer serviert das Lokal gleich am alten Hafenbecken von Volosko am nördlichen Ende des Lungomare.

Pizzeria Roko, Ulica Maršala Tita 114, Opatija, Tel. 051/71 15 00. Zwei Dutzend bestens zubereitete Pizzavariationen im Zentrum.

Plavi Podrum, Obala F. Supila 4, Volosko, Tel. 051/70 12 23. Frischer Fisch und Schalentiere. Nette Terrasse.

Slatina, Ulica Maršala Tita 206, Opatija, Tel. 051/27 19 49. Beliebtes Restaurant mit herzhafter kroatischer Küche und gutem Blick auf das Treiben der Hauptstraße.

Villa Ariston, Ulica Maršala Tita 179, Opatija, Tel. 051/27 13 79, www.villa-ariston.hr. In drei miteinander verbundenen Sälen und auf der großen Terrasse am Meer wird köstliche mediterrane Küche aufgetischt. In der früheren Sommerfrische der ungarischen Baronin von Haas-Teichen kann man auch sein müdes Haupt auf Luxuskissen betten.

Marina

ACI Jachthafen Opatija, Tel. 051/70 40 04, www.aci-club.hr. Moderner Jachthafen zwischen Opatija und Ičići mit mehr als 300 Anlegestellen, Rezeption, Café, Restaurant und Geschäften. Dazu Servicewerkstatt mit Kran. Eine weitere Marina, die sich auch luxuriöser Jachten annimmt, befindet sich 3 km weiter südlich in Ičići.

Nachtleben

Casino Admiral Opatija, Villa Madonna, Ulica Maršala Tita 131, Opatija, Tel. 051/

70 36 04, www.novomatic.com. Großes Spielangebot auf drei Etagen mit American Roulette, Black Jack, Caribbean Stud Poker, Russian Poker, Texas Hold'em Poker sowie vielen Spielautomaten.

Disco Seven, Ulica Maršala Tita, Opatija, Tel. 099/477 70 00, www.discoseven.hr. Angesagte Disko/Bar mit bekannten DJs und Themenabenden.

Hemingway, Zert 2 a, Opatija, Tel. 051/ 71 23 33, www.hemingway.hr/opatija. Bar, Lounge, Restaurant mit großer Tanzterrasse beim Hafen.

26 Rijeka

Urbanes Zentrum des Kvarner, geschäftige Hafenstadt und Pilgerziel.

Das urbane Zentrum der Kvarner Region ist Rijeka (kroat. – Fluss, auch Fiume – ital. Fluss), mit 144 000 Einwohnern zugleich drittgrößte Stadt und größter Seehafen Kroatiens. Lange haftete Rijeka das Image einer unattraktiven Großstadt an. Doch hat man sich erst einmal durch Vororte mit Industrieanlagen gekämpft, werden die Reize der Metropole offenbar. Gerade rund um den Hafen mit Bauwerken aus der k.u.k.-Zeit weiß Rijeka zu gefallen. Die quirlige Hafenpromenade *Riva* mit Restaurants und Szenekneipen sowie die autofreie Flaniermeile *Korzo* mit schicken Boutiquen und gemütlichen Straßencafés besitzen alles, was für einen gepflegten Stadtbummel nötig ist.

Geschichte Bereits im 1. Jt. v. Chr. ließen sich Kelten am nördlichen Ende der Kvarner Bucht nieder und befestigten die Hügel im Hinterland mit Erdwällen. Um 400 v. Chr. drangen illyrische Liburner ein, errichteten auf dem Berg *Trsat* eine Festung und nannten sie **Tarsactum**. Den Hafen der Kelten nicht weit von der Mündung des Flusses *Rječina* bauten die als Piraten gefürchteten Invasoren aus und starteten von hier aus Angriffe auf römische Handelsschiffe. Die Römer ihrerseits fuhren, um ihre Handelswege zu sichern, eine Offensive nach der anderen und konnten die Liburner 180 v. Chr. schließlich vertreiben. Den Ort rund um den Berg Trsat östlich des Flusses Rječina nannten sie **Tarsatica Liburna**, die Hafenstadt westlich des Flusses **Tarsatica Romana**. Nach der Teilung des Römischen Reiches gegen Ende des 4. Jh. gehörte die Siedlung zunächst zu Westrom, geriet aber bald unter den Einfluss von Byzanz. Im 7. Jh. eroberten Kroaten die Region. Ende des 8. Jh. unterlagen sie den Franken Karls des Großen, die den befestigten Burghügel Trsat zerstörten. 925–1102 gehörte Rijeka dem unabhängigen **Kroatischen Königreich** an. Die darauffolgenden Jahrhunderte waren geprägt von der Herrschaft rasch wechselnder kroatischer Adelsgeschlechter. Ab dem 13. Jh. sind hier vor allem die von der Insel Krk stammenden *Fürsten Frankopani* zu nennen, die die Festung auf dem Berg Trsat erneuerten. Ihnen folgten die Herren von Duino und von Walsee.

1465 verkauften die Grafen von Walsee die Stadt an *Kaiser Friedrich III.* aus dem Hause Habsburg. Sie wurde in der Folge **St. Veit am Flaum** oder auch Fiume genannt und kontinuierlich ausgebaut. Mit kurzen Unterbrechungen wie dem venezianischen Intermezzo 1509, gehörte Fiume bis 1918 dem **Habsburgerreich** an. Ende des 16. Jh. setzte eine lang anhaltende Blüte ein, die 1719 in der Ernennung zum Freihafen durch den österreichischen *Kaiser Karl VI.* gipfelte. Reeder und Kaufleute aus ganz Europa strömten an das Nordende der Kvarner Bucht und machten die Stadt zu dem nach Triest zweitwichtigsten Seehafen der Habsburger. Ein Erdbeben 1750 verursachte starke Schäden sowohl in Fiume als auch in Trsat. Während der **k.u.k.-Zeit** wurde Rijeka von Budapest aus verwaltet, das kräftig investierte und den Hafen weiter ausbaute. Nach dem verlorenen Ersten Weltkrieg und dem damit verbundenen Untergang des Habsburgerreiches besetzten Ende 1919 italienische Freischärler unter Führung des nationalistischen Schriftstellers *Gabriele D'Annunzio* die von ihnen für Italien reklamierte Stadt. 1920 schließlich erlangte die nun italienisch Fiume, kroatisch Rijeka genannte Metropole durch den **Vertrag von Rapallo**

TOP TIPP Karneval von Rijeka

Rijeka ist eine der bedeutendsten **Karnevalshochburgen** (www.ri-karneval.com.hr) des Mittelmeerraums. Bei der prächtigen Parade am Sonntag vor Aschermittwoch steht die Stadt Kopf. Weit über 100 000 Schaulustige säumen die Straßen, wenn der bunte Zug üppig dekorierter Wagen und fantasievoll gekleideter Karnevalisten über den Korzo quer durch die Stadt zieht. Zu den mehr als 10 000 aktiven Teilnehmern gehören stets auch närrische Delegationen aus einem Dutzend europäischer Länder.

In Rijeka geben sich der Karneval von Venedig mit seinem ausgelassenen Treiben und den Maskenbällen, österreichische Bräuche mit furchterregenden Masken, die den Winter vertreiben sollen, und slawische Folklore die Hand. Die Tradition der **Zvončari**, Glockenträger, soll noch aus heidnischer Zeit stammen. Tänzer mit Tiermasken und Fellen produzieren mit Schellengürteln einen unbeschreiblichen Lärm, der böse Geister vertreiben soll.

Schon vor mehr als 100 Jahren feierte das damals habsburgische Rijeka Karneval mit Umzügen und Bällen, der auch adelige Herrschaften aus Wien, Deutschland und sogar Russland anzog. Das heutige närrische Treiben wurde vor knapp 30 Jahren von drei traditionellen Karnevalsgruppen neu belebt. Die Saison startet Ende Januar mit der Präsentation der Karnevalskönigin. Der Zeremonienmeister erhält symbolisch die Schlüssel der Stadt. Zehn Tage vor Aschermittwoch reißen dann die Veranstaltungen, Umzüge und Bälle nicht mehr ab. Um Nachwuchs muss sich Rijeka übrigens nicht sorgen. Inzwischen gibt es allein sechs Dutzend Kinderkarnevalsgruppen, die im Februar einen eigenen Umzug organisieren.

An der Quelle – fangfrischer Fisch aus der Adria in der Markthalle am Hafen von Rijeka

den Status eines Freistaates. Doch schon gut drei Jahre später erzwang das inzwischen faschistische Italien die Übergabe des Ortes in ihren Herrschaftsbereich. Der Verlauf der Riječina markierte damals die Grenze, d. h., Rijeka war geteilt, der südliche Ortsteil Sušak gehörte zum Königreich Jugoslawien. Nach dem Ende des Zweiten Weltkrieges, als die Truppen der jugoslawischen Befreiungsarmee 1945 Rijeka erobert hatten, wurde das gesamte Stadtgebiet erneut kroatisch und damit Teil der jugoslawischen Staatenföderation. Seit der Unabhängigkeit 1991 ist Rijeka der bedeutendste Seehafen Kroatiens und auch Verkehrsknotenpunkt. Die Wirtschaft boomt, der Tourismus auch, nicht zuletzt deshalb, weil die Metropole an der Kvarner Bucht das Tor nach Südkroatien und dank bester Fährverbindungen auch auf die kroatischen Inseln und nach Dubrovnik ist.

Am Hafen

Die Seemetropole Rijeka erschließt man sich am besten vom Meer aus. Die Sehenswürdigkeiten der Hafenstadt liegen nahe beieinander und sind gut zu Fuß zu erreichen. Der stimmungsvolle *Mrtvi Kanal*, ein früherer Flussarm der Riječina, auf dem ganzjährig Dutzende von Booten vertäut sind, ist ein guter Ausgangspunkt für einen Rundgang. Zwischen dem Kanal und der Mündung der *Riječina* befindet sich mit dem ›Delta‹ der größte innerstädtische Parkplatz. Weitere Parkmöglichkeiten bestehen an der Uferpromenade Riva am in nordwestlicher Richtung angrenzenden Fährhafen.

Zwischen Mrtvi Kanal und dem kleinen Kazališni Park liegt das **Kroatische Nationaltheater Ivan Zajc** 1 (Hrvatsko

Das Kroatische Nationaltheater beeindruckt durch seine elegante Fassade

Narodno Kazalište Ivana Zajca, Tel. 051/35 59 00, www.hnk-zajc.hr), ein Neorenaissancebau mit hübschem Portikus nach einem Entwurf des Ende des 19. Jh. weithin geschätzten Wiener Architektenbüros *Fellner & Helmer*. Jede Stadt, die auf sich hielt, gönnte sich damals ein Theatergebäude dieses Architektenteams. Die Figurengruppe im Giebelfeld mit dem Thema ›Drama und Musik‹ stammt vom venezianischen Bildhauer Augusto Benvenuti. Auch das Innere ist reich geschmückt. Den Zuschauerraum des 1885 mit Aida eröffneten Hauses ziert ein Deckengemälde mit allegorischen Darstellungen, geschaffen von den Malern der *Künstler-Compagnie*, Franz Matsch sowie den Brüdern Ernst und Gustav Klimt. Durch den kleinen Kazališni Park mit dem Standbild des aus Rijeka stammenden Komponisten Ivan Zajc, in Richtung des nach ihm benannten Nationaltheaters blickend, erreicht man die beiden 1880 in einer Stahl- und Glaskonstruktion errichteten **Markthallen** ❷ (Paviljoni Velike Tržnice). Man beachte den hübschen Fassadenschmuck an den Stirnseiten, passend zum Thema Früchte und Pflanzen. Das Innere der Hallen wurde durch die kleinteilige Parzellierung der Lebensmittelläden jedoch stark verändert. Wer einen Eindruck von der ursprünglichen Raumwirkung bekommen möchte, sollte einen Blick in das dritte Marktgebäude werfen, die Anfang des 20. Jh. entstandene Fischhalle. Hier ist die Verkaufsfläche im originalen Zustand erhalten. Weitere Stände im Freien bieten Obst und Gemüse an.

Nach links öffnet sich der Riva zum Fährhafen, wo die großen Schiffe von Jadrolinija auf die Inseln und nach Dalmatien abfahren. Hier liegt aber auch das Restaurantschiff *Arca Fiumana* [s. S. 90] verankert, dessen Spezialitäten – natürlich – Fisch und Meeresfrüchte sind. Auf

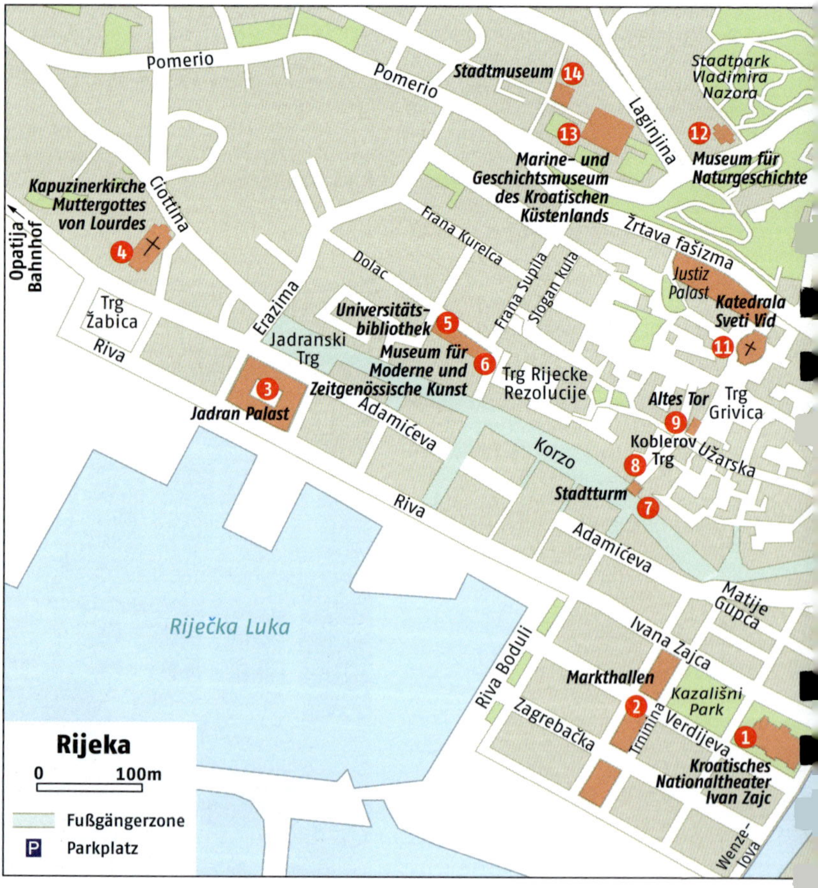

der rechten Seite rückt der 1897 für die ungarische *Reederei Adria* errichtete **Jadran Palast** 3 (Palača Jadran, Riva 16) ins Blickfeld, ein imposantes Neorenaissance-Gebäude, dessen prächtige Hauptfassade Richtung Meer weist. Ihr vom italienischen Bildhauer Sebastiano Bonomi geschaffener, auf hohen Postamenten stehender Figurenschmuck stellt seemännische Berufe dar, Kapitän, Offizier und Steuermann sowie darüber hinaus den Ingenieur. Die hauptsächlich im Frachtbetrieb tätige Reederei musste 1936 ihren Betrieb einstellen. Seit 1947 ist das Gebäude Sitz der kroatischen Fährreederei Jadrolinija.

Am Ende der Hafenstraße Riva befindet sich auf dem *Trg Žabica* der zentrale Busbahnhof Rijekas. Jenseits der Krešimirova Ulica ist die neogotische **Kapuzinerkirche Muttergottes von Lourdes** 4 (Kapucinjska Crkva, Kapucinske Stube 5, tgl. 7–12 und 16–20 Uhr) mit ihrem reichen Fassadenschmuck und dem auffälligen rot-weißen Streifendekor ein Blickfang. Während die 1904 errichtete Unterkirche ebenerdig zu erreichen ist, gelangt man zu der erst 1929 mit Hilfe großzügiger Spendengelder fertiggestellten Oberkirche über einen doppelläufigen Treppenaufgang. Der obere Kirchenraum begeistert vor allem durch seine schön gestalteten Buntglasfenster. Für den Glockenturm haben übrigens die Spendengelder damals nicht mehr gereicht, er fehlt bis heute.

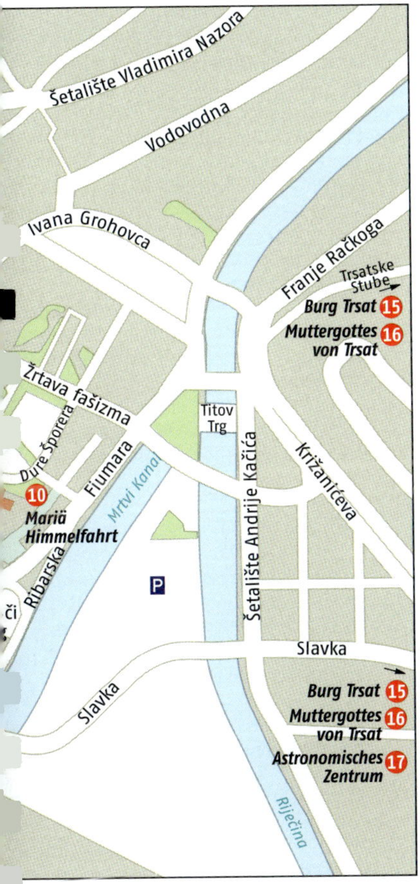

Korzo und Altstadt

Von der Kapuzinerkirche geht es über die Trpimirova Ulica – die Rückseite des Jadran Palasts passierend – zum Jadranski Trg, der den Beginn des autofreien **Korzo** markiert. Dieser verläuft ein ganzes Stück parallel zur Riva. Die nach dem Erdbeben von 1750 angelegte Flaniermeile, deren nördliche Häuserzeile den Verlauf der früheren Stadtmauer nachzeichnet, ist das belebte Herz der Stadt. Hier treffen sich die Einwohner Rijekas zum Shoppen und Bummeln. Gemütliche Straßencafés laden zu einer Rast bei Kaffee oder Wein.

Auf der linken Seite gelangt man alsbald zum neobarocken, durch korinthische Säulen und reichen Figurenschmuck akzentuierten Gebäude der *Filodrammatica* (1890, Korzo 28), einst Sitz des Philharmonie- und Dramavereins, heute beliebtes Café im Stil altösterreichischer Kaffeehäuser. Von hier ist es nicht weit zum *Trg Republike*, dessen Westseite das imposante, 1887 im Stil der Neorenaissance errichtete Gebäude einer ehemaligen Mädchenschule einnimmt. Heute ist hier die **Universitätsbibliothek** 5 (Sveučilišna Knjižnica, Eingang: Dolac 1, www.svkri.hr, Tel. 051/33 61 29, Besichtigung der Ausstellung Glagolica nur nach telefonischer Voranmeldung) untergebracht. Sie wartet im ersten Obergeschoss mit der Ausstellung *Glagolica* auf, einer einmaligen Sammlung glagolitischer Schriften, die einen schönen Überblick über die Entwicklung dieser altkroatischen Schrift gibt. Ausgestellt werden Handschriften, Erstdrucke, aber auch Kopien alter Inschriftensteine und Graffiti-Fresken. So auch eine Kopie der bedeutenden *Tafel von Baška* [s. S. 100] aus der Kapelle Sveta Lucija bei Baška auf Krk. Sie wird auf das Jahr 1100 datiert und ist damit eines der ältesten Zeugnisse glagolitischer Schrift. Im zweiten Obergeschoss hat das **Museum für Moderne**

und Zeitgenössische Kunst 6 (Muzej Moderne i Suvremene Umjetnosti, Tel. 051/49 26 11, www.mmsu.hr, Di–Fr 10–13 und 17–20, Sa 10–13 Uhr) eine vorübergehende Bleibe gefunden. Ein Museumsneubau ist zwar geplant, aber noch nicht realisiert. Bis dahin werden hier und im nahen *Mali Salon* (Korzo 24, Mo–Sa 10–13 und 18–21 Uhr) Wechselausstellungen aus dem Museumsbestand kroatischer Kunst des 20. Jh. gezeigt.

Aus dem Reigen schön restaurierter Paläste und Bürgerhäuser entlang des Korzo ragt strahlend gelb der barocke **Stadtturm** 7 (Gradski Toranj) mit seinem achteckigen Kuppeldach heraus. Er wurde Mitte des 18. Jh. kurz nach dem Erdbeben auf den Resten des gotischen Meerestores aus dem 15. Jh. errichtet. Oberhalb des Tordurchgangs sind Büsten der österreichischen Kaiser Leopold I. und Karl VI. sowie das Wappen der Habsburger zu sehen. Die Uhr wurde erst später eingesetzt und stammt von der Weltausstellung 1873 in Wien. Hinter dem Durchgang markiert der kleine **Koblerov Trg** 8 den Beginn der Altstadt. Blickfang des Platzes ist ein moderner *Brunnen* mit dem eingravierten Motto ›Lass ein Werkzeug zum Quell der Freude werden‹, der an die große Bedeutung der Papierherstellung für Rijeka erinnert. Zwei mächtige Mühlsteine einer 1823 eröffneten Papiermühle, die einst hochwertiges Papier in alle Welt verschickte, werden in einer großen metallenen Brunnenschale von Wasser umspielt, das sich dekorativ in die steinerne Umfassung ergießt. Ältestes Gebäude am Platz ist das *Alte Rathaus* (Palac Komune) aus dem 16. Jh., in dem der Stadtrat bis 1838 tagte. Nur wenige Schritte sind es von hier zu dem lang gestreckten *Trg Grivica*. Eine schmale, vom Platz abgehende Gasse wird vom **Alten Tor** 9 (Stara Vrata, auch ›Römisches Tor‹) überspannt. Einst markierte der schlecht erhaltene Bogen aus dem 4. Jh. wohl den Zugang zum römischen Militärlager von Tarsatica Liburna.

In östlicher Richtung schlängelt sich die schmale Gasse *Užarska* durch die Altstadt und führt – vorbei am Büro des Fremdenverkehrsamtes (Užarska 14) – direkt auf die Kirche **Mariä Himmelfahrt** 10 (Uznesenja Blažene Djevice Marije, Pavla Rittera Vitezovića 3, tgl. 7.30–12 und 16–17.30 Uhr) zu. Die dreischiffige Basilika aus dem 13. Jh. mit frei stehendem Glockenturm, einst Hauptkirche der Stadt, wird von den Gemeindemitgliedern auch kurz *Vela Crkva, Große Kirche*, genannt. Während dem Gotteshaus selbst im 18. Jh. eine mit Säulen, Figurenschmuck und kleiner Rosette reich geschmückte klassizistische Fassade vorgeblendet wurde, präsentiert sich der 44 m hohe Glockenturm mit unverputztem Mauerwerk und doppelbogigen Fensterchen im romanisch-gotischen Ursprungszustand. Übrigens ein ›Schiefer Turm‹, der unübersehbar aus der Vertikalen gefallen ist, über die Jahrhunderte exakt um 40 cm. Der Innenraum des Gotteshauses wurde im 18. Jh. barockisiert und glänzt durch seine reiche Ausstattung. Besonders gefällt der Hochaltar mit den prächtigen, von *Jacopo Contiero* aus Padua geschaffenen Heiligenstatuen. Die parallel zur Užarska verlaufende Gasse *Dure Šporera* führt zurück zum Trg Grivica, an dessen Nordseite sich die **Katedrala Sveti Vid** 11 (Trg Grivica 11, tgl. 6.30–12 und 16.30–19.30 Uhr) erhebt. Die ehemalige Jesuitenkirche, wegen finanzieller Engpässe über den langen Zeitraum zwischen 1638 und 1742 entstanden, ist eine hübsche Rotunde im Stil des venezianischen Barock. Der oktogonale Innenraum wird von einer imposanten Kuppel dominiert, die auf mächtigen Pfeilern ruht. Kleeblattförmig öffnen sich mehrere Seitenkapellen. Um das im Stil rheinischer Gotik geschaffene *Kruzifix* (13. Jh.) auf dem Hauptaltar rankt sich eine schaurige Legende. Aus Wut über ein verlorenes Spiel soll ein Kartenspieler einen Stein gegen das Kruzifix geschleudert haben, woraufhin dieses zu bluten begann. Die Erde tat sich auf und verschlang den Zocker. Nur sein Arm schaute noch heraus, wurde aber umgehend abgeschlagen und auf einem Scheiterhaufen verbrannt. Und die Kirche war fortan ein viel besuchtes Wallfahrtsziel.

Museumspark

Oberhalb der Altstadt, jenseits der Žrtava Fašima Ulica, erstreckt sich der großzügige *Stadtpark Vladimira Nazora*, der nicht nur zur Erholung einlädt, sondern auch zum Besuch dreier sehenswerter Museen. Das **Museum für Naturgeschichte** 12 (Prirodoslovni Muzej, Lorenzov Prolaz 1, Tel. 051/55 36 69, www.prirodoslovni.com, Mo–Sa 9–19, So 9–15 Uhr) informiert mittels multimedialer Technik über die Flora und Fauna der Adriaregion. Bei der Tierwelt liegt der Schwerpunkt auf den Meeresbewohnern. Neben den üblichen Verdächtigen tummeln sich im Aquarium auch Haie und Rochen, die nicht in der

Der Hügel von Trsat mit Burg und Muttergotteskirche besitzt geradezu dörflichen Charakter

Adria beheimatet sind. Im neu eingerichteten Botanischen Garten werden rund 2000 verschiedene, für das Mittelmeer typische Pflanzen gezeigt. Mineralien und geologische Fundstücke runden die Sammlung ab. Jenseits der Laginjina Ulica beherbergt der frühere Gouverneurspalast das **Marine- und Geschichtsmuseum des Kroatischen Küstenlands** 13 (Pomorsko – Povijesni Muzej Hrvatsko Primorja, Muzejski Trg 1, Tel. 051/213578, www.ppmhp.hr, Juni–Sept. Di–Fr 9–20, Sa 9–13, Okt.–Mai Di–Fr 9–16, Sa 9–13, Uhr). Hier können Besucher die Geschichte der Stadt und der Kvarner Region von den Anfängen bis zur Gegenwart erkunden. Griechische und römische Artefakte sowie alte Münzen, Trachten von den Kvarner Inseln, Kunsthandwerk, Waffen und Möbel geben einen umfassenden Einblick in die Siedlungsgeschichte. Auch dem heimischen Geigenbauer *Franjo Kresnik* (1869–1943) wird ein Raum gewidmet. Ein Schwerpunkt des Museums ist die Seefahrt. Zu den interessantesten Exponaten dieser Abteilung zählen Schiffsmodelle, Gallionsfiguren, historische Karten und nautische Instrumente. Zu guter Letzt gewährt das **Stadtmuseum** 14 (Muzej Grada Rijeke, Muzejski Trg 1/1, Tel. 051/336711, www.muzej-rijeka.hr, Mo–Fr 10–13 und 16–19, Sa 10–13 Uhr) in einem 1976 erbauten Ausstellungskubus aus Beton Einblicke in die wechselvolle Geschichte der Hafenstadt Rijeka.

TOP TIPP Trsat

Ein Ausflug auf die östliche Seite der Riječina führt in die Frühzeit von Rijeka. Im Stadtteil Sušak können die Burg Trsat und die Kirche der Muttergottes von Trsat besichtigt werden. Man erreicht den Hügel gut mit dem Auto oder dem Linienbus vom Jelačićev Trg aus. Pilger bevorzugen den *Wallfahrtsweg Trsatske Stube*, der 1531 von Petar Kružić, dem katholischen Heerführer gegen die Osmanen, angelegt wurde. Der Treppenweg beginnt an dem am Flussufer gelegenen Titov Trg und führt in rund 550 Stufen hinauf nach Trsat.

Der 138 m steil aufragende *Berg Trsat* in einer Schleife der Riječina ist seit illyrischer Zeit befestigt. Noch heute sind Mauerreste aus dieser und der römischen Epoche erhalten. Die heutige **Burg Trsat** 15 (Trsatska Gradina, Petra Zrinskog bb, April–Okt. tgl. 9–23, Febr., März, Nov., Dez. tgl. 9–15 Uhr) besteht aus einem Ensemble aus Türmen und Mauern, die größtenteils aus dem 19. Jh. stammen. Die *Fürsten Frankopani* errichteten im 13. Jh. auf den Überresten früherer Zeiten eine neue Festung, die später auch von den Habsburgern genutzt wurde. Beim schweren Erdbeben von 1750 jedoch wurde die Anlage stark zerstört und daraufhin verlassen. 1826 schließlich kaufte *Graf Laval-Nugent*, ein irischstämmiger Vizemarschall der österreichisch-ungarischen Armee die Burg als Familiensitz, restaurierte und erweiterte sie. So stammen die Seitenflügel, die Vormauern und die Aussichtstürme aus dieser Zeit. Auch das Familienmausoleum in Form einer griechischen Tempelfront entstand damals. Der stimmungsvolle Burghof wird in den Sommermonaten regelmäßig für Abendkonzerte genutzt. Nicht versäumen sollte man den herrlichen Panoramablick auf Stadt und Hafen, den man am schönsten vom *Burgbistro Grof* aus genießt.

Am nahen Frankopanski Trg befindet sich der Gebäudekomplex der Kirche der **Muttergottes von Trsat** 16 (Crkva Gospe Trsatske, Kirche tgl. 6.30–19.30 Uhr, Votivkapelle tgl. 7–20 Uhr), zu dem auch ein *Franziskanerkloster* und eine *Kapelle* für Votivgaben gehören. In Trsat wird seit mehr als 600 Jahren ein hochverehrtes Marienbild aufbewahrt. Zwischen dem 10. Mai, dem Tag der Muttergottes von Nazareth, und dem Christkönigsfest am Sonntag vor dem ersten Advent strömen täglich zahlreiche Wallfahrer in die im 15. Jh. errichtete Kirche. Ihr Ziel ist die **Muttergottes von Trsat** (auch ›Heilige Maria von Loreto‹) am marmornen Hauptaltar, ein wundertätiges Marienbild, das vom Evangelisten Lukas geschaffen worden sein soll, allerdings wohl aus der Werkstatt eines unbekannten norditalienischen Meisters des 14. Jh. stammt. Die Legende besagt, dass Kreuzritter beim Rückzug aus dem Heiligen Land im 13. Jh. das Geburtshaus der Maria in Nazareth abbauen ließen. Es wurde dann von Engeln – mit mehrjähriger Zwischenstation auf dem Berg Trsat – ins italienische Loreto getragen. Als Ausgleich für den Verlust des Geburtshauses sandte *Papst Urban V.* 1367 dieses Marienbild nach Trsat. Am Hauptaltar befindet sich heute eine Kopie des Gemäldes, das Original wird in der Schatzkammer des Klosters aufbewahrt. Hier kann auch eine Kunstsammlung besichtigt werden, zu der die 32 Gemälde (17. Jh.) im Kreuzgang gehören, die das Leben Marias zum Thema haben und vom Schweizer Maler *Fra Serafin Schön* geschaffen wurden.

Noch weiter außerhalb liegt das 2009 in einer früheren italienischen Festung eingerichtete **Astronomische Zentrum** 17 (Sveti Križa 33, Tel. 051/45 57 00, www.rijekasport.hr, Vorstellungen Di–Sa 19 und 21 Uhr) mit Sternwarte und Planetarium. Mit modernster Technik offeriert es Besuchern ein interessantes Programm mit Ausblicken auf den Sternenhimmel und das Weltall.

i Praktische Hinweise

Information

Tourismusverband Rijeka, Užarska 14, Rijeka, Tel. 051/31 57 10, www.tz-rijeka.hr

Info-Zentrum, Korzo 33 a, Rijeka, Tel. 051/33 58 82

Im Info-Zentrum am Korzo ist die **Rijeka Card** (48 Std., 55 Kuna) erhältlich, welche die freie Nutzung des öffentlichen Nahverkehrs gewährt und Ermäßigungen in den städtischen Museen sowie einigen Restaurants und Geschäften bietet.

Flughafen

Rijeka Airport, Hamec 1, Omišalj, Insel Krk, Tel. 051/84 21 32, www.rijeka-airport.hr. Im Sommerhalbjahr Charterflüge von verschiedenen deutschen und österreichischen Städten nach Rijeka.

Es bestehen gute Busverbindungen mit Autotrolej d.o.o. vom Flughafen auf der Insel Krk nach Rijeka zum Trg bana Jelačića. Fahrzeit etwa 30 Min.

Bahnhof

Krešimirova, Tel. 060/333 44 44. Verbindungen nach Wien, Ljubljana und Zagreb.

Busbahnhof

Trg Žabica, Tel. 060/30 20 10. Verbindungen in alle größeren Städte des Kvarner Golfs und nach Istrien. Infos über Reisebüro Autotrans, Žabica 1

Hotels

*****Grandhotel Bonavia**, Dolac 4, Rijeka, Tel. 051/35 71 00, www.bonavia.hr. Gut geführtes Stadthotel im Zentrum, nur wenige Schritte vom Korzo entfernt.

****Neboder**, Strossmayerova 1, Rijeka, Tel. 051/49 31 40, www.jadran-hoteli.hr. Hotel in einem restaurierten Gebäude von 1929, 54 Räume mit kleinem Balkon.

Jugendherberge, Šetalište XIII. Divizije 23, Rijeka, Tel. 051/40 64 20, www.hfhs.hr. Ordentliche kleine Jugendherberge im Ortsteil Pećine, 15 Min. vom Zentrum (Busverbindung), Internetzugang.

Restaurants

Arca Fiumana, Adamićev Gat, Rijeka, Tel. 051/31 90 84. Das Restaurant befindet sich auf einem verankerten Boot direkt im Hafen, Spezialität sind frische Fische und Meeresfrüchte, daneben gibt es auch Pastagerichte mit Trüffel und eine gute Auswahl an kroatischen Weinen.

In die grüne Bergwelt: der Gorski Kotar und sein Nationalpark Risnjak

Nur etwa 40 km nordöstlich von Rijeka beginnt die Bergwelt des **Gorski Kotar** (www.gorskikotar.hr), der im Bjelolasica (1534 m) seine größten Höhen erreicht. Dichte Wälder, in tieferen Lagen geprägt von Buchen, Ulmen oder Linden, ab etwa 1000 m Höhe von Fichten und Kiefern, überziehen den karstigen Untergrund. Und immer wieder öffnen sich Lichtungen voll bunter Bergblumen inmitten der majestätischen Szenerie.

Ein guter Ausgangspunkt für die Erkundung dieser reizvollen Region ist **Lokve** (43 km ab Rijeka über A 8). Nur 1 km von dem Weiler entfernt erstreckt sich der **Naturpark von Golubinjak** (Tel. 051/83 13 22, April/Mai, Sept. tgl. 9–17, Juni–Aug. tgl. 9–19 Uhr). Ein Wanderweg (5 km) führt vorbei an turmhohen Felswänden, zwei kleinen Höhlen im Karst und der uralten, mit 37 m höchsten Fichte des Gorski Kotar.

Von Lokve aus ist es nicht mehr weit zum **Nationalpark Risnjak** (17 km ab Lokve, Haupteingang neben der Parkverwaltung, Bijela Vodica 48, Crni Lug, Tel. 051/836246, www.risnjak.hr) rund um den gleichnamigen, 1528 m hohen Berg. Am Verwaltungsgebäude beginnt der Wanderweg *Horvatova Staza* (Nr. 2, ca. 6 Std.) hinauf zum Gipfel. Kurz bevor man ihn erreicht, lädt eine Berghütte (Tel. 09 94 28 20 72, etwa Mai–Nov., bei Übernachtung rund 10 Tage vorher anmelden) zur Einkehr.

Wer nicht ganz so hoch hinaus will, der kann, ebenfalls von der Verwaltung aus, dem *Leska-Lehrpfad* (ca. 4 km, 2 Std.) folgen, der an den unterschiedlichsten Karst-Formationen vorbeiführt.

Glasklar ist das Wasser der Kupa, die bei Razloge entspringt

Von besonderer Schönheit ist auch die Quelle des Flusses *Kupa*. Man erreicht sie in einer halbstündigen Wanderung vom Dorf Razloge (12 km nördlich Crni Lug) aus. Im weiteren Verlauf schwillt die Kupa zu einem teils rasanten Bergfluss an. Von **Brod na Kupi** (18 km ab Lokve über D 203) an der slowenischen Grenze aus kann man das Wildwasser sogar befahren (www.rafting.com.hr, Tel. 051/83 71 39).

Etwas abgelegen, aber dafür umso schöner ist eine Wanderung durch die etwa 800 m lange **Schlucht von Vražji** bei Skrad (26 km ab Lokve über A 6 und D 3, im Ort ausgeschildert, Tourist-Info, Tel. 051/81 06 80). Ein Steg führt unterhalb hoch aufragender Felsen an dem rauschenden Gebirgsbach entlang.

Choco Bar, Korzo 24 a, Rijeka, Tel. 051/58 09 59, www.kraschocobar.com. Cocktails, Desserts, Pralinen, Schokolade.

Municipium, Trg Riječke Rezolucije 5, Rijeka, Tel. 051/21 30 00. Traditionelle kroatische Küche mit ausgezeichneten Fischgerichten in der Altstadt von Rijeka.

Ronjgi, Ronjgi bb, Viškovo, Tel. 051/65 10 20. Beste Wildspezialitäten in den Hügeln oberhalb von Rijeka.

Zlatna Školjka, Kružna 12, Rijeka, Tel. 051/21 37 82. Ausgezeichnetes Lamm und hervorragende Meeresfrüchte.

Nachtleben

Charlie Bar, Trg Ivana Koblera bb, Rijeka, Tel. 091/559 28 01. Lockerer Hangout von früh bis spät.

Jazz Tunel, Školjić 12, Rijeka, Tel. 051/32 71 16, www.jazztunel.com. Beste Stimmung im Tunnel beim Parkplatz von Školjić, und zwar Mo–Sa bis 2 Uhr morgens.

Terminal, Riječki Lukobran bb, Rijeka, Tel. 051/31 21 12, www.terminalclub.hr. Tagsüber Fährhafen, Café, Steakhaus, Lounge, abends und nachts dann Disco bis zum Wecken.

Üppiger Blumenschmuck rahmt das Tor ins pittoreske Städtchen Roč

27 Roč

Stiller Winkel mit glagolitischer Tradition.

Am südlichen Rand des Ćićarija-Gebirges, gerahmt von Wiesen und Ackerflächen, liegt der verträumte Ort Roč. Heute zählt er nur etwa 150 Einwohner, doch erinnern Teile der mittelalterlichen Stadtmauer und Wehrtürme noch an die einstige Bedeutung als Grenzbefestigung. Zudem besitzt Roč immerhin drei Gotteshäuser: Nebeneinander im Zentrum stehen die 1492 entstandene dreischiffige Kirche **Sveti Bartol** mit einem Glockenturm von 1676 und die kleine gotische Kapelle **Sveti Antun**, das 800 Jahre alte Votivkreuze mit glagolitischen Widmungen bewahrt. Romanischen Ursprungs ist die Kapelle **Sveti Roka**, sie birgt im Inneren schöne Freskenreste des 14./15. Jh., u. a. mit der Szene ›Christus mit Aposteln‹.

Die verschlafene Beschaulichkeit von Roč lässt nicht erahnen, dass hier bis ins 20. Jh. ein renommiertes Glagolitenzentrum etabliert war. In der alten kroatischen Schrift Glagoliza (s. u.) verfasste Breviare, Codices und Messbücher, darunter auch das berühmte ›Novak-Missale‹ (1483, Nationalbibliothek Wien), der handschriftlichen Version des ersten gedruckten kroatischen Buches, sind hier entstanden und werden heute in Museen der ganzen Welt als kulturhistorische Schätze gehütet. An sein historisches Erbe erinnert Roč mit einem modernen Denkmal, der **Glagolitischen Allee** (s. u.). Dieser abwechslungsreiche Skulpturen-Spazierweg beginnt am Ortsrand und führt durch eine liebliche Hügellandschaft bis zum 8 km entfernten Hum.

Praktische Hinweise

Information

Fremdenverkehrsamt Zentral Istrien, Franine i Jurine 14, Pazin, Tel. 052/62 24 60, www.tzpazin.hr

Restaurant

Ročka Konoba, Ortszentrum, Roč, Tel. 052/66 64 51. Herzhafte Hausmannskost in rustikalem Ambiente, den Blick über die Hügellandschaft gibt's inklusive.

28 Hum

Die kleinste Stadt der Welt – einst Zentrum glagolitischer Kultur.

Stolz trägt das nur 35 x 100 m große Hum (20 Einw.) seinen im Guinness-Buch der Rekorde verzeichneten Titel ›Kleinste Stadt der Welt‹. Das Stadtrecht wurde dem Ort 1102 verliehen, besaß er doch dank seiner strategisch günstigen Lage auf einem Hügelzug der Buzeština einst große Bedeutung als Grenzbefestigung der deutschen Markgrafen. An diese Ära erinnert die gut erhaltene mittelalterliche Stadtmauer, die Hum umfängt. Zugang in den Ort gewährt ein massives Tor aus Kupfer, zwei kleine Gassen erschließen das malerische Architektur-Ensemble. Hierzu zählt auch die 1802 errichtete Pfarrkirche **Svete Marije** mit ihrem trutzigen, wie ein Wachturm mit einem Zinnenkranz versehenen Campanile aus dem 15. Jh. Weitere Attraktionen im winzigen Ortskern sind eine kleine **Galerie** mit Werken kroatischer Künstler und das rustikale Restaurant **Humska Konoba** (s. u.), das zu einer Kostprobe ländlicher Spezialitäten der Region einlädt.

Außerhalb des Mauerrings auf einer kleinen Anhöhe liegt der Friedhof von Hum mit der romanischen Kirche **Sveti Jeronim** aus dem 12. Jh. Ihren kargen Innenraum schmücken Reste byzantinisch beeinflusster Fresken mit Szenen aus dem Neuen Testament, gut zu erkennen ist Mariä Verkündigung. Auf den Malereien findet man eingeritzte glagolitische Schriftzeichen. Die 1537 entstandene Vorhalle zieren glagolitische Inschriften des Meisters Anton aus dem Ort Kašćerga nördlich von Pazin.

Ćićarija-Gebirge

Im Hinterland von Roč und Hum beginnt das Bergland von Ćićarija, das sich mit Gipfeln von etwas mehr als 1000 m Höhe in einem Bogen entlang der Grenze zu Slowenien bis zum Učka-Gebirge nahe der istrischen Ostküste hinzieht. Hier ist das Klima rau, statt lieblicher Weinhänge prägen karge Viehweiden das Bild, die

Die Glagolitische Allee

Es ist schon ein ungewöhnliches Denkmal, das entlang der Straße zwischen Roč und Hum zu bewundern ist. Mit elf Stationen erinnert die **Aleja Glagoljša** an die Glagoliza, eine mittelalterliche Schriftschöpfung. Entwickelt wurde sie wahrscheinlich von den Slawenaposteln **Kyrill und Method**, Mönchen aus Thessaloniki, die im 9. Jh. die Christianisierung auf dem Balkan vorantrieben. Die Botschaft der Bibel, die damals nur in Latein existierte, ließ sich mit ihrer Hilfe in die altslawische Volkssprache übersetzen und verbreiten. Eine Blüte erlebte die **Glagoliza** während des 12.–15. Jh. als Kirchen- und Literaturschrift. Auch wichtige Dokumente und Gesetzeswerke wurden in glagolitischer Diktion verfasst. In den Orten Roč und Hum wurde die Glagoliza bis ins 20. Jh. aktiv verwendet und besitzt bis heute große Wertschätzung als kroatisches Kulturgut. Ihr Alphabet orientiert sich am Kyrillischen, bindet jedoch christliche Symbole wie Kreuz, Kreis und Dreieck in starkem Maße mit ein. Über die reine Buchstabenbedeutung hinaus besitzen die Zeichen auch einen religiösen Sinngehalt sowie einen Zahlenwert und einen eigenen Namen.

An die historischen Wurzeln und bedeutende Vertreter der Glagoliza erinnert die Glagolitische Allee mit ihren aus Stein gehauenen modernen Figurengruppen. Sie entstand 1977 nach einer Idee des Schriftstellers Zvane Črnja. Den Anfang der ausgeschilderten Gedenkstraße markiert am Fuße des Ortes **Roč** die ›Säule des Tschakawischen

Parlaments‹, dem die Realisierung dieses ungewöhnlichen Projekts zu verdanken ist. Auf Wiesenflächen links und rechts der Strecke folgen Skulpturen wie der ›Tisch von Kyrill und Method‹ und der ›Sitz des Clement von Ochrid‹, ein steinernes Rednerpult mit Sitzen, der für die erste slawische Hochschule im 9. Jh. steht. Der ›Aussichtsplatz des Grgur von Nin‹ mit dem auf einem Steinblock dargestellten glagolitischen, lateinischen und kyrillischen Alphabet ehrt den Bischof, der die Glagoliza als Liturgiesprache einführte. Weitere Stationen sind das ›Glagolitische Lapidarium‹ mit Reproduktionen bekannter Inschriften sowie die ›Wand der kroatischen Protestanten und Häretiker‹. Den Endpunkt der Allee bildet das kupferne Stadttor von **Hum** mit zwölf Medaillons zum Landleben im Jahreslauf und einem Willkommensgruß in lateinischer und glagolitischer Sprache.

Genügsamkeit von Schafen ist hier willkommen. Viele Menschen wohnen in den kleinen verstreuten Dörfern nicht mehr. Auch nicht in **Brest Pod Žbevnicom** nordöstlich von Buzet, dessen Dorfkirche in Istrien wegen ihres aus Geldmangel nur wenige Meter hohen Kirchturms bekannt ist. **Žbevnica**, der Berg oberhalb des Dorfes, ist ein beliebtes Wanderziel und belohnt den Aufstieg mit einem traumhaften Mittelgebirgspanorama.

Tartuf – edle Knollen

Seit **Giancarlo Zigante**, der Trüffelkönig Istriens, 1999 eine DNS-Untersuchung der istrischen **Trüffel** in Auftrag gab, ist es amtlich: Die weißen Trüffel aus dem Mirnatal haben die gleiche Qualität wie die Edelknollen aus dem italienischen Alba. Mit einem Gewicht von 1,31 kg für eine einzige Trüffel aus dem Wald von **Motovun** steht Zigante zudem noch im Guinness-Buch der Rekorde. Dass die seltenen schrumpeligen Gewächse in den Eichenwäldern entlang des Flusses Mirna und rund um den Butoniga See recht reichlich zu finden sind, macht die nordistrische Region zu einem Dorado für Gourmets. Vier weiße und sechs schwarze Trüffelsorten gedeihen in den hiesigen Forsten, darunter auch der kostbare weiße **Tuber Magnatum Pico**, dem Kenner neben dem intensiven Geschmack auch eine aphrodisierende Wirkung zuschreiben. Je nach Sorte werden die Knollen walnuss- bis faustgroß, Feinschmeckern sind sie je nach Qualität mehrere Tausend Euro pro Kilo wert. Speziell abgerichtete Hunde schnüffeln nach dem charakteristisch würzigen Aroma des Pilzes, der in 5–40 cm Tiefe unter der Erde wächst, meist gut versteckt in Wurzelwerk.

Die Saison der feinen Knolle beginnt im September, ihren Höhepunkt feiert sie im Oktober mit den **Trüffeltagen von Livade** [s. S. 28]. Doch auch den Rest des Jahres kredenzen Restaurants selbst in kleinen Bergdörfern Trüffelgerichte. Meist sind es einfache Speisen, die sich dem kraftvollen Tuber dezent unterordnen: Istrische Fuzi-Nudeln, Polenta, Gnocchi sowie die Eierspeise Fritaja werden mit frisch gehobelten Trüffelscheiben veredelt.

i Praktische Hinweise

Restaurant

Humska Konoba, Hum 2, Hum, Tel. 052/66 00 05. Das rustikale Lokal mit Terrasse bietet klassische istrische Küche zu gutem Preis-Leistungs-Verhältnis, z. B. Fritaja mit Spargel, Fuzi-Nudeln mit Trüffeln oder hausgemachte Würstchen.

29 Buzet

Beschauliche Altstadt in reizvoller Lage vor imposanter Bergkulisse.

Buzet ist mit 5000 Einwohnern die größte Stadt im hügeligen Norden Istriens. Ihr ansehnlicher historischer Kern drängt sich auf einer Anhöhe zusammen, am Fuße der Altstadt breitet sich der Ortsteil Fontana mit Parkplätzen und einem steil bergauf führenden Treppenweg.

Im Inneren des mittelalterlichen Befestigungsrings, dessen Mauern teilweise in Wohngebäude integriert wurden, öffnet sich ein Labyrinth verwinkelter Gassen. Wappen an den beiden Stadttoren **Vela Vrata** und **Mala Vrata** aus dem 16. Jh. erinnern an die Bedeutung von Buzet in der Ära venezianischer Herrschaft (1420–1797) als militärisch wichtiger Stützpunkt gegen die von Süden vordrängenden Osmanen. Details zur Geschichte Buzets von den ersten Siedlern illyrischer Zeit bis zu den ab Ende des 18. Jh. hier etablierten Zünften der Tuchmacher und Färber offenbart das im *Palazzo Bigatto* neben Mala Vrata eingerichtete **Stadtmuseum** (Zavičajni Muzej, Tel. 052/663836, Mo–Fr 12.30–15.30, Sa, So 11.30–15 Uhr). Es präsentiert archäologische Funde, Trachten, Mobiliar und Haushaltsgerät sowie Werkstätten alter Handwerksberufe.

Den großzügigen Marktplatz **Titov Trg** mit einer barocken Zisterne aus dem 18. Jh. und Bürgerhäusern im Renaissancestil flankiert die 1784 errichtete barocke Pfarrkirche *Sveta Marija*. Ihr Stolz ist eine Orgel des berühmten venezianischen Instrumentenbauers Gaetano Callido aus dem späten 18. Jh. Mit buntem Leben füllt sich der Platz stets am zweiten Wochenende im September zur **Subotina**, dem Fest zu Ehren von Marias Geburt. In traditioneller Tracht gewandete Bürger bevölkern dann die Altstadt, Handwerker fertigen mit alten Werkzeugen ihre Produkte. Gipfel der Feierlichkeiten ist die Zubereitung einer riesigen *Fritada* mit Trüffeln.

Viele Köche ... sind in Buzet erforderlich, bis das riesige Trüffelomelette servierfertig ist

Dabei werden in einer Pfanne mit mehreren Metern Durchmesser rund 2000 Eier und 10 kg Trüffel verarbeitet.

Am nördlichen Ende der Altstadt steht die kleine Kirche **Sveti Juraj** (1611). Sie besitzt ein Gemälde mit dem Motiv ›Wunder des hl. Antonius aus Padua‹, das der Werkstadt von Tiepolo zugeschrieben wird. Von den nahe gelegenen Überresten der Stadtmauer öffnet sich eine herrliche Aussicht über die Berglandschaft von Učka und Ćićarija. Mit einer unvergesslichen Szenerie teils steil abstürzender Kalkfelsen und dichter Wälder ist sie beliebtes Ziel von Wanderern.

Draguć

Ein lohnendes Ausflugsziel ist in den Hügeln ca. 15 km südlich von Buzet das bezaubernde Dorf Draguć. Seine mittelalterlichen Mauern, mit Blumentöpfen dekorierten Häuser und überwölbten Gassen sind bereits malerische Kulisse diverser Kinofilme (www.draguc.com), etwa ›Indiana Jones‹ oder den jüngst von George Lucas produzierten Streifen ›Red Tails‹. Draguć kann darüber hinaus aber auch mit zwei Kleinoden mittelalterlicher Kunst aufwarten: In der romanischen Kapelle **Sveti Elizej** auf dem Friedhof beim Ortseingang bedecken Fresken des 13./14. Jh. Wände und Gewölbedecke mit eindrucksvollen Darstellungen von Hölle und Verdammnis. Wie eine Bilderbibel überziehen auch in der kleinen Votivkirche **Sveti Roka** (16. Jh.) am anderen Ortsende Fresken den gesamten Innenraum. Sie sind ein Werk des kroatischen Meisters Anton und schildern Szenen aus dem Neuen Testament. In ihrer volksnahen Schlichtheit leicht zu erkennen sind etwa ›Verkündigung‹, ›Anbetung des Jesuskindes durch die Heiligen Drei Könige‹ oder ›Flucht nach Ägypten‹.

i Praktische Hinweise

Information

Tourismusverband Buzet, Trg Fontana 7/1, Buzet, Tel. 052/66 23 43, www.tz-buzet.hr

Hotel

****Fontana Trg Fontana 1**, Buzet, Tel. 052/ 66 26 15, www.hotelfontanabuzet.com. Das zentral gelegene Haus mit 51 Zimmern hat sich dem Trüffel verschrieben, es bietet Event-Wochenenden mit Trüffelsuche und -Dinner an.

Restaurants

Stara Oštarija, Petra Flega, Buzet, Tel.052/ 69 40 03, www.stara-ostarija.com.hr. Trüffel-Restaurant in der Altstadt mit Blick auf den Talgrund des Mirna-Flusses.

Toklarija, Sovinjsko Polje 11, Tel. 052/ 66 30 31. Restaurierte Ölmühle im Bergdorf 10 km südwestlich von Buzet mit renommierter Trüffelküche, unbedingt reservieren.

Vrh, vrh 2, Buzet, Tel. 052/66 71 23, www.vrh.hr. Das familiengeführte Lokal ist bekannt für Fuzi-Nudeln, gefüllt mit Schinken, Käse, Champignons oder sogar Nesseln, auch viele Trüffelgerichte.

Die Inseln im Kvarner Golf – Badefreuden in erholsamer Ruhe

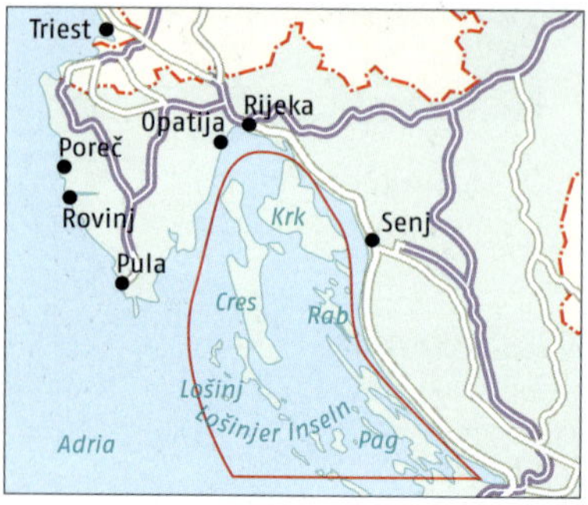

Mit etwa 60 Inseln, unzähligen Felsen und Klippen bildet der Archipel im Kvarner Golf die größte kroatische Inselgruppe. Touristische Hauptziele sind die beiden ausgedehnten Eilande **Cres** und **Krk**, ihre kleineren Nachbarn **Losinj** und **Rab** sowie die langgezogene, schmale Insel **Pag** im Südosten. Gemeinsam ist ihnen die Anziehungskraft von endlosen Badeküsten – mal felsig, mal Kies, auf Rab sogar Sand – und herrlich klarem Meer, in dem Delphine ein Schutzgebiet haben und wohlschmeckende Kvarner Scampi gedeihen. Sie alle besitzen eine vielseitige mediterrane Landschaft: Karstige Kalkfelsen bilden reizvolle Kontraste zu dunkelgrünen Kiefernwäldern, Pinienhainen und struppiger Macchia mit dem Duft von Salbei und Rosmarin. Eingestreut sind idyllische Städtchen und Dörfer mit verschachtelt gebauten Häusern, die den Urlaubern unvergessliche Fotomotive bieten.

30 Insel Krk

Von den Römern wegen seiner landschaftlichen Schönheit Insula Aurora, goldene Insel, getauft.

Knapp 200 km Küste mit schönen Fels- und Kiesstränden und pittoreske Städtchen mit venezianischem Charme machen die mit 410 km² größte Adriainsel Krk zu einem beliebten Ferienziel. Mit dem Festland verbindet sie die weit geschwungene **Krk Brücke** (Krčki most, mautpflichtig), die das Eiland Sveti Marko als Brückenpfeiler nutzt und sich elegant in einem 390 m und einem 244 m langen Bogen zum Ufer von Krk hinüberspannt. Zudem steuern Fähren von Cres und Rab regelmäßig den Krker Hafen Valbiska im Südosten der Insel an, sogar einen internationalen Flughafen gibt es.

Der Badetourismus konzentriert sich im Westen etwa an der ausgedehnten waldreichen Bucht von **Malinska** und im früheren Fischerdorf **Njivice**, wo große moderne Urlaubszentren mit vielfältigem Wassersportangebot entstanden sind, sowie im Süden rund um die **Stadt Krk** und an der Bucht von **Baška**. Das Hinterland präsentiert sich vornehmlich als schroffe Karstlandschaft mit dem bis zu 569 m aufragenden *Obzova* im Süden. Alte Olivenhaine, Pinienwälder und Macchia begrünen die Hügel und Täler im Westen und in der Inselmitte.

Geschichte Ihren Namen verdankt die Insel wohl liburnischen Siedlern, die sie um 1000 v. Chr. ihrer abweisenden Anmutung wegen Kurik, die Steinerne, tauften. Ihnen folgten die Römer, die 49 v. Chr. vor der Küste der heutigen Stadt Krk die berühmte Seeschlacht zwischen Caesar und Pompeius austrugen. Im Zuge der slawischen Völkerwanderung ließen sich ab dem 6. Jh. Kroaten auf Krk nieder, ihnen entstammt auch das Fürstengeschlecht der Frankopani, das ab dem 12. Jh. bis zur Einvernahme durch Venedig 1480 die Insel beherrschte. Die Dogen der Serenissima taten sich bis 1797 gütlich an Krks durch Seehandel erlangten Wohlstand und beuteten die Insel bis zur Armut aus. Erst die Habsburger und der Ausbau des nahen Rijeka zur Hafenstadt brachten ab Mitte des 19. Jh. neuen Aufschwung. Heute profitiert Krk vor allem vom Tourismus und der guten Verkehrsanbindung zur Festlandküste.

Der Inselnorden

Wer Krk über die 1980 fertig gestellte Stahlbetonbrücke ansteuert, erreicht nach 4 km auf einem bewaldeten Hügel den Ort **Omišalj**. Sein historisches Zentrum zeigt ein vornehmlich mittelalterliches Ambiente, nur ein Freiluft-Lapidarium erinnert an die im 1. Jh. hier befindliche römische Siedlung Fulfinum und an das frühchristliche Mirine (5. Jh.). Sehenswert ist die 1213 entstandene romanische Kirche *Sveta Marija*, deren Äußeres mit einer filigranen Fensterrose und glagolitischen Inschriften am Westportal besticht, beides Werke eines einheimischen Meisters Sinoga von 1405. Schmuckstück im Inneren ist ein vergoldeter Flügelalter aus der Frührenaissance von Jacobello del Fiore. Auf dem Vorplatz komplettieren der Campanile und eine Renaissanceloggia aus dem 16. Jh. das Ensemble. Der Ölhafen aus den 1970er-Jahren am Rande des Ortes passt nicht in dieses beschauliche Bild, hat aber keinen Einfluss auf die Wasserqualität.

Üppiges Grün umgibt die beiden Ferienorte **Njivice** und **Malinska** an der Westküste, die wegen ihrer flachen Kies- und Felsstrände beliebte Badeziele sind. Sie bieten neben einer reichen Hotelauswahl auch ein üppiges Spektrum an Restaurants, Cafés und Eisdielen.

Im Nordosten auf einer steilen Anhöhe thront der stille Ort **Dobrinj.** An seine einstige Bedeutung als Zentrum glagoli-

Feiner Kies vor bergiger Kulisse lockt Badegäste in die Bucht von Baška

tischer Kultur erinnert die Pfarrkirche *Sveti Stjepan* hinter dem Marktplatz. Sie wurde im Jahre 1100 erstmals in einem in Glagoliza (s. S. 93) verfassten Dokument erwähnt. Ihre heutige Gestalt verdankt sie dem Anbau einer spätgotischen Säulenhalle (Cergan) von 1602 und der barocken Zutat zweier Seitenkapellen im 18. Jh. Im Inneren birgt sie einen silbernen Reliquienschrein der hl. Ursula und vergoldete Kruzifixe aus dem 15. Jh.

3 km nördlich liegt die tief eingeschnittene Bucht **Zaljev Soline**, wo die Römer und später die Frankopani eine lukrative Saline unterhielten. Heute können sich Besucher aus dem dort vorkommenden Naturschlamm eine Fangopackung auflegen.

Dicht an dicht drängen sich auf einer knapp 50 m hohen Klippe an der Ostküste die Häuser von **Vrbnik**. Der pittoreske Ort war ab Ende des 14. Jh. eine Hochburg der Glagoliten, größter Schatz dieser Ära sind glagolitische Handschriften wie das illuminierte erste ›Vrbniker Missale‹, die in der *Biblioteka Vitezić* (Mai–Sept. Mo–Fr 8–15, Sa, So 8–14, Okt.–April Mo–Fr 8–15 Uhr) zu sehen sind. Weiteres Kleinod der umfangreichen Sammlung ist eines von zwei erhaltenen Exemplaren des ›Atlas scholasticus et itinerarius‹ aus dem Jahre 1718 des aus Altdorf bei Nürnberg stammenden J. D. Kohler. Heute genießt vor allem der in der Umgebung angebaute Wein inselweite Berühmtheit. Tatsächlich liegt wegen der großen Keller immer ein leichter Duft nach Rebensaft in der Luft. Sie öffnen zu den traditionellen *Weintagen* im August ihre Türen und laden zur Verkostung des goldfarbenen *Vrbnička Žlathina* oder des kroatischen Dessertweins *Prošek*. Jederzeit willkommen sind Besucher aber auch in den zahlreichen rustikalen Konobas in der Altstadt.

Mehrmals erneuert und umgebaut wurde die Marienkathedrale der Stadt Krk

Stadt Krk

Am Hafen der Stadt Krk, dem Herz der Kvarner Bucht, herrscht in den Sommermonaten touristischer Hochbetrieb. Zahlreiche Restaurants servieren auf ihren an die Stadtmauer geschmiegten Terrassen kroatische Inselküche, dazwischen werben Eisdielen und Cafés um Kundschaft. Zwei große Buchten, in denen Jachten, Fischer- und Ausflugsboote liegen, rahmen das mittelalterliche Zentrum ein.

Dicke Befestigungsmauern erinnern an die Zeit der Fürsten Frankopani, die 1115–1480 hier regierten und das Stadtbild prägten. Zutritt gewährt an der Uferpromenade das Stadttor **Mala Vrata**, das mit einer kleinen Marmorplatte Krks Schutzheiligen Quirinus ehrt. Vorbei am 1197 errichteten **Kastell**, das mit seinen wuchtigen Türmen ebenso wie der angrenzende **Trg Kamplin** romantische Kulisse für sommerliche Konzertdarbietungen ist, erreicht man nach wenigen Schritten die **Marienkathedrale** (Katedrala Uznesenja Marijina) am Trg Sveti Kvirina. Sie entstand im 15./16. Jh. auf den Fundamenten einer frühchristlichen Kapelle aus dem 5. Jh., die auf den Resten einer römischen Therme errichtet worden war. Von dem antiken Badehaus blieben die *Säulen* mit korinthischen Kapitellen, welche den Innenraum in drei Schiffe gliedern. Spätgotisch ist an der linken Seite die *Votivkapelle der Frankopani*. Die Schlusssteine in dem schönen Netzgewölbe zeigen das Familienwappen der Brot (lat. pane) fressenden (lat. frangi) Löwen und das ältere Emblem des sechseckigen Sterns. Aus dem 16. Jh. stammen die in den Boden eingelassenen, fein reliefierten *Grabplatten* Krkrer Bischöfe und Honoratioren sowie das von Giovanni Pordenone gemalte *Tafelbild* ›Die Grablegung‹. Beachtenswert sind zudem gotische Kruzifixe, zwei Lesepulte aus der Renaissance und der barocke Hochaltar (1830) aus weißem Marmor.

Die zweigeschossige romanische Kirche **Sveti Kvirina** aus dem 10./11. Jh. gleich neben der Kathedrale war einst die persönliche Kapelle der Bischöfe von Krk. Ihr Glockenturm erhielt 1767 eine für die Region seltene Zwiebelhaube. Heute beherbergen die ehrwürdigen Gemäuer das **Diözesanmuseum** (im Sommer tgl. 9–13, 20–22 Uhr). Es zeigt liturgische

Lauschige 24 Grad Wassertemperatur bietet die Bucht von Baška von Mai bis September

Gegenstände aus Gold und Silber, dazu äußerst eindrucksvolle Gemälde von Paolo Veneziano aus dem 14. Jh. und einen vergoldeten Altaraufsatz.

Quer durch die Altstadt westwärts Richtung Hafen geht es nun durch die von Boutiquen und anderen kleinen Läden gesäumte Gasse **Strossmayera** zur **Vela Placa**. Zu Zeiten der Römer erstreckte sich hier das Forum, heute prägen Cafés vor einem sechseckigen Brunnen aus dem 16. Jh. und dem venezianischen Uhrturm aus dem 15. Jh. das Bild. Blickfang ist das römische 24-Stunden-Ziffernblatt.

Der Inselsüden

Ein archaisches Kleinod altkroatischer Baukunst ist 4 km östlich der Stadt Krk an der Uferstraße die kleine Einraumkirche **Sveti Dunat** aus dem 9. Jh. Sie bietet einen schönen Blick über die Bucht von **Punat**, das sich mit seiner modernen Marina zu einem Treffpunkt für Wakeboarder entwickelt hat, und das fast kreisrunde Eiland **Košljun.** Die idyllische Kloster- und Museumsinsel lässt sich von Punat per Taxiboot in 15 Minuten gut erreichen. Besuchermagnet ist das in einer grünen Steineichenoase gelegene TOP TIPP **Franziskanerkloster** (Mo–Sa 9–18, So 9.30–15.30 Uhr). Die Ursprünge seiner Gemäuer gehen zurück auf eine Benediktinerabtei aus dem 13. Jh., ihre heutige Erscheinung verdanken sie Neubauten des 16. Jh., welche der letzte Frankopani-Fürst Ivan und seine Tochter Katarina Dondolo finanzierten. Zu den besonderen Schätzen des Klosters zählt die 30 000 Bände umfassende *Bibliothek,* die u. a. Inkunabeln in glagolitischer Schrift, Atlanten des 16. Jh. nach Ptolemäus und Strabon sowie eine hebräische Bibel aus dem 11. Jh. hütet. Weitere Kostbarkeiten birgt die Kapelle *Sveti Bernhardin*, die zu einem Sakralmuseum umgestaltet wurde. Dessen Schmuckstück ist ein romanisches Kruzifix (12. Jh.) des seltenen Typus des königlich bekrönten Christus als Sieger über den Tod. Die Klosterkirche *Sveta Marija* besitzt einen Flügelaltar des Venezianers Girolama da Santa Croce von 1535, der u. a. den Inselpatron Quirin, die hl. Katharina sowie Johannes den Täufer abbildet, und ein riesiges Gemälde des ›Jüngsten Gerichts‹ von Francesco Ughetto aus dem Jahr 1653. Volkskundliche, marinehistorische und naturgeschichtliche Objekte, darunter präparierte Tiere zeigt das kleine *Klostermuseum* im Kreuzgang.

Zurück in Punat geht die Fahrt durch waldreiches Bergland über den **Pass Treskavac** an die Südostküste nach Baška zum schönsten Badeplatz der Insel, den von grünen Hügeln und Karstgebirge

Top Tipp

gerahmten 2 km langen Kiesstrand **Vela Plaza**. Während der Saison herrscht hier großer Andrang, entsprechend zahlreich sind die Geschäfte, Restaurants und Bars an der Strandpromenade. Nach dem Badespaß lohnt ein Streifzug durch die verwinkelten Gassen von **Baška**. Im Zentrum erhebt sich die 1723 im Barockstil errichtete Kirche *Sveto Trojstvo*. Sie bewahrt ein expressiv gemaltes ›Letztes Abendmahl‹ des Venezianers Palma il Giovane aus dem 17. Jh. und eine charmante ›Marienkrönung‹ des einheimischen Priester und Malers Frano Jurić aus dem 18. Jh.

In einem Tal etwa 1 km nördlich liegt der Weiler **Jurandvor** mit der kleinen Kirche *Sveta Lucia*. Sie ist berühmt als Fundort der **Tafel von Baška**, einer Steinplatte mit eingemeißelten glagolitischen Schriftzeichen (s. S. 93). Es handelt sich um einen Gesetzestext, der um das Jahr 1100 verfasst wurde und die Schenkung der Kirche durch den kroatischen König Zvonimir an den Abt Držiha zum Inhalt hat. Bis 1851 war dieses bedeutende mittelalterliche Dokument, das auch als ›Taufschein Kroatiens‹ bezeichnet wird, Teil des Fußbodens von Sveta Lucija. Heute ist in der Kirche eine Kopie zu bewundern, das Original wird aus konservatorischen Gründen in der Akademie der Wissenschaft und Künste in Zagreb verwahrt.

Praktische Hinweise

Information

Tourismusverband Omisalj, Ribarska Obala 10, Njivice, Tel. 051/84 62 43 (Njivice), 051/84 10 42 (Omisalj), www.tz-njivice-omisalj.hr

Tourismusverband der Gemeinde Malinska-Dubašnica, Obala 46, Malinska, Tel. 051/85 92 07, www.tz-malinska.hr

Tourismusverband Dobrinj, Stara Cesta bb, Šilo, Tel. 051/85 21 07, www.tzo-dobrinj.hr

Tourismusverband Vrbnik, Placa Vrbničkog Statuta 4, Vrbnik, Tel. 051/85 74 79

Touristische Gemeinschaft der Stadt Krk, Vela Placa 1, Stadt Krk, www.tz-krk.hr

Touristenbüro Punat, Pod Topol 2, Punat, Tel. 051/85 48 60, www.tzpunat.hr

Städtisches Tourismusbüro Baška, Kralja Zvonimira 114, Baška, Tel. 051/85 68 17, www.tz-baska.hr

Hotels

****__Pinia__**, Porat bb, Malinska, Tel. 051/86 63 33, www.hotel-pinia.hr. Das gepflegte Familienhotel liegt zwischen Meer und Kiefernwald oberhalb einer kleinen Bucht. Es besitzt auch ein nettes Restaurant und einen Wellnessbereich.

***__Vila Eva__, Zagradi 4, Omišalj, Tel. 051/84 10 41. Das kleine Hotel unterhalb der Altstadt direkt am Meer erfreut mit schönem Adriablick, außerdem Sauna, Tennisplatz, Spielplatz und Terrassenrestaurant.

Originalgetreu kopiert: die Tafel von Baška im Kirchlein von Jurandvor

**Jadran, Njivice, Tel. 051/66 14 44, www.hoteli-njivice.hr. Das moderne mediterrane Hotel mit klimatisierten Zimmern und einfachem Restaurant in lebhafter Atmosphäre direkt am Meer und der Promenade ist beliebt bei Familien.

**Koralj, Vlade Tomasica bb, Stadt Krk, Tel. 051/22 10 63, www.valamar.hr. Einfaches Hotel am Rand des Ortes an einem Pinienhain und nicht weit vom Meer. Tennisplatz und zwei Restaurants.

**Vila Rova, Rova 28, Malinska, Tel. 051/86 61 00, www.croatia-krk.eu/vila-rova. Gemütliches Bed & Breakfast mit baumbestandener Liegewiese und eigenem Strand.

Camping

Ježevac, Stadt Krk, Tel. 051/22 10 81, www.camping-adriatic.com/jezevac-camp-krk. Geneigtes, gegliedertes Wald- und Wiesengelände mit 1 km langem Fels- bzw. Kiesstrand, gleich westlich der Stadt Krk. Sport- und Unterhaltungsprogramm, auch für Kinder.

Politin Fkk-Camp, Stadt Krk, Tel. 051/22 13 51, www.camping-adriatic.com. 2 km in Richtung Baška, abgestuftes Gelände, durch Büsche und Steinwälle gegliedert. 800 m langer Felsstrand, Unterhaltungsprogramm für Kinder, Hunde erlaubt.

Zablaće, Baška, Tel. 051/85 69 09, www.hotelibaska.hr. Die große Anlage direkt am langen Strand nutzt das Entertainment- und Sportprogramm des gleich benachbarten Hotels.

Marina

Punat, Puntica 7, Tel. 051/65 41 11, www.marina-punat.hr. Große und bestens ausgestattete Marina mit 800 Liege- und 400 Landplätzen.

Restaurants

Bracera, Kvarnerska 1, Malinska, Tel. 051/85 87 00, www.bracera.hr. Die gute istrische Konoba unweit serviert frische Fische und Meeresfrüchte, aber auch gegrilltes Fleisch.

Frankopan, Sveta Kvirina 1, Stadt Krk, Tel. 051/22 14 37. Hier genießt man delikate Speisen mit Blick auf die Kathedrale: Fisch in der Salzkruste oder Muscheln in Buzzara-Sauce.

Gospoja, Frankopanska 1, Vrbnik, Tel. 051/85 71 42, www.gospoja.hr. Die traditionelle Konoba bringt frische Meeresfrüchte, hausgemachten Käse und Fleisch vom Grill auf den Tisch. Žlahtina, einen Wein aus eigener Kelterei, gibt es hier auch zu kaufen.

Lantino, Emila Geistlicha 30, Baška, Tel. 051/85 64 84. Gute Fischgerichte und Spezialitäten vom Boškarins-Rind direkt an der Strandpromenade.

Nada, Glavaca 22, Vrbnik, Tel. 051/85 70 65, www.nada-vrbnik.hr. Das winzige Lokal in der Hafenstadt an der Nordküste bietet originelle Genüsse: Salzfisch, Lamm von der Insel und Scampi-Risotto.

Ribice, Mirjana Zec, 17. travnja 95, Punat, Tel. 091/184 13 01, www.konoba-ribice.com. In der freundlichen Konoba sind frittierte Sardinen und Anchovis Spezialität. Dazu gibt es Salate mit frischen Kräutern aus eigenem Garten.

Rivica, Njivice, Tel. 051/84 61 01. Das Lokal bietet frisch zubereitete Meerestiere und kroatische Weine.

Sime, Riva, Stadt Krk, Tel. 051/22 00 42. In der Konoba an der Hafenpromenade wird typische Inselküche mit Cevapcici und köstlichen Scampi kredenzt.

Aktivitäten

Aquatina Diving School, Zarok b.b., Baška, Tel. 051/85 60 34, www.squatina diving.com. Tauchgänge, Kurse, Verleih von Equipment, Hilfe bei Unterkunftsbuchung.

Correct Diving, Brzac 33, Malinska/Brzac, Tel. 051/86 92 89, www.correct-diving.com. Tauchkurse vom Anfänger bis zum Instruktor, Tauchtrips und Ausrüstungsverleih, Nachttauchen.

31 Insel Cres

Ruhige Insel mit herrlichen Stränden und Fischerdörfern.

Beschauliche Ruhe und eine kontrastreiche Natur machen den Reiz von Cres (407 km^2) aus: Die Landschaft wechselt von sattem Laubwald und Pinienhainen vor steil abfallender Küste im Norden über karstige Anhöhen und von Trockenmauern durchzogene, karge Schafweiden in der Inselmitte hin zu immergrüner Macchia im Süden. Über eine Länge von 66 km zieht sich die Insel quer durch die Kvarner Bucht bis zu ihrer südlichen Nachbarin Lošinj. Besucher steuern Cres per Fähre von Brestova an der istrischen Westküste oder von der Insel Krk aus an.

Vom Handelsdrehkreuz zur idyllischen Restaurantkulisse – der alte Hafen der Stadt Cres

Geschichte Schon ab 1600 v. Chr. ließen sich seefahrende Liburner an der Küste von Cres nieder und kontrollierten von hier aus den Adriaraum. Ihnen folgten bis ins 6. Jh. die Römer, deren Interesse der Bernsteinstraße galt. Diese wichtigste Handelsroute zwischen Baltikum und Asien führte durch Osor, dessen schmale Landverbindung zu Lošinj die Römer durch einen Kanal trennten und so eine kürzere Schiffspassage schufen. Ab dem 9. Jh. herrschten die kroatischen Könige über die Insel, ab Mitte des 15. Jh. regierte für rund 350 Jahre Venedig und bescherte Cres, das nun nicht mehr in Konkurrenz zur Serenissima stand, weiteren Aufschwung als Zentrum des Seehandels. Unter der Ägide der k.u.k-Monarchie ab 1813 verlor Cres durch das Aufkommen von Dampfern zunehmend an Bedeutung, viele Insulaner wanderten aus.

Der Inselnorden

Grandiose Ausblicke genießt man von der schmalen Straße, die vom Fährhafen **Porozine** den rund 450 m hohen Bergsattel der **Tramuntana** erklimmt. Der Duft von Salbei und Rosmarin erfüllt die Luft, zu beiden Seiten fällt steil die zerklüftete Küste zum Meer hin ab und hoch am Himmel lassen sich mit etwas Glück weißköpfige Gänsegeier entdecken. Dem Schutz dieser mit 3 m Flügelspannweite größten Greifvögel Europas widmet sich im idyllischen Ort **Beli** an der Ostküste das Ökozentrum *Caput Insulae* (Mobil-Tel. 091/3357124, www.supovi.hr, März, April, Okt. tgl. 9–18, Mai, Sept. tgl. 9–19, Juni–Aug. tgl. 9–20 Uhr). Einige der rund 250 auf Cres heimischen Aasfresser nisten an Felswänden in der Nähe und lassen sich im Rahmen einer Führung beobachten. Von Caput Insulae angelegte Wanderlehrpfade durch die Landschaft der Tramuntana geben interessante Einblicke in die Besonderheiten von Flora und Fauna, etwa über die Bedrohung angestammter Baumarten wie Hopfenbuche und Flaumeiche durch die ungebremste Ausbreitung des Zederwacholders.

Stadt Cres

In die Inselmitte geht es zum Hauptort von Cres. Mit seinen pastellfarbenen Bürgerhäusern, die sich um den Hafen Mandrać gruppieren, und den ruhig im Wasser schaukelnden Fischerbooten wirkt er sehr beschaulich. Betriebsam wird es nur, wenn in der Hochsaison die Ausflugsboote hier anlegen und Touristen für wenige Stunden durch die Gassen flanieren und einkehren in einem der Restaurants und Cafés auf dem weitläufigen Hauptplatz **Trg Frane Petrića** vor dem uhrengeschmückten Renaissancetor zur Altstadt.

Gleich hinter dem Tor erhebt sich die im 15./16. Jh. errichtete Kathedrale **Sveta Marija Snježna** (tgl. 10–12, 18–21 Uhr), deren Portal feiner Steinmetzdekor und ein Madonnenrelief mit Kind zieren. Das dreischiffige Innere birgt eine spätgotische

Statue von Maria der Mitfühlenden und ein Altarbild des hl. Sebastian von Alvise Vivarini aus dem 15. Jh. Wenige Schritte östlich steht die romanische Kirche **Sveti Sider** aus dem 12. Jh. Ihren Patron Isidor präsentiert sie als Relief mit einem Abbild der Stadt am Portal und als spätgotische Hauptaltar-Skulptur (15. Jh.).

Berühmter Sohn von Cres ist der Philosoph und Kirchenreformator Franje Petrić (1521–1567), in dessen Geburtshaus, dem spätgotischen Palast Arsan, heute das **Stadtmuseum** (Ribarska 7, Tel. 051/57 11 27, April, Mai Di–So 9–12, Juni–Sept. Di–So 9–12, 19–22 Uhr) mit einer archäologischen und volkskundlichen Sammlung residiert. Höhepunkt sind Amphoren, die von einem im 2. Jh. am nahen Kap Pernat gesunkenen Handelsschiff stammen.

Am Kai entlang Richtung Jachthafen erreicht man das Kloster **Sveti Franjo,** dessen Kirche (14. Jh.) mit einem prächtig geschnitzten Chorgestühl aus dem 15. Jh. ausgestattet ist. Ihr Glockenturm interpretiert mit reliefierten Fratzen die Wirkung der hier herrschenden Winde auf die Stimmung der Insulaner, etwa des feuchtwarmen Schirokko und Garbin (gereizt, Süd- und Westfassade) sowie des böig-kalten Tramuntana und Bora (freundlich, Nord- und Ostfassade).

Ein Ausflug per Boot oder per Auto über eine schmale Landstraße führt in das 10 km südlich gelegene Fischerdorf **Valun.** Hinter dem schönen Kiesstrand, der die azurblaue Bucht rahmt und zum Baden einlädt, führen steile Gässchen hinauf zur kleinen Pfarrkirche Sveta Marija, die ein kulturhistorisches Kleinod besitzt: Die *Steintafel von Valun*, eine zweisprachige, in Latein und Glagoliza (s. S. 93) verfasste Grabinschrift aus dem 11. Jh., die 1907 hier entdeckt wurde.

Der Inselsüden

TOP TIPP Wenige Kilometer südlich thront das Dorf **Lubenice** auf einem Felsen 378 m hoch über der Westküste. Von hier bietet sich ein herrlicher Blick über Cres und den Kvarner Golf. In der

Nur zu Fuß oder vom Wasser aus erreichbar ist diese Bucht unterhalb des Dörfchens Lubenice

Tiefe leuchtet gelber Kiesstrand, und das Meer erscheint noch blauer und einladender als anderswo. Wer die Mühe des späteren Aufstiegs nicht scheut, mag den Serpentinenpfad nutzen und eine Badepause einlegen. Der Ort selbst bezaubert mit zwei kopfsteingepflasterten Gassen und mittelalterlichen Natursteinhäusern mit schmalen Durchgängen. In ihrer Mitte erhebt sich die gotische Kirche *Sveti Antun* aus dem 15. Jh. Ein romantisches Plätzchen bietet die Konoba in der Loggia neben dem Campanile. Malerischer Blickfang sind auch die Ruinen der romanischen Kirche *Sveto Trojstvo*.

Südlichstes Städtchen auf Cres ist **Osor,** das sich vis-à-vis von Lošinj auf einer flachen Landzunge ausbreitet. Die Römer hatten hier einst den schmalen Kanal ausgehoben, der die Handelsroute der Bernsteinstraße verkürzte, dem Hafenort durch die Tributzahlungen der passierenden Schiffe immensen Wohlstand bescherte und ihn auf 30 000 Einwohner anwachsen ließ. Bis ins 15. Jh. konnte die Stadt aus ihrer günstigen strategischen Lage am Kanal Vorteile ziehen. Dann verlagerten sich mit Aufkommen der Segelschifffahrt die Handelswege und Osor verlor rapide an Bedeutung. Heute ist die Insel Cres durch eine Schwenkbrücke, die zweimal täglich zum Einsatz kommt, mit der Nachbarinsel Lošinj verbunden. Das frühere römische Forum nimmt heute der schmucke Hauptplatz ein. Er wird flankiert vom *Rathaus* mit einem Lapidarium im Erdgeschoss sowie dem *Stadtmuseum* (Di–Sa 10–13 Uhr) mit einer archäologischen Sammlung und einem Modell des mittelalterlichen Osor in der ersten Etage. Der frühere Bischofspalast aus dem 15. Jh. dient heute als Gemeindehaus, daneben steht die 1498 im Stil der Frührenaissance errichtete Kathedrale *Sveta Marijina Uznesenja*. Das schlichte Äußere wird lediglich vom Portal mit seinen korinthischen Säulen und einer einfachen Fensterrose darüber aufgelockert. Auch der dreischiffige Innenraum wirkt diskret, Schmuckstücke sind marmorne Altäre und großformatige Bilder aus dem 16. und 17. Jh. Renommiert ist die gute Akustik der Kirche, die bei den traditionsreichen Sommerkonzerten *›Osorske Glasbene Večeri‹* (Tel. 051/23 18 84) im Juli und August Besucher in ihren Bann zieht. Der massive Campanile aus dem Jahre 1575 wurde mehrfach umgebaut und erhöht. Recht schmucklos gibt sich auch die gotische *Gaudentiuskirche* aus dem 15. Jh. neben der Kathedrale. Im Inneren sind unter dem Kreuzrippengewölbe Reste von Wandmalereien erhalten. Das Altarbild von 1868 ist als historische Vedute Osors interessant. Sehr dekorativ wirken im Gegensatz zu diesen Sakralbauten die zahlreichen *Bronzestatuen* namhafter kroatischer Künstler, welche auf dem Hauptplatz, in den Gassen sowie in diversen Ateliers und Galerien überall in Osor zu bewundern sind.

i Praktische Hinweise

Information

Tourismusverband der Insel Cres, Cons 10, Stadt Cres, Tel. 051/57 15 35, www.tzg-cres.hr

Hotels

*****Zlatni-Lav**, Martinscica 18d, Tel. 051/57 40 20, www.hotel-zlatni-lav.com. Die moderne Anlage an der Westküste 25 km südlich der Stadt Cres ist sauber und mit viel Geschmack eingerichtet, alle Zimmer haben Balkon und Meerblick. Dazu gibt es ein nettes Restaurant mit Inselküche.

****Kimen**, Melin I br. 16, Stadt Cres, Tel. 051/57 11 63, www.hotel-kimen.com. Modernes Hotel mit 212 Zimmern in netter Badebucht unweit der Stadt.

Camping

Kovaćine, Melin I/20, Cres, Tel. 051/57 31 50, www.camp-kovacine.com. Geneigtes, überwiegend naturbelassenes Gelände mit Mobilheimen, Marina, Restaurant, SB-Laden und Tauchbasis (www.divingcres.de). Unterhaltungsprogramm auch für Kinder.

Marina

ACI Jachthafen Cres, Tel. 051/57 31 17, www.navi.hr. Moderne Anlage mit 450 Liegeplätzen im Wasser und 120 an Land, dazu einige Apartments. Dazu Rezeption, Café, Restaurant, Sanitäranlagen und Servicewerkstatt mit Kran.

Restaurants

Bonaca, Trg Frane Petrića, Stadt Cres, Tel. 051/57 22 15. Konoba mit frischem Fisch und köstlichen Shrimps aus den Inselgewässern.

Buffet-Pansion Osor, Osor 28, Tel. 051/23 71 35, www.ossero.com. Das Lokal mit viel Atmosphäre, nur 30 m vom Wasser entfernt, ist Teil einer Pension, die 12

Diese Aussicht auf den Süden Lošinjs belohnt Wanderer auf dem Televrina

einfache Zimmer vermietet. Die Speisekarte umfasst klassische Kvarner Küche, frischen Fisch sowie Wild und Lamm.

Nono Frane, Riva Creskih Kapetana 10, Stadt Cres, Tel. 051/57 14 26. Auf der herrlichen Sommerterrasse direkt am Hafenbecken werden mediterrane Gerichte serviert.

Riva, Setalište 24, Stadt Cres, Tel. 051/57 12 03. Gostionica mit frischem Fisch, Omeletts und Pasta-Gerichten, günstig und gut.

Roza, Grabar 40, Stadt Cres, Tel. 051/57 18 25. Konoba mit legerer Atmosphäre, gute mediterrane Küche mit vorzüglicher Pasta.

Aktivitäten

Diving Base Beli, Beli, Tel. 051/84 05 19, www.diving-beli.com. Einsam im Nordosten gelegen mit Hausriff (5–40 m) direkt vor der Tür, angeschlossene Pension, Tauchgänge, Nachttauchen und Verleih von Equipment.

32 Insel Lošinj

Vitale Insel mit romantischer Seefahrerstadt und mildem Mikroklima.

Ein ungewöhnlich **mildes Klima** mit vielen sonnigen Tagen, muntere Hafenstädte, eine vielgestaltige Meeresküste mit Kiefernwäldern und eine üppige, teils tropische **Vegetation** machen die Insel Lošinj schon seit mehr als 100 Jahren zu einem beliebten Urlaubsziel. Das erste Hotel in Mali Lošinj, Vindobona, öffnete bereits 1887. Im selben Jahr erkletterte der habsburgische Erzherzog Rudolph die Osoršćica Berge im Nordteil der Insel – der damals extra angelegte Fußweg auf den Gipfel des *Televrina* (S. 106) existiert noch immer. Der österreichische Hochadel und das wohlhabende Bürgertum ließen sich in den Buchten repräsentative Villen errichten, um im gemäßigten Seeklima, dem auch heilende Wirkungen zugeschrieben wurden, Kururlaube zu verbringen. Heute konzentriert sich der Tourismus der 31 km langen, schmalen Insel auf drei Orte, Nerezine im Norden sowie Mali Lošinj und das benachbarte Veli Lošinj im Süden.

Nerezine

Am Fuß des Höhenzuges Osorščica mit dem 588 m aufragenden Televrin (s.u.) erstreckt sich an drei Hafenbuchten mit moderner Marina der beliebte Ferienort Nerezine. Blickfang am Meer ist der im 16. Jh. im Renaissancestil errichtete dreistöckige Campanile des Klosters **Sveti Franjo**. Der Franziskanerkonvent zählt zu den ältesten Bauten des Ortes. Sehenswert ist die Klosterkirche mit venezianischen Bildwerken des 15. Jh. von einem unbekannten Meister, etwa dem Hauptaltarbild ›Hl. Franziskus im Gebet‹ und

›Muttergottes mit Kind und Blume‹ auf dem Seitenaltar. Treffpunkt der Touristen ist der beschauliche **Hauptplatz** am Hafen mit Cafés und Restaurants. Nahebei kann man in einer kleinen **Werft** beobachten, wie Boote in traditioneller Holzbauweise gefertigt werden.

Mali Lošinj

Mali Lošinj galt eine Zeit lang nach Triest sogar als zweitwichtigster Hafen der Adria. Sein Hafenbecken liegt wie in einem Amphitheater in der tief eingeschnittenen Bucht, die schon der Flotte des römischen Admiral Agrippa Schutz geboten haben soll, als sie im Jahre 31 v. Chr. im Auftrag von Octavian zur Seeschlacht bei Aktium gegen die Verbände von Antonius und Cleopatra segelte.

Mali Lošinj ist mit seinen rund 8000 Bewohnern größter Inselort und wichtigster Hafen, der ganzjährig von Autofähren aus Zadar angelaufen wird. Im Sommer erlauben schnelle Katamarane Ausflüge nach Pula und Venedig. Außerdem legen von dem langen Pier Ausflugsdampfer ab, die ihre Passagiere zu Badeplätzen und Tauchrevieren in den klaren Gewässern rund um die Insel bringen. Wer baden will, findet aber auch in der Nähe zahlreiche Buchten und Strände, vor allem entlang der südlich benachbarten und von Kiefern bewachsenen Halbinsel Čikat. Hier stehen, teils restauriert, einige der repräsentativen Adels- und Kapitänsvillen von der Wende vom 19. zum 20. Jh. Ein Weg durch den Pinienwald führt an das Kap Annunziata zur 1534 geweihten und 1858 klassizistisch umgestalteten Kapelle **Marije Annunziata**. Darin zeugen viele Votivgaben von der langen Tradition, den Schutz der Jungfrau Maria für die gefährliche Arbeit auf See zu erbitten. Vom Kap Annunziata aus sind ein- und auslaufende Schiffe bestens zu beobachten. Wenn sie ein Sirenensignal ertönen lassen, heißt es, dass der Kapitän des passierenden Gefährts von Lošinj stammt.

Keimzelle von Mali Lošinj ist die im 14. Jh. erbaute und mehrfach umgestaltete Kirche von **Sveti Martin** in der gleichnamigen östlichen Hafenbucht. Die kunstvollen Kapitänsgräber des Friedhofes erzählen die Geschichte der Seefahrerinsel auf ihre Weise. Von hier verlagerte sich Ende des 17. Jh. das Ortszentrum zu der am Hang erbauten Kirche **Male Gospe** mit dem dazu gehörigen Kirchplatz. Das dreischiffige barocke Gotteshaus birgt Reliquien des hl. Romulus und ein Instrument des berühmten vene-

Gipfeltour auf adeligem Pfad

Beim Kirchlein Sveta Marija Magdalena gleich südlich von Nerezine beginnt eine Wanderstrecke zum Gipfel des **Televrina**. Sie führt nach Westen zum Kamm des Höhenzuges **Osoršćica**, zunächst in Richtung des 247 m hohen Počivalica. Auf dem markierten Weg geht es weiter nach Norden, bis die Bergkirche Sveta Nikola (557 m) und darauf der benachbarte Televrina (588 m) erreicht sind. Bei gutem Wetter geht die Aussicht von hier über den ganzen Kvarner Archipel bis zur Festlandsküste. Der zunächst kurvige Rückweg folgt der für den österreichischen **Erzherzog Rudolph** 1887 angelegten Wanderstrecke. Der gesamte Weg ist in gut fünf Stunden zu bewältigen. Die Strecke über den **Počivalica** erfordert eine gute körperliche Konstitution, der historische Wanderweg ist trotz einiger steilerer Passagen mit ordentlichem Schuhwerk etwas einfacher.

Im Hafen von Veli Lošinj, dem kleinen Ort mit großem Namen

zianischen Orgelbauers Callido. Im Altarbereich zeigt ein Bild des venezianischen Künstlers Alvise Vivarini (1446–1502) die Geburt Marias.

Lebhaft zu geht es auf dem dreieckigen, von Bürgerhäusern flankierten Hafenplatz **Trg Republike Hrvatske**, der in die breite, lang gestreckte **Riva Lošinjskih Kapetana** übergeht. Vor allem abends mutiert sie mit einer Vielzahl von Cafés und Restaurants zur Flaniermeile. Im Fritzy Palast, dem früheren Rathaus der Stadt, sind in der **Kunstgalerie** (V. Gortana 35, Tel. 051/23 38 92, www.muzej.losinj.hr, Sommer Di–So 10–13, 19–22 Uhr, ansonsten kürzer) zwei bedeutende Kunstsammlungen ausgestellt: Die *Piperata-Kollektion* versammelt 27 überwiegend italienische Maler aus der Zeit vom Ende des 16. bis zum beginnenden 20. Jh., darunter bedeutende Gemälde aus der Barock und Renaissancezeit. Die Sammlung kroatischer Meister aus dem Besitz des Kunsthistorikers und Dichters Andro Vid Mihičić (1896–1992) zeigt eine repräsentative Auswahl von Gemälden und Skulpturen aus dem Kroatien des 20. Jh. Mit einer archäologischen Ausstellung im Renaissancegebäude des früheren Rates vis-à-vis vom Bischofspalast und der Kathedrale sowie einem Museum zur Stadtgeschichte im massiven venezianischen Rundturm 200 m südlich des Hafens verfügt die Stadt über zwei weitere interessante Museen. Ein viertes wird voraussichtlich 2012 dazukommen, wenn nach aufwändiger Restaurierung des **Kvarner Palastes** an der Riva der athletische Jüngling von Apoksiomena ein eigenes Gebäude erhält. Die aus antiken Schriften bekannte, aber lange verschollene Statue eines griechischen Athleten war 1997 auf dem Grunde des adriatischen Meeres entdeckt worden, damals eine archäologische Sensation.

Veli Lošinj

Auch wenn Mali klein bedeutet und Veli groß, steht das nur wenige Kilometer entfernte Veli Lošinj nach Einwohnerzahl (knapp 1000) und Bedeutung deutlich an zweiter Stelle. Im Hafen liegen noch Fischerboote, den winzigen Platz an der spitz zulaufenden Meeresbucht rahmt ein Ensemble von bunt angestrichenen schmucken Häusern. Viele der Villen in den schmalen Ortsgassen wurden einst von wohlhabenden Kapitänen der Seefahrerinsel erbaut. Die haben von ihren Reisen wahrscheinlich auch einen Gutteil der farbenprächtigen tropischen Setzlinge mitgebracht, deren Nachkommen mit ihrem Blütenschmuck das nette Örtchen noch heute verschönern. Wie sein Nachbarort entwickelte sich auch Veli Lošinj um ein Gotteshaus, die im romanischen Stil erst im 15. Jh. erbaute Kirche Sveti Nikola. Blickfang direkt am kleinen Hafenbecken ist jedoch die mächtige Barockbasilika **Sveti Antun**, die Pfarrkirche vom hl. Antonius dem Eremiten. Sie wurde 1774 nach Plänen des venezianischen Architekten Berengo fertiggestellt, außen mit einem klassizistischen Antlitz, im Inneren mit barocker Pracht. Besonders beeindruckt die ungewöhnlich reichhaltige Bildersammlung italienischer Meister, darunter die ›Madonna mit Kind und den Heiligen‹ von Bartolomeo Vivarini von 1475, dazu der Marmoraltar des hl. Johannes mit einer anmutigen Marienskulptur von G. Bonazza aus dem 17. Jh. sowie eine Orgel des venezianischen Orgelbauers Gaetano Callido von 1782 gleich hinter dem Hauptaltar. Der Reichtum der Kirche hat seinen Hintergrund in den großzügigen Stiftungen von Kapitänen nach erfolgreichen Handelsfahrten. Auch die 1510 erbaute und 1730 in barockem Stil erweiterte Kirche **Sveta Marija Gospe od Anđela** konnte von diesem Brauch profitieren. Zu den herausragenden Kunstwerken in diesem Gotteshaus beim Trg Zadbone gehören zwei spätbarocke Bilder von Francesco Fontebasso, ›Der hl. Hildebrand‹ und ›Der hl. Franziskus von Padua‹. Im wuchtigen, nur 17 m hohen **Wehrturm** (Sommer Di–So 10–13 und 19–22 Uhr, sonst kürzer) des Ortes nicht weit vom Hafen, der 1445 gegen Piratenangriffe errichtet wurde, hat eine Sammlung zur Stadtgeschichte einen adäquaten Platz.

Große Tümmler, die bekanntesten aller Delphine, in den Gewässern um Lošinj

Eine besondere Attraktion im Ort ist das *Adriatic Dolphin Project* des Blue World Institute, das sich seit 1987 für den Schutz gefährdeter Tierarten, vornehmlich der Delfine, einsetzt. Die Gewässer rund um die Inseln Cres und Lošinj bieten sich hierfür in besonderem Maße an, da etwa 150 der in der Adria sonst seltenen Meeressäuger hier leben. In einem ehemaligen Militärgebäude direkt am Hafen ist heute das **Lošinj Marine Education Centre** (Kaštel 24, Veli Losinj, Tel. 051/ 60 46 66, www.blue-world.org, Nov.–Mai Mo–Fr 10–14, Juni, Sept. tgl. 10–18, Juli, Aug. tgl. 10–21 Uhr) untergebracht, das sich der Verhaltensforschung der Tiere widmet und in einer multimedial aufbereiteten Ausstellung die intelligenten Wasserbewohner in allen Facetten vorstellt.

i Praktische Hinweise

Information

Tourismusverband Mali Lošinj, Riva Lošinjskih kapetana 29, Tel. 051/23 18 84, www.tz-malilosinj.hr. Das Büro ist auch für Veli Losinj, Tel. 051/23 15 47, Susak, Tel. 051/23 15 47, Ilovik, Tel. 051/23 15 47, und Unije, Tel. 051/23 57 57, zuständig.

Hotels

TOP TIPP ****Apoksiomen**, Riva Lošinjskih Kapetana 1, Mali Lošinj, Tel. 051/ 52 08 20, www.apoksiomen.com. Charmantes Boutique-Hotel vis-à-vis der Uferpromenade mit 25 Zimmern. Exquisites Restaurant mit guter Weinauswahl.

****mare mare Suites**, Riva Lošinjskih Kapetana 36, Mali Lošinj, Tel. 051/23 20 10, www.mare-mare.com. Gepflegtes Boutique-Haus mit 3 Zimmern, 5 Suiten, Jacuzzi auf der Dachterrasse und Fahrradverleih.

***Aurora**, Sunčana uvala 38, Mali Lošinj, Tel. 051/66 72 00, www.jadranka.hr. Moderne Hotelanlage mit 393 Zimmern und Wellnessbereich. Das Haus mit schönem Meerblick liegt von altem Kiefernwald umgeben an einer Bucht südlich von Mali Lošinj.

***Bellevue**, Čikat bb, Mali Lošinj, Tel. 051/23 12 22, www.losinj-hotels.com. An der Küste von Čikat gelegen, mit Salzwasser-Innenpool, Wellnessbereich mit Sauna, Massagen und Sportstudio, spezielle Angebote für Allergiker.

Dank seiner Sandstrände leben Susaks Bewohner nicht mehr nur von Fischfang und Weinbau

******Villa Margarita**, Bocac 64, Mali Losinj, Tel. 051/23 38 37, www.vud.hr. Nettes Bed & Breakfast nicht weit vom Zentrum in alter, restaurierter Villa.

****Alhambra**, Čikat bb, Mali Lošinj, Tel. 051/23 20 22, www.losinj-hotels.com. Mediterrane Villa an der Küste von Čikat mit Wäldern und Stränden in der Umgebung.

Jugendherberge, Kaciol 4, Veli Lošinj, Tel. 051/23 62 34, www.hfhs.hr. Kleine Herberge in alter Villa von 1889 mit SB-Restaurant und Terrasse. Mai–Okt.

Camping

Poljana, Privlaka bb, Mali Lošinj, Tel. 051/23 17 26, www.baiaholiday.com/poljana. Terrassiertes Gelände in Pinienwald auf einer Landenge 4 km nördlich des Ortes, Felsstrand mit betonierten Liegeflächen. Unterhaltungsprogramm, auch für Kinder, Hunde erlaubt.

Restaurants

Baracuda, Priko 31, Mali Lošinj, Tel. 051/23 33 09. Gostionica mit feinen Vorspeisen wie Tunfisch-Carpaccio, auch der Fisch vom Holzkohlengrill schmeckt bestens.

Bistrot Sirius, Rovenska 4, Veli Lošinj, Tel. 051/23 63 99. Aromatische Inselgerichte, wie Drachenkopf mit Kartoffeln aus dem Backofen oder Lammbraten.

Dalmacija, Mate Vidulica 19, Mali Lošinj, Tel. 051/23 24 00. Der Name deutet es an: wohlschmeckende dalmatinische Grillküche, guter Service.

Odyssey, Velopin 14, Mali Lošinj, Tel. 051/23 18 93. Nette kleine Grill-Konoba mit kroatischen Spezialitäten, Scampi und Pasta.

Aktivitäten

Diver Sport Centar, Mali Lošinj, www.diver.hr, Tel. 051/23 39 00. Gut ausgerüstete Tauchbasis zwischen Pinienhain und dem Strand der Cikat-Bucht.

33 Lošinjer Inseln

Einsame Inselparadiese ohne Autoverkehr.

Ruhe und Abgeschiedenheit in weitgehend unberührter Natur bieten die kleinen Eilande **Unije, Susak** und **Ilovik** in westlicher und südöstlicher Nachbarschaft Lošinjs. Tagesausflügler und Feriengäste kommen per Taxiboot, Privatjacht oder Personenfähre aus Mali Lošinj und Rijeka, Autos werden nicht befördert.

Unije

Ein langer Kiesstrand vor dem hübschen Inselort an der Westküste und einsame Buchten an der Ostküste des nur 17 km² großen Eilands sind die Hauptattraktionen Unijes. Unterkunft bieten einige Ferienwohnungen und Privatzimmer in den bunten Häusern der rund 80 Einwohner. Die Farbenfreude der Fassaden wird ergänzt durch die Blütenpracht und das üppige Grün zahlreicher Gärten. Am Hafen schaukeln Fischerboote im seichten Gewässer, ein Restaurant am Kai serviert auf seiner Terrasse den frisch zubereiteten Fang des Tages, ansonsten herrscht friedvolle Ruhe. Einzig die anlegenden Fähren und auf dem kleinen Flughafen landende Propellerflugzeuge bringen von Zeit zu Zeit ein wenig Betriebsamkeit.

Botanische Entdeckungen und herrliche Panoramablicke bieten kleine Wanderungen durch die von niedriger Macchia geprägte steppenähnliche Insellandschaft, etwa zum 132 m aufragenden Hügel *Kalk* am **Ostkap** mit Blick auf die Eilande *Vele* und *Male Srakane* oder zum Leuchtturm am **Südkap**.

Die Legende der Apsyrtiden

Wer glaubt, die Inseln Cres und Lošinj wären aus dem Wasser der Kvarner Bucht herausschauende Gipfel eines nach der letzten Eiszeit überschwemmten Gebirges, kennt nur die halbe Geschichte. Vielleicht hat sich auch alles so zugetragen, wie es die dramatische Legende vom Goldenen Vlies aus der **Argonautensage** erzählt: Jason und die griechische Heldenschar der Argonauten hatten das magische Goldene Vlies des Widders Chrysomallos aus dem Besitz des Königs Äetes geraubt, um es Pelias, dem Herrscher von Iolkos in Thessaloniki, zu bringen. Geholfen wurde ihnen von Medea, der Tochter des Äetes, die sich in Jason verliebt hatte. Der bestohlene König sandte nun seinen halbwüchsigen Sohn Absyrtos aus, um die Argonauten zu verfolgen und das Vlies wieder in seine Gewalt zu bringen. Doch Medea konnte ihren Bruder täuschen und zu Verhandlungen überreden, bei denen Jason ihn tötete. Als sie die zerstückelten Körperteile ihres ermordeten Bruders ins Meer warf, erwuchsen aus ihnen schließlich die Inseln des Absyrtos – noch heute nennt man Cres, Lošinj und die 36 sie umgebenden Riffe, Klippen und Eilande die Apsyrtiden.

Susak

Nur knapp 4 km² Fläche hat Susak aufzuweisen, die beiden Orte Gornje Selo und Dolnje Selo an der Nordküste bevölkern allerdings rund 200 Einwohner. Anders als Unije wird Susak von Löss bedeckt, also verfestigtem Flugsand, der die Insel zu einem fruchtbaren Weinanbaugebiet macht und Touristen mit herrlichen **Sandstränden** erfreut. Eine weitere Besonderheit sind Riten und Gebräuche, sogar ein eigener Dialekt, die sich in jahrhundertelanger Abgeschiedenheit hier ausgeprägt haben. Zu ihnen zählt auch die Frauentracht, deren Röcke im Gegensatz zu allen Trachten Kroatiens weit über den von knallroten Strümpfen umgarnten Knien enden.

Regelmäßiger Fährverkehr bringt inzwischen zumindest in den Sommermonaten munteren Kontakt zur Außenwelt. Tagesausflügler und Feriengäste bevölkern dann das Hafenareal von **Donje Selo** mit hübschen Restaurants und Supermarkt und strömen durch den steilen Hohlweg treppauf in den alten Ortskern von **Gornje Selo**. Dominantes Bauwerk im labyrinthischen Gassengewirr ist die Pfarrkirche Sveti Mihovil aus dem 15. Jh., die auf den Grundmauern einer Benediktinerabtei entstand. An sie erinnert das steinerne Kreuz aus dem 11. Jh. über dem Portal, im Inneren ist ein romanisches Holzkruzifix aus dem 12. Jh. zu bewundern.

Ilovik

Ausgrabungen und die geborgene Amphorenladung eines vor der Küste gesunkenen römischen Schiffes belegen, dass auf den Lošinjer Inseln einst intensive Landwirtschaft mit Wein und Olivenbäumen betrieben wurde. Das lediglich 6 km² große Eiland Ilovik blieb allerdings jahrhundertelang verlassen, die neuzeitliche Besiedlung begann erst vor rund 200 Jahren durch Landarbeiter aus Veli Lošinj. Sie schufen auf dem fruchtbaren Boden einen malerischen Ort mit üppig grünen Gärten und blütenreich berankten Gassen, der Ilovik den Beinamen **›Blumeninsel‹** einbrachte. Stockmalven, Mimosen und Hortensien duften mit Rosen, Oleander, Zitronen- und Orangenbäumen um die Wette.

Romantische Ergänzung des beschaulichen Ambientes ist der Ausblick auf die im Hafen schaukelnden Fischerboote und Jachten und die bewaldete kleine Kloster- und Friedhofsinsel **Sveti Petar**,

Vom Turm der Basilika Sveti Ivan ist die Silhouette der Stadt Rab am schönsten zu sehen

die Ilovik zu einem windgeschützten Ankerplatz macht.

Schöne **Badebuchten**, meist mit kleinen Kies- oder Felsstränden sowie auch mit flachem Sandstrand in der Bucht *Pržine* im Südosten, sind über Fußwege vom Hafen aus zu erreichen.

Praktische Hinweise

Hotel

*__Sabina Apartments__, Ilovik, Tel. 051/23 59 04, www.apartmani-ilovik.com. Zwei gut ausgestattete Wohnungen mit Terrasse und grünem Garten.

Restaurant

Porto, Ilovik, Tel. 051/23 59 29, www.restaurantporto.com. In den Sommermonaten serviert der Wirt Lamm, Fisch und Eintöpfe, zudem vermietet er einige Ferienwohnungen.

34 Insel Rab

Sandstrände, gute Restaurants und köstliche Oliven.

Wer in Kroatien überwiegend **Kieselstrände** und felsige Küsten erwartet, wird auf Rab überrascht. Zwar prägen auch hier karstige Felsen, die Folge jahrhundertelanger Abholzung, die Landschaft, doch gibt es außerdem noch Eichenwälder und, besonders rund um Lopar im Norden, respektable **Sandstrände**. Sogar in der sommerlichen Hochsaison sind ein wenig abseits des Trubels einsamere sandige Küstenabschnitte zu finden. Im Hinterland wachsen Kiefern, Steineichen und Pappeln, werden Gemüse, Mandeln und Kirschen kultiviert. Das im Vergleich zu den anderen Inseln des Kvarner Archipels grüne Eiland und das smaragdgrüne Meer haben Rab zu dem Beinamen **Smaragdinsel** verholfen.

Der Inselnorden

Die leicht wellige Landschaft rund um **Lopar**, den Fährhafen nach Krk, gehört zu den beliebtesten Urlaubsgebieten des Kvarner Archipels. Grund sind vor allem die vielen Sandstrände im buchtenreichen Norden von Rab. Der 1,5 km lange TOP TIPP Paradies- oder San-Marino-Strand in der weit geschwungenen **Bucht Crnika** mit seinen Restaurants, Bars und Diskos in Stadtnähe ist wegen des flachen Wassers bei Familien mit kleineren Kindern besonders beliebt. Lopar soll auch der Geburtsort von Marinus sein, einem Steinmetz, der im 3. Jh. vor der Christenverfolgung nach Italien floh und im Hinterland des heutigen Badeortes Rimini eine kleine Christengemeinde begründete, aus der nach seinem Tod die Republik San Marino erwuchs.

Blaue Stunde im Straßencafé: auf dem Trg Municipium Arba der Stadt Rab

Mit einem Barkarioli (Wassertaxi) lassen sich von Lopar die nördlich des Rapski Kanals liegenden früheren Gefängnisinseln **Goli** und **Sveti Grgur** ansteuern. Auf den einsamen Eilanden wächst Macchia zwischen den Ruinen der Zellentrakte, die bis 1988 in Betrieb waren.

Besonders wegen seiner langgestreckten Sandbucht und der modernen Marina bekannt ist wenige Kilometer weiter südlich der Badeort **Supetarska Draga**. Die romanische Kirche Sveti Petar aus dem 11. Jh. ist die älteste der Insel und Überrest eines gleichnamigen Klosters. In ihrem gedrungenen Turm schlägt die angeblich älteste Glocke (1299) Kroatiens.

Stadt Rab

Schon seit 120 Jahren schätzen Urlauber auf der Insel Rab die unberührte Natur und das saubere Meer ringsum, und als harmonische Ergänzung das reiche kulturelle Erbe im gleichnamigen Städtchen. Die mittelalterliche Altstadt mit ihren schmalen Gassen und vielen Kirchen auf einer Landzunge ist bestens restauriert. Zahlreiche Erläuterungstafeln geben Auskunft über die Geschichte der Kulturschätze. Fjera genannte Spiele von mittelalterlichen Rittern und Armbrustschützen unterhalten die Urlauber zusätzlich in den Sommermonaten, abends sorgen Bars und Musikklubs für entspannte Atmosphäre.

Geschichte Illyrer, die schon um 1000 v. Chr. in das Gebiet des heutigen Kroatien eingewandert waren, gründeten hier eine befestigte Siedlung und tauften sie Arba, nach dem illyrischen Wort für dunkel, bewaldet. Unter den Römern wuchs sie im 1. Jh. v. Chr. als Felix Arba zu einem wichtigen Flottenstützpunkt in der Adria heran. Zur Zeit des kroatischen Königreichs um das Jahr 1000 zählte die Insel rund 7000 Bewohner. Später ließen sich Benediktinermönche auf ihr nieder, bis zum Ende des 18. Jh. herrschten die Venezianer in der gesamten nördlichen Adria. 1449 und 1456 rafften Pestepidemien große Teile der urbanen Bevölkerung hin, die Stadt begann zu verfallen. Neuen Aufschwung erlebte sie erst während der habsburgischen Epoche, als die Insel gleichzeitig mit Lošinj für den Tourismus entdeckt wurde.

Noch immer folgt das Straßenmuster der Altstadthalbinsel dem römischen Vorbild von drei parallelen Längs- und einer Reihe lotrechter Querstraßen und Treppenaufgänge. Als wichtigste Verkehrsader mit Geschäften, öffentlichen Gebäuden und Palästen des Landadels fungierte die zentrale Sredna Ulica, auf den Hafen orientierte sich die Donja Ulica, an der Gornja Ulica reihen sich Kirchen und Klöster.

Der **Trg Svetog Kristofora** (1) ist der zentrale Platz und für die beliebten Ritterspiele im Sommer die steinerne Kulisse, die sich weit zum Hafenbecken öffnet. Hier trifft man sich abends, Händler verkaufen an Ständen Kunsthandwerk und Souvenirs. Es geht vorbei an dem vom Familienwappen der Nimira geschmückten Portal des **Nimira-Palastes**, heute mit einem Restaurant im Lapidarium, und den Bobotine-Treppenweg bis hinauf zur oberen Querstraße Gornja Ulica. Der Weg passiert den im 15. Jh. im Renaissancestil erbauten **Dominis-Palast** 2. Auch einige Elemente der Gotik weist er noch auf, so z. B. Fensterbögen und ein schönes Portal mit dem Wappen der einst sehr einflussreichen Familie, aus der der Theologe und Kirchenreformator Marcus Antonius de Dominis (1560–1624) stammte. Rechts liegt die kleine Kirche **Sveti Kristofor** 3 mit einem Lapidarium und einer Sammlung sakraler Kunst (Mo–Sa 9–12 Uhr), nördlich davon schließt sich der ausgedehnte Stadtpark **Komrčar** 4 mit seinem attraktiven Baumbestand an.

Links an der Gornja Ulica fallen die Überreste der dreischiffigen romanischen Basilika **Sveti Ivan Evandželista** 5 ins Auge. Ihr Glockenturm aus dem 12. Jh. bietet einen schönen Ausblick über Altstadt und Umgebung. Gleich daneben steht das Kirchlein **Sveti Križa** 6 aus dem 16. Jh. Im barock stuckierten Inneren bewahrt es ein Altarbild des Venezianers Giovanni Antonio Pellegrini aus dem 18. Jh. mit der Darstellung der sich vor der Muttergottes verneigenden hll. Christopherus, Antonius und Ignatius.

Am nahen Trg Slobode, dem Platz der Freiheit, ist die in der zweiten Hälfte des 16. Jh. entstandene Kirche Sveta Justina zu einem **Museum Sakraler Kunst** 7 (Sommer Mo–Sa 9–13 u. 19–22, So 19–22 Uhr, sonst kürzer) umgestaltet. Zu seinen Schätzen gehören das Tizian oder einem seiner Schüler zugeschriebene Altarbild ›Tod des hl. Josef‹, die vergoldete Schädel-Reliquie des (Stadt-)Heiligen Christophorus sowie ein kleiner Tragaltar aus dem 12. Jh.

Östlich des Trg Slobode beginnt Rabs ältester Stadtteil Kaldanec mit unregelmäßig verlaufenden Gassen. An der Richtung Landspitze führenden Ivana Rablanina liegt die romanische Kirche **Sveti Andrije** 8. Ein Marienbild aus dem 18. Jh. schmückt den barocken Hauptaltar

des ansonsten äußerlich und im Inneren schlicht gehaltenen dreischiffigen Gotteshauses. Es gehört zum nach wie vor aktiven Benediktinerinnenkloster. Der Ende des 12. Jh. fertiggestellte Glockenturm ist der älteste der Stadt.

Einige Schritte weiter erhebt sich die romanische, aus rosa und weißen Steinquadern erbaute **Katedrala Sveta Marija Velika** 9. Auch hier darf der Campanile – sechsstöckig, mit Fensterbögen gestaltet und 26 m hoch – bestiegen werden. Die heutige Pfarrkirche wurde 1177 von Papst Alexander III. persönlich geweiht. Die mit frühromanischen Marmorsäulen in drei Schiffe gegliederte Kirche birgt einige Kostbarkeiten: Das Taufbecken und das Renaissanceportal sind Werke des dalmatinischen Bildhauers Petar Trogiranin aus dem frühen 16. Jh. Ins Auge fallen der marmorne, mit altkroatischen Tierornamenten dekorierte Altaraufsatz und das kunstvoll geschnitzte Chorgestühl mit den Wappen reicher Familien aus Rab rechts und links vom Altar. Zu den Schmuckstücken gehört auch die Darstellung eines thronenden Jesus im byzantinischen Stil des 8. Jh. an der linken Seitenwand des Gotteshauses.

Das Kloster mit der Kirche **Sveti Anton** an der Spitze der Stadthalbinsel wurde Mitte des 15. Jh. von einer vor den Türken hierher geflohenen Fürstin erneuert. Es steht unter dem Patronat der Franziskanermönche und beherbergt die Grablegen Raber Patrizier. Zurück führt der Rundgang auf der Obala Kaistraße zum **Trg Municipium Arba** 10. Mit Palmen dekoriert, von einigen Cafés und Restaurants umstanden und flankiert vom Rektorenpalast aus dem 13. Jh. bietet der Platz den besten Blick auf das geschäftige Treiben des kleinen Hafens und der gegenüber liegenden Marina. Einige Schritte weiter durchschreitet man den Uhrenturm und kann nun entlang der von einigen schönen Patrizierhäusern gesäumten Sredna Ulica zum Ausgangspunkt, dem Trg Svetog Kristofora, zurückkehren. Die 1509 im Renaissancestil erbaute venezianische **Stadtloggia** 11 neben dem Uhrenturm war bis zum Ende der Dogen-Herrschaft ein Zentrum kommunalen Lebens.

Zu den kulinarischen Köstlichkeiten Rabs gehören der Inselwein und schmackhafte Oliven. Eine ganz besondere und süße Spezialität ist die **Raber Torte**, die sich gut verpackt auch als Mitbringsel eignet. Das Rezept stammt aus dem 12. Jh., als die mit Zucker, Eiern, Mandeln und Zitronen sowie einem Schuss Maraschino zubereitete Backwerk dem zur Weihung der Marienkathedrale angereisten Papst Alexander III. serviert wurde.

Der Inselwesten und -süden

Nordwestlich der Stadt Rab lohnt das Örtchen **Kampor** mit dem Kloster *Sveta Euphemia* (tgl. 9–12 und 15–19 Uhr) aus dem 15. Jh. und seiner gotischen Kapelle einen Ausflug. Sie besitzt eine Galerie, in der expressionistische Bilder des autodidaktischen Künstlers und Mönchs Fra

Die romanische Kathedrale Sveta Marija Velika der Stadt Rab birgt eine kunstvolle Ausstattung

Schnorchlern bietet das glasklare Wasser um die Halbinsel Kalifront beste Sicht

Ambrož Testen (1897–1984) mit älteren Exponaten wie dem Flügelaltar der Gebrüder Vivarini aus der Mitte des 15. Jh. kontrastieren. In unrühmlicher Erinnerung ist Kampor als Standort eines Konzentrationslagers der italienischen Faschisten während des Zweiten Weltkrieges.

Westlich von Kampor erstreckt sich die waldreiche Halbinsel **Kalifront** mit Badebuchten, Kiefern- und Eichenwäldern.

In der fruchtbaren Inselmitte um die Orte **Barbat** und **Banjol** werden Obst und Gemüse angebaut, während weiter im Süden verkarstete Felsen das Landschaftsbild prägen. Hier ist das durch die vorgelagerte Insel Dolin geschützte Gewässer des **Barbatski Kanals** ein bevorzugtes Revier für Windsurfer und Segler.

Praktische Hinweise

Information

Tourismusverband Lopar, Lopar bb, Tel. 051/77 55 08, www.lopar.com

Tourismusverband der Stadt Rab, Trg Municipium Arba 8, Rab, Tel. 051/72 40 64, www.tzg-rab.hr

Hotels

******Arbiana**, Obala Kralja Petra Kresimira 12, Stadt Rab, Tel. 051/77 59 00, www.arbianahotel.com. Elegantes Art Nouveau Gebäude, komplett restauriert als ideale Verbindung von alter Architektur, Chic und modernem Komfort.

******Imperial**, Palit bb, Stadt Rab, Tel. 051/72 45 22, www.imperial.hr. Ruhige Lage am Rande des Parks Komrćar, reichhaltiges Frühstücksbüffet.

-***San Marino**, Lopar bb, Tel. 051/77 51 44, www.imperial.hr. Weitläufige Hotelanlage am Paradiso-Strand mit 5 einzelnen Häusern unterschiedlicher Kategorie und insgesamt 540 Zimmern, Restaurants, Bars, mehrere Läden.

****Istra**, M. de Dominisa bb, Stadt Rab, Tel. 051/72 40 50, www.hotel-istra.hr. Solide geführtes Hotel zwischen Stadtwald und Hafen. Terrasse, Internet, gutes Frühstück.

Camping

Padova III, Banjol bb, Satdt Rab, Tel. 051/72 43 55, http://camping.imperial.hr. 343 Stellplätze und 32 Mobilheime auf terrassiertem, mit Nadelbäumen bewachsenen Gelände zwischen Straße und 500 m langem Kies-Sandstrand. Sport- und Animationsprogramm, auch für Kinder.

San Marino, Lopar, Tel. 051/77 51 33, http://camping.imperial.hr. Meist sandiges, von zwei Kanälen durchzogenes ebenes Gelände mit 800 Stellplätzen und 43 Mobilheimen. Pappeln und Pinien spenden Schatten. Rund 800 m langer Sandstrand, viele Motorboote.

Unterhaltungs- und Freizeitangebot, auch für Kinder, im Camp und seiner unmittelbaren Umgebung.

Marinas

ACI Rab, Tel. 051/72 40 23, www.aci-club.hr. Bestens gelegene Marina vis-á-vis der Altstadt mit 142 Wasserliegeplätzen.

ACI Supetarska Draga, Tel. 051/77 62 68, www.aci-club.hr. Moderne, gut ausgestattete Marina mit 274 Wasserliegeplätzen und 53 Bootsplätzen an Land.

Restaurants

Riva, Biskupa Draga 3, Stadt Rab, Tel. 051/72 58 87. Ordentliche Fisch-Konoba im Hotel Riva.

San Lorenzo, Lopar 571, Tel. 051/77 50 04, www.pension-sanlorenzo.com. Gute Inselküche auf gemütlicher Terrasse im Schatten von Weinranken. Dazu einige Zimmer in der angeschlossenen Pension, etwa 100 m vom Paradiso-Strand entfernt.

San Marino, Obala Kralja Petra Krešimira 12, Stadt Rab, Tel. 051/77 59 00, www.arbianahotel.com. Stilvoll dekoriertes Restaurant im gepflegten Arbiana Hotel. Regionale Gerichte werden modern interpretiert, Spezialitäten wie dalmatinischer Rohschinken, Steinpilze mit Kräutern, Garnelen-Risotto und Raber Torte.

Taverna Bistro, Komrćar, Stadt Rab, Tel. 051/72 41 84. Nette Lage am Stadtpark mit Tischen unter Sonnenschirmen, Pizza in großer Auswahl.

Tauchen

Kron Diving Center, Kampor 413a, Stadt Rab, Tel. 051/77 66 20, www.kron-diving.com. Komfortable Anlage direkt am Strand, Tauchgänge, Kurse, große Erfahrung, engagiert.

Mirko Diving Center, Barbat 710, Tel. 051/72 11 54, www.mirkodivingcenter.com. Im Süden der Insel gelegenes Zentrum der Taucherlegende Mirko Žigo mit mehr als 30 Jahren Berufserfahrung. Tauchgänge, Kurse und Verleih von Equipment.

35 Insel Pag

Karge wildromantische Insel mit Partystrand.

Auf dem kroatischen Festland gilt das Flüsschen Zrmanja, das östlich von Zadar in die Adria mündet, als südliche Grenze der Region Kvarner. Von den Inseln in der

Ein Hot Spot für Strandparties ist der Zrče Beach auf der Insel Pag

Kvarner Bucht zählt Pag historisch jedoch zu Dalmatien. Mit 270 km hat das Eiland die längste Küstenlinie, ist bei 63 km Länge von Nordwest nach Südost an der engsten Stelle aber nur 1,5 km breit. Vielerorts ähnelt es mit seinen verkarsteten Felsen einer unwirtlichen **Mondlandschaft**. Nur zuweilen wird der Kalksteinuntergrund von harten Gräsern und Gebüsch aufgelockert. Dennoch finden Schafe hier Nahrung, und so schätzen Feinschmecker das zarte Lammfleisch der Insel, ebenso wie den wohlschmeckenden kräftigen Paski Sir, einen Käse aus Schafsmilch.

Neben dem Städtchen Pag ist **Novalja** im Nordwesten mit mehreren Stränden der bekannteste Inselort. Die Strandzone von Zrče bei Novalja gehört mit diversen Beachclubs bei der Jugend von Kroatien zu den angesagtesten Sommerdestinationen. Mit Sport- und Freizeiteinrichtungen, Diskos und den wildesten Strandparties weit und breit gilt der Ort als Ibiza der Adriaküste. Mehrere ausgewiesene Strecken machen die Gegend um Novalia auch für Mountainbiker zum Hot Spot.

Der Hauptort **Pag** ungefähr in der Inselmitte war als Pagus schon in der römischen Epoche besiedelt. Aus der Zeit vor 1510, als die Pest und ein darauffolgender Brand den Ort vernichteten, ist nur die Kirche *Sveti Juraj* mit einer Marienstatue erhalten. Am zentralen Platz Kralja Krešimira IV. wird die Pfarrkirche *Sveta Marija* mit ihrer gotischen Front durch eine Rosette aufgelockert. Ihre filigrane Ausgestaltung erinnert an die Pager Spitzen, die hier geklöppelt werden und ein schönes lokaltypisches Souvenir sind. Die Arkadenbögen der dreischiffigen Basilika stützen Säulen mit individuell gestalteten Kapitellen.

i Praktische Hinweise

Information

TZG Novalja, Zvonimirova bb, Novalja, Tel. 052/66 14 04, www.novalja.com

Hotels

******Boskinac**, Novaljsko polje bb, Novalja, Tel. 053/66 35 00, www.boskinac.com. Ruhige Lage, exklusiver Komfort, umgeben von einem Pinienwald und Weingärten. Ausgezeichnetes Restaurant.

*****Biser**, A. G. Matosa 46, Pag, Tel. 053/61 13 33, www.hotel-biser.com. Funktionale Zimmer, von den Balkonen herrlicher Blick auf die Bucht, freundlicher Service.

****Loža**, Trg Loza 1, Novalja, Tel. 053/66 33 81, www.turno.hr. Einfache Herberge in bester Lage, Zimmer mit Balkon und Meerblick.

Camping

Straško, Novalja, Tel. 053/66 12 26, www.turno.hr. Langer mit Laub- und Nadelwald bestandener Platz, schmaler Kies- und Sandstrand, FKK in separatem Teil des Geländes. Animationsprogramm für Kinder, Hochseilgarten.

Village Šimuni, Šimuni, Tel. 023/69 74 41, www.camping-simuni.hr. Weitläufiges, meist naturbelassenes Gelände mit zahlreichen Bäumen. Lange Badebucht mit Kies- und Sandstrand. Sport- und Animationsprogramm, auch für Kinder, Füllstation für Taucherflaschen.

Restaurant

Konoba Kormil, Zrinsko-Frankopanska bb, Novalja, Tel. 053/62 23 32. Familiäres Restaurant mit typischer Inselküche und netter Atmosphäre.

Im Osten des Kvarner Golfs – Badevergnügen und Ausflüge ins Grüne

Kühn und kurvenreich schwingt sich die **Jadranska Magistrala**, die Adriamagistrale, entlang der kroatischen Küste nach Süden – streckenweise fast auf Meeresniveau, dann wieder hoch über der blau glitzernden Adria. Wer ihr ab Rijeka Richtung Südosten folgt, stößt auf Badeorte wie **Crikvenica** und **Selce**, die schon während der k.u.k.-Zeit wohlhabende Gäste angezogen haben. Weiter südlich werden die Orte schlichter, bei gleichbleibend schöner Küste.

Von den Seebädern aus bieten sich Abstecher zu zwei Nationalparks an, die sich weiter südlich im Landesinneren erstrecken und mit ihrer reichen Fauna und Flora faszinierende Naturerlebnisse versprechen. Der **Nördliche Velebit** im Küstenhinterland ist seit 1977 *Biosphärenreservat der UNESCO* und seit 1999 jüngster Nationalpark Kroatiens. Hier leben Tiere, die anderswo in Europa als gefährdet eingestuft sind wie Gämsen und Wölfe. Die Wälder von Gorski Kotar sind gar die Heimat von Braunbären. Das wohl populärste Ausflugsziel sind die weiter östlich an der Grenze zu Bosnien-Herzegowina gelegenen **Plitwitzer Seen**, ebenfalls Nationalpark und seit 1979 *Weltnaturerbe der UNESCO*. Ihr üppiges Grün bietet einen wohltuenden Kontrast zur Karstlandschaft.

36 Crikvenica

Ein Hauch von Nostalgie liegt über dem Traditions-Seebad.

Zu den schönsten Badeorten an der östlichen Kvarner Bucht zählt das an der Mündung des Flüsschens *Dubračina* gelegene Crikvenica, rund 30 km südöstlich von Rijeka. Seine Pluspunkte sind ein 2 km langer flacher **Sandstrand**, eine 8 km lange **Seepromenade** sowie Hotels für jeden Geschmack.

Geschichte Bereits die Römer hatten hier unter dem Namen *Ad Turres* ein befestigtes Lager errichtet, das an dem Heerweg lag, der von Aquilea ins dalmatinische Salona führte. Bei Ausgrabungen kamen Überreste römischer Villen zutage. Eine dauerhafte Siedlung entwickelte sich Anfang des 15. Jh. rings um ein **Paulinerkloster**. Der Klosterkirche verdankt der Ort auch seinen Namen, denn *Crikva*

Badefreuden frönen vor dem alten Paulinerkloster, dem heutigen Hotel Kaštel

bedeutet im lokalen Dialekt *Kirche*. Dank seines überaus milden Klimas wurde Crikvenica schon früh für den Tourismus entdeckt, und zwar 1888 von *Erzherzog Joseph*, dem Bruder des österreichischen Kaisers Franz Joseph I. In dem Jahr öffnete die erste Badeanstalt, Anfang der 1890er-Jahre folgten erste Hotels, die schon bald ein zahlungskräftiges Publikum anlockten. Damit ist Crikvenica eines der ältesten **Seebäder** Kroatiens. Das alte Paulinerkloster übrigens – 1893 aufgelöst – bietet heute dem *Hotel Kaštel* (s. u.) einen stimmungsvollen Rahmen.

Am Lungomare

Ein schöner Spaziergang entlang des mit Palmen begrünten 8 km langen Lungomare führt in nördlicher Richtung bis zum Vorort Dramalj, südlich bis nach Selce [Nr. 37]. Die Bebauung mit Villen im Stil der Gründerzeit des ausgehenden 19. Jh. und des Art Nouveau des beginnenden 20. Jh. erinnert an die Anfänge Crikvenicas als mondänes Seebad. Schlendert man vom Zentrum nordwärts, passiert man alsbald den herrlichen Neorenaissancebau des **Hotels Therapia** (s. u.) von 1895, damals wie heute die beste Adresse von Crikvenica. Weiter außerhalb befindet sich direkt an der Promenade das ebenfalls bereits 1895 eröffnete Zentrum für **Thalasso-Therapie** (Gajevo Šetalište 21, Tel. 051/407666, www.thalasso-ck.hr), das die heilende Wirkung des Meerwassers bei Erkrankungen der Atemwege und rheumatischen Beschwerden nutzt. Obgleich man zwischen all den historischen Prachtbauten immer wieder auch gesichtslose 1950er-Jahre-Architektur findet, ist die Flaniermeile bei Spaziergängern, Bikern und Inlineskatern gleichermaßen beliebt. Eine Reihe von Restaurants und Cafés lädt hier zur Rast.

Der in den Sommermonaten besonders an den Wochenenden stark frequentierte Stadtstrand **Gradska Plaza**, mit Duschen, Restaurants und Kiosken ausgestattet, beginnt nur 200 m vom Zentrum entfernt. Er wurde mit der Blauen Flagge für hervorragende Wasserqualität ausgezeichnet. In Dramalj bietet die kleine Halbinsel **Kacjak** eine schöne Kulisse für Badefreuden an einem Kiesstrand mit Felsen und betonierten Liegeflächen.

i Praktische Hinweise

Information

Tourismusbüro Crikvenica, Trg Stjepana Radića 1 c, Crikvenica, Tel. 051/241051, www.tzg-crikvenice.hr

Hotels

****Therapia, Braće Buchoffer 12, Crikvenica, Tel. 051/20 97 00, www.falkensteiner.com. Nostalgisches Flair der k.u.k.-Epoche im vorbildlich restaurierten Neorenaissancebau. Außenpool mit Meerblick, ausgezeichnetes Restaurant, kleiner Wellnessbereich.

***Kaštel, Frankopanska 22, Crikvenica, Tel. 051/24 10 44, www.jadran-crikvenica.hr. Komfortable Zimmer im zentral gelegenen früheren Paulinerkloster.

***Vila Ružica, Bana Jelačića 1, Crikvenica, Tel. 051/24 19 59, www.vila-ruzica.hr. Renoviertes Hotel von 1912 mit 36 Zimmern, davon ein Drittel Familienzimmer. Gute Lage am Strand vis-á-vis der Promenade.

Restaurants

Amor, Frankopanska 35, Crikvenica, Tel. 051/24 20 17. Ausgezeichnete Fisch- und Schalentiergerichte in üppig dekoriertem Ambiente.

Gostiona Zrinjski, Kralja Tomislava 43, Crikvenica, Tel. 051/24 11 16. Traditionelle Küstenküche mit viel Fisch, große Portionen.

Moslavina, Braće Dr. Sobol 13, Crikvenica, Tel. 051/78 34 56. Auf der Terrasse werden köstlich zubereitete Fisch- und Fleischgerichte serviert.

Tauchen

Dive City, Braće Buchoffer 18, Crikvenica, Tel. 051/78 41 74, www.divecity.net. Tauchtrips zu zahlreichen herrlichen Spots vor der Küste der gegenüber von Crikvenica liegenden Insel Krk.

37 Selce

Von der k.u.k.-Badeanstalt zur Fitness-Therme.

Nur 3 km südlich von Crikvenica erstreckt sich mit Selce gleich der nächste beliebte, ebenfalls mit hübschen Stränden aufwartende Badeort. Als Ende des 19. Jh. im benachbarten Seebad die ersten wohlhabenden Gäste ankamen, sattelte auch Selce – einst Ausfuhrhafen für landwirtschaftliche Produkte aus dem Vinodol [Nr. 38] – auf Fremdenverkehr um. So konnte bereits 1894 die erste Badeanstalt eröffnet werden, und die ersten Hotels ließen auch nicht lange auf sich warten. Selce ist kleiner als Crikvenica, in den Sommermonaten aber geht es an den Stränden genauso turbulent zu.

An den betonierten Liegeflächen im Zentrum von Selce geht es im Sommer turbulent zu

Die **Strandpromenade** des Städtchens, hübsch begrünt, lädt mit sonnigen Restaurant- und Caféterrassen besonders rund um den kleinen Hafen zum Flanieren ein. Hier und da entdeckt man noch prächtige Villen aus der Zeit des aufblühenden Tourismus an der Wende vom 19. zum 20. Jh. Größtenteils jedoch ist die Architektur jüngeren Datums.

Selce wurde ebenso wie Crikvenica schon früh nicht nur als Seebad, sondern auch als Kurort geschätzt. Die örtliche **Therme** (1. Prilaz I. L. Ribara 8, Tel. 051/76 40 55, www.terme-selce.com) ist wegen ihrer heilenden Wirkung bei Atemwegserkrankungen und Rheuma weithin bekannt. Mit modernster medizinischer Ausstattung hat sie den Sprung in die Neuzeit geschafft und wird regelmäßig auch von verletzten Spitzensportlern aufgesucht.

i Praktische Hinweise

Information

Tourismusverband Selce, Ivana Jeličića 1, Selce, Tel. 051/76 81 08, www.tzselce.hr

Hotels

*****Esperanto**, Emilia Antića 24, Selce, Tel. 051/76 40 60, www.hotel-esperanto.com. Hübsche Zimmer in restaurierter Jugendstilvilla unweit von Strand und Hafen. Hotelrestaurant mit großer Auswahl kroatischer Spezialitäten auf schöner Terrasse mit Meerblick.

*****Marina**, Emilia Antića 78, Selce, Tel. 051/76 81 40, www.hotel-marina.net. Modernes Hotel mit 50 Zimmern und Suiten sowie herrlichem Blick auf die Adria und die gegenüberliegende Insel Krk. Vorzügliches Restaurant.

****Selce**, Ivana Jeličića 14, Selce, Tel. 051/76 82 22, www.hotel-selce.com. Familienbetrieb mit 96 Zimmern, Restaurant, Blick auf den Kvarner Golf. Nicht weit von Stränden, Cafés und Restaurants.

Camping

Autocamp Selce, Jasenova bb, Selce, Tel. 051/76 40 38, www.jadran-crikvenica.hr. 500 Standplätze zwischen Oliven und Fichten am südlichen Ortsrand, einfache Ausstattung. Felsstrand jenseits der Uferpromenade.

Restaurant

Konoba Toć, Emilia Antića 25, Selce, Tel. 051/76 40 72. Hervorragende Fischgerichte in einfachem Lokal an der Strandpromenade.

38 Vinodol-Tal

Das abgeschiedene Weintal war einst Sitz der Fürsten von Frankopan.

Im Hinterland der beiden Badeorte Selce und Crikvenica erstreckt sich parallel zur Küste, aber doch fernab vom Urlaubstrubel, das enge, von zwei Bergrücken mit bis zu 600 m Höhe flankierte fruchtbare Vinodol (Weintal). Hier werden seit Jahrhunderten Weinstöcke angebaut. Zentrum ist die Gemeinde **Vinodol**, die aus den vier Ortsteilen Drivenik, Grižane, Tribalj und Bribir besteht.

Durch das heute so ruhige Weintal verlief im Mittelalter von Norden her eine *Handelsstraße* nach Novi Vinodolski [Nr. 39]. Im 13. Jh. verlegten die Fürsten von Frankopan ihren Hauptsitz von Lopar auf Krk hierher und befestigten das Tal mit mehreren Burgen, um die herum die vier heutigen Ortschaften entstanden sind. Den nördlichen Eingang zum Tal bewachte einst die bis heute recht gut erhaltene Burg von **Drivenik**. Sie thront malerisch auf einem bewaldeten Hügel oberhalb des Dorfes und bietet von ihrem Turm einen herrlichen Blick Richtung Adria.

Praktische Hinweise

Information

Tourismusvereinigung der Gemeinde Vinodol, Bribir 1, Bribir, Tel. 051/24 87 30, www.tz-vinodol.hr

39 Novi Vinodolski

Das Neue Weintal ist die Wiege des ›Gesetzes von Vinodol‹.

Rund 10 km südöstlich von Crikvenica und Selce lädt Novi Vinodolski zu Badefreuden an seine langen kiesigen und felsigen Strände. Obwohl auch dieser Ort bereits Ende des 19. Jh. Feriengäste anlockte, präsentiert er sich doch weit weniger glamourös als seine beiden nördlicher gelegenen Konkurrenten. Vor dem Aufkommen des Tourismus wurde von hier aus jahrhundertelang der im Vinodol gekelterte Wein verschifft.

Bis 1953 hieß der Ort **Novi Grad**, benannt nach der 1225 errichteten, 1761 teil-abgerissenen Festung der Frankopani. Die Burg, außerhalb der modernen Ortschaft auf einer niedrigen Anhöhe gelegen, sicherte einst den Ausgang des Vinodol-Tals. Überregionale Bedeutung erlangte Novi Grad 1288, als hier der **Vinodolski Zakon**, das ›Gesetz von Vinodol‹, in Glagoliza niedergeschrieben wurde, das älteste Rechtsdokument in slawischer Sprache, das bis 1850 in Kraft war. Es legte die Rechte des einfachen Volkes gegenüber ihrem Feudalherrn schriftlich fest. Heute wird es in der Nationalbibliothek in Zagreb aufbewahrt.

Die verbliebenen Gebäudeteile der heute einfach als **Kaštalet** bezeichneten Frankopanen-Festung beherbergen das *Volksmuseum zur Regionalgeschichte* (Tel. 051/24 42 66, Sommer Mo–Sa 9–12 und 19–21, So 9–12, Winter Mo 9–12 Uhr). Interessantestes Exponat ist ein Gemälde, das die ›Unterzeichnung des Gesetzes von Vinodol‹ festhält. Daneben dokumentieren Trachten, Münzen und Waffen die regionale Historie. In der Altstadt rund um das Kaštalet ist ferner die Kirche **Sveti Filipa i Jakova** sehenswert, die im 14. Jh. erbaut und im 18. Jh. barockisiert wurde. Mit ihrem 36 m hohen weißen Glockenturm überragt sie das ganze Viertel. Der Innenraum birgt das Grab des Bischofs Christophorus, der 1493 seinen Sitz von Modruš hierher verlegt hatte.

Zwei Feste lohnen einen Besuch von Novi Vinodolski: Im Juli wird hier ein ausgelassener *Sommerkarneval* mit Umzügen gefeiert, im August das *Weinfest* mit Musik und Tanz.

Praktische Hinweise

Information

Tourismusverband Novi Vinodolski, Kralja Tomislava 6, Novi Vinodolski, Tel. 051/79 11 71, www.tz-novi-vinodolski.hr

Die Kirche Sveti Filipa i Jakova in Novi Vinodolski überrascht durch ihre reiche Ausstattung

Trutzig thront die Festung Nehaj auf einem bewaldeten Hügel oberhalb von Senj

Hotels

******Novi Spa Hotel & Resort***, Zagori bb, Novi Vinodolski, Tel. 051/66 84 00, www.novi.hr. Weitläufiges Resort mit gutem Hotelrestaurant, Meerblick aus den oberen Etagen.

*****Tamaris**, Kralja Tomislava 14, Novi Vinodolski, Tel. 051/79 22 80, www.hoteltamaris.com. Gepflegte Anlage mit 15 Zimmern und Apartments, Dachterrasse und Schwimmbad.

****Pension Maestral**, Korzo Hrvatskih Branitelja 45, Novi Vinodolski, Tel. 051/24 59 11, www.maestral.de. Zentral gelegene Pension mit 15 Balkonzimmern und gutem Restaurant mit Terrasse. Frühstücksbuffet.

Camping

Punta Povile, Novi Vinodolski, Tel. 051/79 30 83. Zum Teil bewaldetes Gelände, begrenzt von 10 m breitem und 1 km langem steinigem und kiesigem Strand mit betonierten Liegeflächen. Einfache Ausstattung. Nutzung der Sportanlagen des benachbarten Hotels gegen Gebühr möglich.

Restaurants

Konoba Mate, Korzo V. Zakona 36 b, Novi Vinodolski, Tel. 051/24 58 17. Kräftige Kvarner Küche in gemütlicher Atmosphäre, heimische Weine.

Restoran Azur, Korzo Hrvatskih Branitelja 23, Novi Vinodolski, Tel. 051/24 44 16. Guter Fisch vom Grill, exzellenter Tintenfisch und freundlicher Service.

Radfahren

Eyes of the Vinodol, eine Panoramaroute für Fahrradfahrer, führt wahlweise auf asphaltierten Straßen oder Off-road-Wegen durch das reizvolle Hinterland, immer wieder unterbrochen durch Aussichtspunkte. Ausführliche Informationen über diese und andere Mountainbike-Touren im Tourismusbüro.

Segeln

Skipper, Obala Kneza Branimira bb, Novi Vinodolski, Tel. 051/24 40 39. Bootsausflüge zu verschiedenen Orten in der Adria.

40 Senj

Trutzige Uskoken-Festung und Tor zu den Plitwitzer Seen.

Mächtig und uneinnehmbar thront die Festung Nehaj in strategisch hervorragender Lage oberhalb von Senj: Sie überblickt den Velebitski Kanal zwischen dem Festland und der Insel Krk, und sie beherrscht den Talausgang zwischen den Gebirgen Kapela im Norden und Velebit im Süden und damit den wichtigen Zugang ins Landesinnere. Heute wird Senj nicht mehr von feindlichen Truppen passiert, sondern von Touristen auf dem Weg zum Nationalpark Plitwitzer Seen.

Stadt und Burg sind übrigens Schauplatz des Jugendbuchklassikers ›Die rote

Zora und ihre Bande‹ (1941) von Kurt Held. 2008 wurde das Buch vor der Originalkulisse von Senj verfilmt.

Geschichte Bereits in römischer Zeit befand sich hier ein Hafen namens *Portus Senia*. 1271 dehnten die Frankopani, die ihren Hauptsitz seit Anfang des 13. Jh. im Vinodol hatten, ihren Machtbereich nach Süden aus. Einem ungarischen Intermezzo (1469–1526) folgten die **Habsburger**, die den Ort fortan *Zengg* nannten. Sie siedelten hier slawische Flüchtlinge an, die Schutz vor den vorrückenden Osmanen suchten und verpflichteten *Uskoken* (uskočiti – einspringen), Freiheitskämpfer aus den türkisch besetzten Gebieten, die im Bedarfsfall eingesetzt wurden. Diese zogen jedoch nicht nur gegen die Türken in den Kampf, sondern – mit Billigung der Habsburger – auch gegen die Republik Venedig. Die folgenden venezianisch-österreichischen Streitigkeiten gipfelten 1615–17 in den **Uskokenkriegen**. Nach dem *Friedensvertrag von Madrid* 1617 wurden die Uskoken aus Senj verbannt.

Durch die Altstadt zum Kastell

Von der mittelalterlichen Stadtbefestigung sind noch Teile der Wehrmauer sowie drei von ehemals 13 Türmen vorhanden, *Šabac* und *Nasa* entlang der Uferstraße sowie *Leo* im Nordosten.

Enge, verwinkelte Gassen führen an den östlichen Rand der Altstadt, wo sich der großzügige **Trg Cilnica** mit seinem klassizistischen Brunnen aus dem 19. Jh. öffnet. Der auch *Veliki Placa* genannte Platz wird gesäumt von dem 1340 errichteten einstigen Stadtpalais der Frankopani, der später Sitz der – Kapitäne genannten – Bürgermeister von Senj war. Nahebei markiert seit 1778 das mit der Krone der Habsburger geschmückte **Große Tor** (Veliki Vrata) das südliche Ende der einstigen Josefinenstraße, die bis nach Wien führte. Neben Entfernungsangaben zu den wichtigsten Orten des k.u.k.-Reiches trägt es die Inschrift ›Josefina finae‹.

In nordwestlicher Richtung gelangt man zu der um 1100 im Stil der Romanik errichteten, später mehrfach umgebauten **Katedrala Sveta Marija**. Der frei stehende Glockenturm mit umlaufendem Balkon wurde erst im Jahre 1900 hinzugefügt. Im Kircheninneren sind das gotische Grabmal des Bischofs Cardinalibus von 1392 und mehrere Barockaltäre sehenswert. Das im nahen Vukasović-Palast aus dem 14./15. Jh. untergebrachte **Stadtmuseum** (Gradski Muzej, Ogrizovićeva 5, Juli/Aug. Mo–Fr 7–15 und 18–20, Sa 10–12 und 18–20, So 10–12, Sept.–Juni Mo–Fr 7–15 Uhr) dokumentiert die Historie von Senj von der Römerzeit bis zum Bürgerkrieg in den 1990er-Jahren. Besonders interessant ist die Sammlung glagolitischer Buchkunst mit Exemplaren aus der Senjer Druckerei.

Ein schöner Spaziergang führt hinauf zum **Kastell Nehaj** (›Fürchte nichts!‹, Nehajeva bb, Juli, Aug. tgl. 9–21, Mai, Juni, Sept., Okt. tgl. 10–18 Uhr, sonst nach Vereinbarung), das von einem 62 m hohen Hügel über die Stadt wacht. Die 1553–58 mit Steinen von Senjer Kirchen erbaute quadratische Burganlage wirkt mit ihren 3 m starken Mauern, den vier Ecktürmen und unzähligen Schießscharten nahezu uneinnehmbar. In den Burgräumen informiert eine Ausstellung über die Epoche der Uskoken in Senj. Von den Wehrgängen bietet sich ein herrlicher Blick auf die Stadt und hinüber nach Krk.

Senj ist Ausgangspunkt für einen Ausflug in den Nationalpark Plitwitzer Seen [Nr. 42], den man über den westlich der Stadt gelegenen knapp 700 m hohen Pass **Vratnik** nach gut 80 km erreicht.

i Praktische Hinweise

Information

Tourismusverband Senj, Stara Cesta br. 2, Tel. 053/88 10 68, www.tz-senj.hr

Hotels

*****Libra**, Obala Dr. Franje Tuđmana 8, Senj, Tel. 053/88 10 51, www.hotel-libra.hr. Modernes Hotel mit 39 Zimmern und Suiten mit Balkonen zum Hafen hin. Ausgezeichnetes Frühstücksbuffet, netter kleiner Wellnessbereich.

****Art**, Obala Kralja Zvonimira 15, Senj, Tel. 053/88 43 77, www.coning-turizam.hr. Garni Hotel mit 24 Zimmern, an der Mole und nur 60 m vom Strand entfernt.

Restaurants

Konoba Stari Grad, Uskocka 12, Senj, Tel. 053/88 52 42. Pasta- und kroatische Gerichte zu günstigen Preisen.

Konoba Val, I. Senjanina 25, Senj, Tel. 053/88 19 60. Auf der Restaurantterrasse wird frischer Fisch vom Grill serviert.

Kosare, Frankopanski Trg 2, Senj, Tel. 053/88 40 41. Traditionelle Gastlichkeit am

Karstige Felsen und Nadelwälder bestimmen die Landschaft im Nationalpark Nord-Velebit

Hafen, gegrillter Fisch und Spezialitäten aus dem Backofen.

Lavlji Dvor, P. Preradovica 2, Senj, Tel. 053/88 17 38. In einem ehemaligen Bauernhaus werden traditionelle Speisen wie Grillspieß auf dem Schwert, Senjer Schnitzel oder Risotto serviert.

41 Nationalpark Nord-Velebit
Nacionalni Park Sjeverni Velebit

Artenreiches Naturschutzgebiet und Wanderparadies.

Karstige Felsen, Nadelwälder, die auf nacktem Stein zu wachsen scheinen, und eingebrochene Dolinen prägen die bis zu 1676 m hohe Bergregion **Velebit** (Großes Wesen). Seit 1977 ist das Gebiet im Küstenhinterland Biosphärenreservat der UNESCO, seit 1999 **Nationalpark** (Tel. 053/66 53 80, www.np-sjeverni-velebit.hr, ganzjährig, aber wetterabhängig geöffnet, Hochsaison tgl. 8–19 Uhr). Ein Zugang führt von Norden über den Küstenort Sveti Juraj und Oltari in den Park. Eine andere Strecke zweigt südlich von Jablanac, dem Fährhafen nach Rab, von der Küstenstraße ins Gebirge ab.

Vor 20 Mio. Jahren hat sich die afrikanische Erdplatte gegen die europäische geschoben und den Meeresboden unendlich langsam hoch hinausgedrückt. Dieser kilometerdicke Kalksteinuntergrund hat unter dem Einwirken von Wasser und Sonne eindrucksvolle Formen herausgebildet, Rillen, Trichter, Spitzen, manche Höhlen wie riesige Hallen und andere wie überdimensionierte Schornsteine.

Der **Botanische Garten Velebit** (Velebitski Botanicki Vrt) am Berg Zavizan versammelt die rund 500 Pflanzenarten der gesamten Region auf einem kompakten Terrain in 1480 m Höhe. Ein 600 m langer Lehrpfad führt um einen üppig bewachsenen Karsttrichter herum.

Zur Tierwelt des Velebits gehören Gämsen und Wölfe, aber auch ungewöhnliche Schmetterlingsarten.

Bergsteiger können den Nationalpark auf 30 Bergwanderwegen erforschen, Mountainbiker finden markierte Strecken. Sportlern stehen mehrere Hütten für ein einfaches Nachtquartier zur Verfügung (Infos über Nationalpark-Verwaltung). Von den westlichen Gipfeln und Hängen bieten sich herrliche **Ausblicke** auf die Inseln der Kvarner Bucht.

i Praktische Hinweise

Information

Nationalpark-Verwaltung Sjeverni Velebit, Krasno 96, Tel. 053/66 53 80, Zweigstelle Senj: Obala Kralja Zvonimira 6, Senj, Tel. 053/88 45 51, www.np-sjeverni-velebit.hr

42 Nationalpark Plitwitzer Seen
Nacionalni Park Plitvička Jezera

TOP TIPP *Ein Reigen türkisblauer Seen und zahllose spektakuläre Wasserfälle.*

›Juwel des Karstes‹, ›Symbiose von Stein und Wasser‹ – die Plitwitzer Seen im Bezirk Lika-Senj rufen begeisterte Kommentare ihrer Besucher hervor. Rund eine Million sind es im Jahr, zum großen Teil Ausflügler von den Badeorten Istriens und der Kvarner Küste. Schon 1949, kurz nach der Staatsgründung Jugoslawiens, wurde die Naturlandschaft um die Seen zum **Nationalpark** (Frühling, Herbst tgl. 8–18, Sommer tgl. 7–20, Winter tgl. 9–16 Uhr) erklärt. Dreißig Jahre später nahm die UNESCO die traumhafte Szenerie aus 16 türkisblauen Seen und 30 großen und kleineren Wasserfällen und Stromschnellen in ihre Liste des besonders schützenswerten **Weltnaturerbes** auf. In der Tierwelt der unerschlossenen Parkteile tummeln sich noch immer Wildschweine und Wildkatzen, Wölfe, Luchse, Otter, Braunbären und allein 157 Vogelarten.

Überall strömt Wasser, es sprudelt über Felsen, staut sich an Sinterterrassen, schießt steile Felswände hinunter, sprudelt durch Schilfgürtel und umspült Farnpflanzen. Es sammelt sich in den Seen, über die Elektroboote surren, es schwappt unter Plankenwegen, auf denen Parkbesucher entlangpirschen. Beim Plitvica Fall stürzt der gleichnamige Bach über einen 76 m hohen Fels in die Tiefe und bildet mit den anderen Bächen, die sich hier sammeln, die Korana-Schlucht.

Das Wasser der Bäche ist kalkhaltig, wie der Untergrund über den es fließt. Kalk löst sich in Wasser auf und lagert sich in Form von Kristallen von Calciumcarbonat an Moosen im Flussbett ab. Die Poren zwischen den Kristallen verfestigen sich und es entsteht **Travertingestein**, das leicht und fest zugleich ist. Das neu entstehende Gestein verändert den Untergrund und gibt der Strömung einen anderen Lauf. So verändert sich die Szenerie fortwährend. Was bleibt, ist eine prachtvolle bewaldete Gebirgslandschaft, die mit dem intensiven blaugrünen Farbspiel des rauschenden Wassers ein einmalig schönes Naturschauspiel bietet.

Ein Netz aus Waldwegen und Holzstegen führt durch den für Besucher erschlossenen Teil des 30 000 ha großen Nationalparks. **Wanderwege** unterschiedlicher Länge führen in zwei bis zehn Stunden durch den Park, müde Wanderer können einen Teil der Strecke mit Elektrobooten zurücklegen und sich von kleinen Elektrobussen zum Ausgangspunkt ihrer Tour zurückbringen lassen.

i Praktische Hinweise

Information

Nationalpark-Verwaltung Plitwitzer Seen, Tel. 053/75 10 15, www.np-plitvicka-jezera.hr

Tourismusverband der Gemeinde Plitwitzer Seen, Trg Sveti Jurja 6, Korenica, Tel. 053/77 67 98, www.tzplitvice.hr

Beschaulich erfrischende Bootspassagen: im Nationalpark Plitwitzer Seen

Türkisblaue Seen und rauschende Wasserfälle bieten eindrucksvolle Naturerlebnsisse

Hotels

Die Hotels liegen in der Nähe des Eingangs 2 (Ulaz 2) und können telefonisch sowie über die Nationalpark-Verwaltung reserviert werden.

******Jezero***, Tel. 053/75 14 00. 229 modern eingerichtete Zimmer und Suiten z. T. mit Seeblick. Restaurant, Fitness, Bowling und Tennis. Ca. 300 m vom größten See Kozjak entfernt.

****Plitvice**, Tel. 053/75 11 00. 51 Zimmer unterschiedlicher Komfortstufen, Restaurant.

Restaurant

Lička Kuća, Holzgebäude beim Eingang 1 mit 300 Plätzen, verteilt auf zwei Etagen und eine Terrasse. Im rustikalen Ambiente werden gegrilltes Lamm, Fleisch aus dem Holzofen, Forelle und andere Spezialitäten der Region serviert.

Istrien und Kvarner Golf aktuell A bis Z

Vor Reiseantritt

ADAC Info-Service:
Tel. 018 05 10 11 12 (0,14 €/Min.)

Unter dieser Telefonnummer und in den ADAC Geschäftsstellen können ADAC Mitglieder kostenloses *Informations- und Kartenmaterial* anfordern.

ADAC im Internet:
www.adac.de
www.adac.de/reisefuehrer

Istrien und Kvarner Golf im Internet:
www.kroatien.hr
www.istra.hr/de
www.kvarner.hr

Kroatische Zentrale für Tourismus
in Deutschland, Österreich, Schweiz

Hochstr. 43, 60313 Frankfurt,
Tel. 069/238 53 50,
info@visitkroatien.de

Rumfordstr. 7, 80469 München,
Tel. 089/22 33 44,
kroatien-tourismus@t-online.de

Liechtensteinstr. 22 a, 1090 Wien,
Tel. 01/585 38 84, office@kroatien.at

Badener Str. 332, 8004 Zürich,
Tel. 043/336 20 30,
info@visitkroatien.ch

Allgemeine Informationen

Reisedokumente

Für EU-Bürger und Schweizer reicht bei einem Aufenthalt von bis zu drei Monaten der Personalausweis. Für Kinder unter 13 Jahren ist der Kinderreisepass oder ein Eintrag im Pass der Eltern notwendig.

Kfz-Papiere

Führerschein und Zulassungsbescheinigung Teil 1 sind mitzuführen. Die Mitnahme der Internationalen Grünen Versicherungskarte wird für Deutsche und Österreicher empfohlen, Autofahrer aus der Schweiz jedoch müssen sie bei der Einreise vorweisen. Eine Kurzkaskoversicherung ist empfehlenswert.

Krankenversicherung

Deutsch oder Englisch sprechende Ärzte findet man vor allem in den Urlaubszentren. Für die medizinische Behandlung in Kroatien benötigt man die in die gesetzliche Versicherungskarte integrierte Europäische Krankenversicherungskarte (EHIC). Sicherheitshalber empfiehlt sich der Abschluss einer Auslandskrankenversicherung mit Rückholservice.

Haustiere

Für Hunde und Katzen sind der EU-Heimtierausweis mit tierärztlichem Gesundheitszeugnis (max. 4 Monate alt) und Tollwutimpfung (mind. 6 Monate, max. 1 Jahr alt) sowie eine Kennzeichnung des Tieres durch Mikrochip vorgeschrieben. Für Hunde besteht Leinenpflicht, für Kampfhunde Maulkorbpflicht.

Zollbestimmungen

Zollfrei ein- und ausgeführt werden dürfen: 200 Zigaretten oder 50 Zigarren oder 250 g Tabak, 2 l Wein, 1 l Spirituosen, 250 ml Eau de Toilette und 50 ml Parfüm. Elektrogeräte sowie aufwändige Sportausrüstung, Boote oder Wohnmobile müssen bei der Einreise als Eigenbedarf deklariert werden. Bei der Wiedereinreise in die EU dürfen Waren im Wert von 300 € zollfrei eingeführt werden. Weitere Informationen: www.carina.hr

Geld

Landeswährung ist die **Kroatische Kuna** (HRK), unterteilt in 100 Lipa. Es sind Scheine im Wert von 10, 20, 50, 100, 200, 500 und 1000 HRK sowie Münzen im Wert von 5, 10, 20 und 50 Lipa sowie von 1, 2 und 5 HRK in Umlauf. Die Ein- und Ausfuhr von Landeswährung ist bis 15 000 HRK erlaubt. Andere Währungen unterliegen keinen Beschränkungen. Überschreiten sie aber den Gegenwert von 40 000 HRK, müssen sie deklariert werden.

Die gängigen Kreditkarten werden von den meisten Hotels, Campingplätzen, Restaurants und Geschäften sowie bei Autovermietern akzeptiert. An Maestro-

Geldautomaten kann man rund um die Uhr Geld abheben. Die neue V Pay Card dagegen ist derzeit in Kroatien noch nicht einsetzbar.

Tourismusämter im Land

Tourismusverband Kvarner, Nikole Tesle 2, 51410 Opatija, Tel. 003 85/51/27 29 88, www.kvarner.hr

Tourismusverband Istrien, Pionirska 1, 52440 Poreč, Tel. 003 85/52/45 27 97, www.istra.hr

Die örtlichen Tourismusbüros sind bei den jeweiligen Städten und Gemeinden aufgelistet.

Notrufnummern

Einheitlicher Notruf: Tel. 112 (auch mobil: Polizei, Ambulanz, Feuerwehr)

Pannenhilfe des Kroatischen Automobilclubs (Hrvatski Autoklub, HAK): Tel. 987, Mobil-Tel. +385 1 1987, www.hak.hr. Die Hilfeleistung ist kostenpflichtig; im Rahmen der ADACPlusMitgliedschaft werden die Kosten zur Pannenbehebung und die Abschleppkosten bis zu jeweils 200 Euro erstattet.

ADAC Notrufstation Zagreb: Tel. 01/344 06 66 (ganzjährig)

ADAC Notrufzentrale München: Tel. 0049/89/22 22 22 (rund um die Uhr)

ADAC Ambulanzdienst München: Tel. 0049/89/76 76 76 (rund um die Uhr)

ÖAMTC Schutzbrief-Nothilfe: Tel. 00 43/1/251 20 00, www.oeamtc.at

TCS Einsatzzentrale: Tel. 00 41/22/417 22 20, www.tcs.ch

Diplomatische Vertretungen

Botschaft der Bundesrepublik Deutschland, Ulica Grada Vukovara 64, 10000 Zagreb, Tel. 01/630 01 00, www.zagreb.diplo.de

Botschaft der Republik Österreich, Radnička Cesta 80, 10000 Zagreb, Tel. 01/488 10 50, www.bmeia.gv.at/botschaft/zagreb.html

Schweizerische Botschaft, Bogovićeva 3, 10000 Zagreb, Tel. 01/487 88 00, www.eda.admin.ch/zagreb

Verkehrsbestimmungen

Tempolimits: Pkw, Motorräder und Wohnmobile dürfen innerorts maximal 50, auf Landstraßen 90, auf Schnellstraßen 110 und auf Autobahnen 130 km/h fahren. Mit Anhänger sind außerorts überall höchstens 80 km/h erlaubt.

Es besteht **Gurtpflicht**. Kinder unter 12 Jahren müssen hinten sitzen. Vom letzten Sonntag im Oktober bis zum letzten Sonntag im März muss tagsüber das **Abblendlicht** oder Tagfahrlicht eingeschaltet sein. Beim Überholen muss während des gesamten Vorgangs geblinkt, und haltende Schulbusse dürfen nicht passiert werden. Die **Promillegrenze** liegt bei 0,5. Zur Pflichtausrüstung gehören ein Warndreieck und eine Warnweste, die beim Verlassen des Autos bei einer Panne oder einem Unfall zu tragen ist. **Verkehrsunfälle** sind der Polizei zu melden. Um Probleme bei der Ausreise zu vermeiden, sollte man sich bei größeren Schäden stets das Protokoll (*Potvrda*) geben lassen.

Anreise

Auto

Wer mit dem Pkw über Österreich und Slowenien anreist, kann zwischen diesen beiden Staaten den **Karawankentunnel** durchqueren. Der Wurzenpass ist für Gespanne gesperrt, der Loiblpass nicht empfehlenswert. Für Reisende aus der Schweiz empfehlen sich der St.-Gotthard-Tunnel und die Weiterfahrt über Venedig und Triest.

Wichtige **Grenzübergänge** von Slowenien nach Kroatien sind (von West nach Ost) Sečovlje/Plovanija, Dragonja/Kăstel, Sočerga/Požane und Jelsane/Rupa.

Die autobahnähnlichen Schnellstraßen des sog. **istrischen Ypsilons** führen aus dem Nordwesten von der slowenischen Adria und aus dem Nordosten von Opatija Richtung Süden nach Pula.

Maut: Bei der Anreise ist in der Schweiz, Österreich, Italien und Slowenien Maut in Form streckenabhängiger Gebühren oder von Vignetten zu entrichten. Dies gilt für Autobahnen, Schnellstraßen und Tunnel. In Kroatien sind die Autobahnen, der Učka-Tunnel, das Mirna-Viadukt und die Brücke zur Insel Krk mautpflichtig.

Bahn und Autoreisezug

Kroatien hat direkte Bahnverbindungen mit Deutschland, Österreich und der Schweiz. In den Sommermonaten verkehren Autoreisezüge von verschiedenen deutschen Bahnhöfen ins italienische

Triest und ins österreichische Villach. Von dort geht es mit dem eigenen Pkw oder Motorrad weiter.

Deutsche Bahn, Tel. 018 05/99 66 33 (persönliche Auskunft, 0,14 €/Min.), Tel. 0800/150 70 90 (sprachgesteuert, gebührenfrei), www.bahn.de

Deutsche Bahn Autozug, Tel. 018 05/ 99 66 33 (0,14 €/Min.), www.dbautozug.de

Österreichische Bundesbahn, Tel. 05 17 17, www.oebb.at

Schweizerische Bundesbahnen, Tel. 09 00 30 03 00, www.sbb.ch

Kroatische Eisenbahn, Internationales Ticketbüro, Zagreb-Hauptbahnhof, Tel. 01/457 77 04, www.hznet.hr

Bus

Von den größeren deutschen Städten verkehren Busse nach Kroatien (z. B. ab München 8 Stunden bis Rijeka). Man sollte mindestens eine Woche im Voraus buchen.

Deutsche Touring GmbH, Am Römerhof 17, 60486 Frankfurt/M., Tel. 069/790 35 01, www.touring.de

Flugzeug

Im Sommerhalbjahr bietet Air Berlin (www.airberlin.com) Flüge von Köln und Stuttgart, TUIfly (www.tuifly.com) von Köln nach Rijeka an. Pula wird von Ryan Air (www.ryanair.com) ab Hahn angeflogen. Croatia Airlines (www.croatiaairlines.com) verbindet Frankfurt und München sowie in Kooperation mit Lufthansa Berlin, Düsseldorf und Hamburg mit Zagreb, von dort Weiterflug nach Pula oder Airportbus nach Rijeka. Ab Genf und Zürich (in Zusammenarbeit mit Swiss) sowie ab Wien fliegt Croatian Airlines nach Zagreb.

Pula Airport (PUY), 6 km nordöstlich von Pula, Tel. 052/53 01 05, www.airport-pula.com

Die Busverbindungen vom Flughafen ins Zentrum von Pula sind dürftig, daher bietet sich ein Taxi-Transfer an. Mobil-Tel. 098/44 08 44, www.taxipula.com

Rijeka Airport (RJK), Hamec 1, Omišalj, Insel Krk, Tel. 051/84 21 32, www.rijeka-airport.hr

Es bestehen gute Busverbindungen mit Autotrolej d.o.o. vom Flughafen auf der Insel Krk nach Rijeka zum Trg bana Jelačića. Fahrzeit etwa 30 Min.

Schiff

Urlauber ohne Auto kommen ab Venedig mit den Katamaranen von Venezia Lines nach Poreč, Rovinj, Pula, Rabac und Mali Lošinj. Autofahrer müssen bis Ancona fahren, wo Fähren der Jadrolinija nach Zadar ablegen.

Jadrolinija, Riva 16, 51000 Rijeka, Tel. 051/66 61 11, www.jadrolinija.hr

Venezia Lines Croatia, TRG Matije Gupca 11, 52440 Poreč, Tel. 052/42 28 96, www.venezialines.com

Bank, Post, Telefon

Bank

Die Öffnungszeiten der Banken sind Mo–Fr 7–19, Sa 7–13 Uhr. In Großstädten sind einige Banken auch sonntags geöffnet.

Post

Die Schalter der Kroatischen Post (Hrvatska pošta) sind werktags 7–19 Uhr geöffnet, in kleineren Orten oft nur bis 14 Uhr oder unterbrochen durch eine Mittagspause. In größeren Städten und Urlaubszentren haben Postämter häufig auch am Wochenende geöffnet. Auch etliche Kioske, Tabak- und Zeitungsläden führen Briefmarken.

Telefon

Internationale Vorwahlen
Kroatien 003 85
Deutschland 00 49
Österreich 00 43
Schweiz 00 41

In öffentlichen Telefonzellen kann man Telefonkarten (Telefonske Kartice) nutzen, die an Kiosken oder in Postämtern im Wert zwischen 15 und 100 Kuna zu kaufen sind.

Einkaufen

Gesetzliche Ladenschlusszeiten gibt es nicht. Kaufhäuser haben in der Regel Mo–Fr 8–20 Uhr geöffnet, Sa 8–14 Uhr. In den Touristenzentren haben etliche Supermärkte und Geschäfte bis 22 Uhr, zum Teil rund um die Uhr und auch an Sonntagen geöffnet. Viele Läden in den Städten machen im Sommer von 12 bis 16 Uhr eine Mittagspause.

Märkte

Die Stände der meist täglich stattfindenden Märkte öffnen oft schon um 6 Uhr früh. Fischmärkte existieren in Poreč, Pula, Rijeka und Mali Lošinj.

Souvenirs

Geklöppeltes, Besticktes und Gewebtes sind typische Produkte der Region, die sich als Reisemitbringsel anbieten, darunter Spitzen von der Insel Pag. Ansonsten überwiegt Ess- und Trinkbares wie Trester-, Kräuter- und Mistelschnäpse, Schinken aus Istrien oder von Pag. Von dort stammt auch ein würziger Schafskäse. Unbedingt lohnend ist der Kauf von hochwertigen Olivenölen. Einige der besten Produzenten sind in den Praktischen Hinweisen der Orte aufgelistet. Gleiches gilt für die vorzüglichen Weine.

Essen und Trinken

Das gastronomische Angebot Istriens und der Kvarner Bucht hat sich seit der Unabhängigkeit Kroatiens deutlich zum Positiven gewandelt. Auch wenn in vielen Hotelrestaurants noch ›Luft nach oben‹ ist, finden Gourmets eine wachsende Zahl hochklassiger Restaurants, die keine internationalen Vergleiche scheuen müssen. Viele der früher dominierenden Ćevapčići-Buden sind verschwunden, eine zunehmende Zahl von Restaurants hat inzwischen ganzjährig geöffnet. Lokale Gerichte stehen auf den Speisekarten einer *Gostionica* (Gasthaus), mit Zutaten, die auf istrischen Feldern in hervorragender Qualität gedeihen. Im Landesinneren drehen sich Lämmer oder Spanferkel an Spießen einer *Konoba*, einem kleinen Lokal mit offener Feuerstelle. Vor den Küsten werden mehr als 350 verschiedene Fischarten gefangen – die Scampi aus der Kvarner Bucht zählen unter Feinschmeckern zu den besten Europas. Beliebt sind auch Gerichte mit Tintenfisch, der eingelegt als Salat oder gebacken auf den Tisch kommt. Der schwarze Risotto bezieht seine dunkle Farbe ebenfalls vom Tintenfisch. Die beliebteste Gemüsebeilage vor allem in Istrien ist Mangold, gekocht zusammen mit Kartoffeln. Beim Dessert treffen sich Österreich und der Orient mit Palatschinken und zuckersüßer Baklava. Auch Italien ist gut vertreten, mit besten Eisdielen, vor allem entlang der istrischen Westküste.

Die Weinkarten listen viele örtliche Tropfen auf, nicht selten Weiße von der Malvasier- und Rote von der Teran-Traube.

Restaurants sind mittags meist 12.30–14 Uhr, abends ab 19 oder 19.30 Uhr geöffnet. In Touristenzentren gibt es oft Gaststätten, die durchgehend warme Speisen servieren.

Feiertage

Gesetzliche Feiertage: 1. Januar (Neujahr), 6. Januar (Heilige Drei Könige), Ostersonntag, Ostermontag, 1. Mai (Tag der Arbeit), Fronleichnam, 22. Juni (Tag des antifaschistischen Kampfes), 25. Juni (Staatsfeiertag), 5. August (Tag des Sieges und des Dankes für die Heimat), 15. August (Mariä Himmelfahrt), 8. Oktober (Unabhängigkeitstag), 1. November (Allerheiligen), 25. und 26. Dezember (Weihnachten)

Festivals und Events

Januar/Februar

Rijeka, *Karneval* (www.ri-karneval.com.hr): Eine der bedeutendsten Karnevalshochburgen des Mittelmeerraumes mit prächtigsten Umzügen und Bällen [s. S. 84].

März/April

Cres, Krk, Rab, Poreč: Zu Ostern ziehen in den Bischofsstädten Prozessionen frommer Bürger durch die Orte.

Juli

Rab, *Rapska fjera* (www.fjera.hr): Großes Mittelalterfest mit Umzügen in historischen Kostümen, Musik, Essen und Trinken sowie Wettbewerben im Armbrustschießen.

Pula: *Pula Filmfestival* (www.pulafilmfestival.hr): Kroatische und europäische Filme, Vorstellungen auch in der Arena.

Motovun, *International Motovun Film Festival* (www.motovunfilmfestival.com): Auf mehreren Plätzen werden überwiegend Off-Hollywood-Produktionen gezeigt.

Pazin, *Jules-Verne-Tage* (Tel. 052/622460, www.ice.hr/davors/ejvclub.htm): Wanderungen, Musik und Lesungen am Schauplatz des Jules-Verne-Romans ›Matthias Sandorf‹.

Istrien kulinarisch

Die istrische und Kvarner Gastronomie vereint Fisch und Meeresfrüchte von der Küste mit den Delikatessen des Binnenlandes der Halbinsel.

Basis der istrischen Küche ist von alters her die aus Mais zubereitete sättigende Polenta. Sie galt ab Mitte des 17. Jh. als Arme-Leute-Essen. Heute wird sie, sämig oder fest, mit allem kombiniert, was die Küche der istrischen Halbinsel und der Kvarner Inseln zu bieten hat, als herzhafte Speise, in Butter gebraten, mit Omelette, Speck, Wurststücken, auch mit Fisch oder Krabben, mit Wachteln, Reh- oder Hasenragout. Mit Zucker und Zimt bestreut oder mit Pfirsichen ist sie ein wunderbares süßes Dessert.

Fisch, Muscheln und Krustentiere spielen an der Küste eine große Rolle auf dem Speisezettel. Austern und andere Muscheln gedeihen im Limski-Kanal. Seezungen aus dem Meer zwischen Novigrad und Poreč, Meeräschen, gefangen vor Rovinj, und Scampi der Kvarner Region zählen zu den Delikatessen. Doch auch das ›grüne Istrien‹, das Landesinnere, hat Bestes zu bieten: Spargel aus dem Raša-Tal südlich von Labin, Trüffel aus dem Tal der Mirna im Norden, Olivenöl aus Vodnjan nördlich von Pula. Weitere Spezialitäten sind Wild, das einheimische Rind Boškarian, Schinken, Käse, Speck, Trüffel und der kräftige Eintopf Maneštra.

Ein ganz besonderes kulinarisches Kapitel schreiben die ausgezeichneten Weine aus Istrien und von den Inseln des Kvarner Archipels. Malvasier heißt die autochtone Rebe, die einen frischen Weißwein von stroh- bis goldgelber Farbe mit leichtem Akazienduft hervorbringt. Der Teran funkelt rubinrot im Glas und duftet nach Waldbeeren. In Istrien gedeihen auch ein guter Cabernet-Sauvignon und der beliebte Merlot – kein Wunder, dass eine Bucht im Südosten nach einem Ausruf griechischer Seefahrer der Antike ›Kalavojna‹ (Welch herrlicher Wein) heißt.

Novi Vinodolksi, *Sommerkarneval*: Ausgelassener Umzug mit etlichen Karnevalsgruppen und auch ein paar Wagen.

August

Rijeka: Pilgerfest zur Kirche der Muttergottes von Trsat mit dem wundertätigen Marienbild [s. S. 90].

Barban, *Ringstechen*: Reiter müssen im Galopp mit ihrer Lanze einen handtellergroßen Ring durchstechen [s. S. 72].

TOP TIPP **Rovinj**, *Rovinjer Nacht*: Hochkarätige Rock- und Popkonzerte internationaler und kroatischer Bands.

September

Malinska, Punat (Krk): Die Feigentage kündigen das Ende des Sommers an. Restaurants bereiten Leckereien aus den frischen Früchten zu.

Buzet, *Subotina*: Volksfest zu Ehren von Marias Geburt. Ein riesiges Omelette aus 2000 Eiern und 10 Kilogramm Trüffel wird zubereitet. Das Fest ist der Auftakt zu den Trüffeltagen [s. S. 94].

Poreč, *Giostra* (www.giostra.info): Historisches Spektakel, bei dem sich die Stadt mit Umzügen Kostümierter, Konzerten und Theaterstücken wie vor 300 Jahren präsentiert [s. S. 30].

Buje, Umag, *Weinfest*: Die Winzer der Region stellen ihre besten Weine vor.

Oktober

Lovran, *Marunada* (Mitte des Monats): Beim Fest der Marunada werden köstliche Maronengerichte angeboten. Die Esskastanien aus Lovran gehören zu den besten der Welt.

TOP TIPP **Livade**, *Trüffeltage*: Beim Fest in der istrischen Trüffel-Hauptstadt erfährt man alles Wissenwerte rund um den Weißen Trüffel und kann die edle Knolle [s. S. 94] natürlich auch verkosten.

November

Vodnjan: Internationale Olivenöltage mit Gastro-Show, Degustationen und Lehrreichem über Olivenöl.

Klima und Reisezeit

Milde Winter und heiße Sommer kennzeichnen das mediterran-subtropische Klima im Nordosten der Adria. Das **Frühjahr** kommt Sportlern entgegen. Wanderer, Fahrradfahrer, Drachenflieger, aber auch Taucher finden bei frühlingshaften Temperaturen gute Bedingungen vor.

Die **Sommermonate** von Juni bis August sind Hauptsaison. Rund zehn Sonnenstunden am Tag und bestens temperiertes Wasser ziehen Urlauber vor allem aus Mitteleuropa an. Wassersport in allen Varianten wird groß geschrieben.

Im **Herbst**, vor allem im September und Oktober, gibt es noch viele warme Tage. Im Meer lässt sich meist noch wunderbar Schwimmen und Baden. Es ist die Zeit der Pilzernte und der ›Marunada‹, der Reife der Esskastanien.

Nützlich sind Grundkenntnisse der drei prägenden Winde der Region: Im Winter kann die **Bora**, ein kalter trockener Fallwind aus Nordosten, mit Geschwindigkeiten bis zu 200 km/h alles durchschütteln. Im Sommer fegt die Bora die Wolken vom Himmel. Der **Jugo**, anderswo Schirokko genannt, bringt Hitze, zuweilen auch Feuchtigkeit und Regen aus dem Süden und Südosten. Der **Maestral** (Mistral) ist ein thermischer Sommerwind aus Nordwesten, der abends plötzlich zum Erliegen kommt. Nachmittags kann er eine willkommene Abkühlung bringen.

Klimadaten Pula

Monat	Luft (°C) min./max.	Wasser-(°C)	Sonnen-std./Tag
Januar	2/5	11	3
Februar	2/6	10	4
März	5/7	11	5
April	8/12	13	7
Mai	13/17	17	8
Juni	16/21	21	10
Juli	19/24	23	11
August	18/23	24	10
September	16/20	22	8
Oktober	12/15	18	6
November	7/10	15	3
Dezember	4/7	13	3

Museen und Kirchen

Sofern Kirchen und Museen regelmäßige Öffnungszeiten haben, sind diese bei den jeweiligen Beschreibungen wiedergegeben. In kleineren Orten sind Gotteshäuser häufig geschlossen. Die Nachfrage z. B. in einem Geschäft in der Nähe kann sich lohnen – oft findet sich jemand, der gern die Kirche aufschließt.

Sport

In einer Küstenregion wie Istrien und Kvarner Golf steht der **Wassersport** an erster Stelle, aber auch Reiten, Tennis und Radfahren werden angeboten. In fast allen Ferienorten gibt es Segel-, Tauch-, Tennis- und Surfschulen. Vielerorts kann man Fahrräder, Mountainbikes, Tauchausrüstung und Boote mieten. Eine Broschüre ›Wassersport‹ ist bei der Kroatischen Zentrale für Tourismus [s. S. 129] erhältlich.

Golf

Ein moderner 18-Loch-Platz ist *Kempinski Golf Adriatic* (Tel. 052/707000, www.kempinski-adriatic.com) in Savudrija. Außerdem können Golfer auf dem 18-Loch-Traditionsparcour auf der Insel Veli Brijun (www.golfklub-pula.com) spielen. Es gibt Pläne, den früheren 6-Loch Kurs in Motovun zu einem größeren Golfresort umzugestalten.

Klettern

Knapp 300 anspruchsvolle Klettersteige sind in der gesamten Region ausgewiesen. Freeclimber können in Istrien unter neun Routen auswählen. Sie liegen bei Buzet, im Hinterland der Westküste nahe Rovinj und dem Limski-Kanal, bei Pula und Rabac.

Hrvatski Planinarski Savez (Kroatischer Kletterverband), Kozarčeva 22, 10000 Zagreb, Tel. 01/4824142, www.plsavez.hr

Paragliding

Von sechs Startplätzen können Flugbegeisterte abheben, um über die Landschaft zu schweben: Raspadalica bei Buzet, Kaštelier bei Novigrad, Žbevnica und Lanišće im Ćićarija-Bergland sowie Brgud und der Učka-Gipfel im Učka-Gebirge. Letzterer eignet sich auch zum Drachenfliegen.

Radfahren

Gut 60 markierte Radstrecken führen über mehr als 3000 km asphaltierter Wege, durch Felder und Wälder. Vor allem im

Nordosten der istrischen Halbinsel gibt es anspruchsvolle Mountainbike-Touren, z. B. die **Vižnada-Route**, ein echter Klassiker. Die knapp 28 km lange Rundstrecke startet und endet im Dörfchen Vižnada, 17 km nordöstlich von Poreč. Eine weitere spannende Tour führt durch die Hügellandschaft Inneristriens, die **Parenzana-Route** [s. S. 129], die sich über knapp 80 km entlang dem früheren Gleisbett der gleichnamigen Eisenbahnstrecke von Triest nach Poreč durchs grüne Herz Istriens schlängelt. Informationen über diese und andere Routen:

Tourismusverband der Region Istrien
[s. S. 130], Tel. 052/45 25 00, und auf
www.istria-bike.com

Schwimmen und Baden

An der Küste Kroatiens überwiegen Kiesstrände und Felsküsten. Viele Kommunen und Hotels haben für ihre Gäste betonierte Liegeflächen angelegt. Daher sollten Badeurlauber eine Liegematte oder Luftmatratze mitnehmen. Wegen des harten Untergrundes und der mancherorts lebenden Seeigel gehören auch Badeschuhe ins Reisegepäck oder sollten vor Ort gekauft werden. Sandstrände gibt es auf Cres (Lubenice), auf Rab (Paradiesstrand bei Lopar) und auf dem Inselchen Susak westlich von Lošinj.

Segeln

Bestes Wetter und günstige Winde machen das Segeln zum Vergnügen. Viele Strände sind nur vom Meer aus erreichbar. Wer nicht mit dem eigenen Boot unterwegs ist, kann eines leihen, mit oder ohne Skipper. In Kroatien ist für jedes motorbetriebene Boot ein Sportbootführerschein erforderlich – auch für jene unter 5 PS, die in Deutschland führerscheinfrei gefahren werden dürfen. Für Segelboote – mit und ohne Motor – über 3 m Länge ist der Sportbootführerschein See vorgeschrieben. Informative Webseiten zum Chartern und mit vielen Tipps zum Segeln an den kroatischen Küsten:

www.skippertips.de
www.best-yacht-charter.com
www.maestros-yachting.de
www.vip-yachting.info
www.istra-yachting.com

Ein Verzeichnis aller Marinas mit Informationen zu Ausstattung und Preisen ist bei der Kroatischen Zentrale für Tourismus [s. S. 129] erhältlich. Weitere Informationen über Marinas, Bestimmungen, Einfuhr von Booten etc. bei:

ACI Club, M. Tita 151, 51410 Opatija,
Tel. 051/27 12 88, www.aci-club.hr

Hrvatski Jedriličarski Savez (Kroatischer Segelverband), Trg Franje Tuđmana 3,
21000 Split, Tel. 021/34 57 88, www.hjs.hr

ADAC Sportschifffahrt, Tel. 089/76760,
www.adac.de/sportschifffahrt

Tauchen und Schnorcheln

Tauchen und Schnorcheln sind an der zergliederten Küste von Istrien und in den Gewässern der Kvarner Inseln besonders reizvoll. Da das Wasser (fast) überall sauber ist, besteht zudem gute Sicht. Auch im Seegebiet des Nationalparks Brijuni ist an einigen Stellen das Tauchen erlaubt. Neben der natürlichen Unterwasserwelt bieten rund ein Dutzend Schiffswracks interessante Reviere, z. B. der Frachter *Varese*, der 1915 von einer Mine getroffen wurde und vor Pula sank, oder das 1914 von einer Seemine gesprengte Wrack der 85 m langen *Baron Gautsch* vor Rovinj.

Die Broschüre ›Istra Diving‹ (viersprachig, auch deutsch) der Kroatischen Zentrale für Tourismus [s. S. 129] listet die interessantesten Tauchplätze sowie Tauchstationen an der istrischen Küste auf. Bei Tauchunfällen ist die mit einer Druckkammer ausgestattete Poliklinik für Baromedizin OXY (Kochova 1 a, 52000 Pula, Tel. 052/21 56 63, www.oxy.hr) die beste Anlaufstelle.

Tauchen ist nur mit einem Ausweis des Kroatischen Tauchverbands erlaubt, der gegen Vorlage eines international gültigen Tauchscheins zu erwerben ist. Infos:

Hrvatski Ronilački Savez (Kroatischer Tauchverband), Dalmatinska 12,
10000 Zagreb, Tel. 01/484 87 65,
www.diving-hrs.hr

Tennis

Umag im Nordwesten von Istrien präsentiert nicht nur ein Profiturnier der ATP Tour (www.croatiaopen.hr), sondern bietet Tennisspielern im Sportzentrum Stella Maris und in den Tenniszentren Ljubo na Punti, Polynesia, Boris und Camping Park Umag diverse Hart- und Sandplätze. Rund 430 Freilufttennisplätze deuten auf die wichtige Rolle des Ballsports in Istrien hin. Dazu kommen die Courts in den größeren Hotelanlagen.

Wandern

In Istrien und auf den Kvarner Inseln führen attraktive Wege durch die Natur, entlang der Küsten, durch Gebirgswälder und Karstgebiete. Die meisten lassen sich ohne Führer in Angriff nehmen. Wanderkarten erhält man meist in örtlichen Kiosken oder bei den Tourismusbüros.

Statistik

Istrien

Geografie: Istrien zieht sich rund 100 km von Nord nach Süd, die maximale Strecke zwischen West- und Ostküste beträgt 75 km. Die Halbinsel Istrien misst 3476 km^2, davon entfallen auf den kroatischen Teil 2820 km^2, der Rest gehört zu Slowenien Mit 1401 m ist der Učka der höchste Berg der Region.

Bevölkerung: Die Bevölkerungszahl in Istrien liegt bei ca. 200 000. Davon lebt fast die Hälfte in Pula und seiner unmittelbaren Umgebung. Das Landesinnere ist dünn besiedelt. Entlang der Westküste gibt es eine italienischsprachige Minderheit. 89 % der Bewohner Istriens sind Katholiken, 3 % Orthodoxe, 1 % Muslime, der Rest ohne Religionszugehörigkeit.

Wirtschaft: Seit vielen Jahren schon ist der Tourismus wichtigster Wirtschaftszweig, vor allem entlang der Küsten. Rund 2,7 Mio. internationale Gäste zählte Istrien 2010, davon kamen knapp 600 000 aus Deutschland, rund 340 000 aus Österreich und knapp 40 000 aus der Schweiz. Mehr als 7,6 Mio. Übernachtungen wurden registriert. Neben dem Tourismus spielt auch der Fischfang eine Rolle, besonders in Pula, Rovinj, Vrsar und Novigrad. Im Landesinneren hat die Landwirtschaft nach wie vor ihren Platz, mit Gemüse und Früchten, vor allem mit großen Weinanbaugebieten.

Kvarner

Geografie: Die Landfläche der Kvarner Bucht mit Hinterland, die Gespanschaft (Bezirk) Primorje-Gorski Kotar, misst 3582 km^2. Allein auf die Inseln entfallen davon 1100 km^2. Auf Cres reckt sich der Gorice mit 650 m als höchster Inselberg in die Höhe.

Bevölkerung: Die kroatische Region Kvarner zählt etwa 310 000 Menschen, davon allein ca. 150 000 in Rijeka und Umgebung. Auf den Inseln sind es nur rund 38 000, knapp die Hälfte davon auf Krk. Von der Kvarner Bevölkerung sind 89 % Katholiken, 3 % Orthodoxe und 1 % Muslime.

Wirtschaft: Vor allem auf den Inseln spielt der Tourismus die dominierende Rolle. In Rijeka findet man Schiffbau und Industrie, auch Erdölraffinerien gibt es dort, ebenso auf Krk. Fischerboote laufen von Rijeka und Krk aus. Landwirtschaft, besonders Gemüse- und Weinanbau, wird auf der Festlandsseite in kleinen Tälern im Küstenhinterland betrieben, auf den Inseln in nennenswertem Umfang auf Krk und Rab. Dagegen finden Schafe auf einer Reihe von Inseln Nahrung, sogar auf dem kargen Pag. Rund 150 000 Betten in Hotels, Privatunterkünften und auf Campingplätzen tragen vor allem im Sommer zur Wirtschaftsentwicklung bei. Freizeitkapitäne finden in den Marinas mehr als 3000 Liegeplätze vor.

Unterkunft

Auf der Internetseite www.kroatien.hr der Kroatischen Zentrale für Tourismus sind Hotels, Campingplätze, Privatunterkünfte und sogar Leuchttürme mit Ferienwohnungen zu finden.

Camping

Mit Dutzenden gut ausgebauter Campingplätze, inklusive ausgezeichneter sanitärer Anlagen, stehen Istrien und die Kvarner Bucht schon seit vielen Jahren hoch in der Gunst von Urlaubern mit Zelt oder Wohnwagen. In der Hauptsaison sind die Plätze meist komplett gefüllt, ohne Reservierung ist es dann Glückssache, einen freien Platz zu erhalten. Mehrere Veranstalter bieten zudem komfortabel ausgestattete Mobilheime oder Wohnwagen zur Miete an. Eine Besonderheit sind die überdurchschnittlich vielen Fkk-Campingplätze, vor allem in Istrien. Wildes Campen ist in Kroatien nicht gestattet.

Eine detaillierte Beschreibung guter Campingplätze für Istrien und die Kvarner Bucht enthält der jährlich erscheinende **ADAC Camping Caravaning Führer, Band Südeuropa**, der – auch als CD-Rom – im Buchhandel und in den ADAC Geschäftsstellen erhältlich ist. Darüber hinaus informiert der ebenfalls jährlich erscheinende **ADAC Bungalow Mobilheimführer Europa** über das Angebot an Bungalows und Mobilheimen auf Campingplätzen. Infos auch bei:

Kamping Udruženje Hrvatske (Kroatischer Campingverband), Bože Milanovića 20, 52440 Poreč, Tel. 052/45 13 24, www.camping.hr

Jugendherbergen

Es gibt drei Jugendherbergen in Istrien und der Kvarner Bucht, in Pula, Rijeka und Veli Lošinj mit zusammen fast 300 Betten. Informationen und Reservierungen unter www.hfhs.hr

Pula, Zaljev Valsaline 4, Tel. 052/39 11 33 (ganzjährig)

Rijeka, Šetalište XIII. Divizije 23, Tel. 051/40 64 20 (ganzjährig)

Veli Lošinj, Kaciol 4, Tel. 051/23 62 34 (Mai–Oktober)

Hotels

Noch dominieren in Kroatien Mittelklassehotels mit Frühstücks- oder Halbpensionsangebot, doch die Zahl der Vier- und Fünfsternehäuser nimmt zu. Über Pauschalangebote von Reiseveranstaltern werden viele der Betten belegt. Viele Hotels haben sich Logenplätze in Meeresnähe gesichert. In den Praktischen Hinweisen der einzelnen Orte sind Übernachtungsvorschläge aufgelistet.

Privatunterkünfte und Ferienhäuser

›Domus Bonus‹ steht für Ferienwohnungen mit garantiertem Qualitätsstandard von privaten Anbietern. Das Schild wird vom Tourismusverband Istriens vergeben. Unter dem Begriff ›Agrotourismus‹ bieten Istrien und der Kvarner Unterkünfte im ländlichen Raum im Hinterland der Küsten an. Dahinter verbergen sich Urlaub auf dem Bauernhof, ländliche Ferienhäuser, Bed & Breakfast, Familienhotels auf dem Lande oder entlang der vier istrischen Weinstraßen.

Ferienhausanbieter, wie Novasol (www.novasol.de) oder Interchalet (www.interchalet.com) bieten ein umfangreiches Angebot an Häusern, Villen und Apartments auf Istrien und im Kvarner Golf.

Verkehrsmittel im Land

Bahn

Die kroatische Eisenbahngesellschaft (www.hznet.hr) verbindet ausländische Bahnhöfe wie Triest und Villach mit Rijeka und Pula.

Bus

Ein dichtes Fernbusnetz verbindet die Küstenorte Istriens und der Kvarner Region. Viele Strecken werden von *Autotrans* (www.autotrans.hr) betrieben, Karten sind erhältlich an Busbahnhöfen in *Cres* (Tel. 060/30 60 20), *Crikvenica* (Tel. 060/30 01 00), *Krk* (Tel. 060/30 01 01), *Mali Lošinj* (Tel. 051/23 11 10), *Novi Vinodolski* (Tel. 060/30 34 03), *Opatija* (Tel. 060/30 60 10), *Rab* (Tel. 060/30 60 80) und *Rijeka* (Tel. 060/30 20 10).

Mietwagen

An den Flughäfen und in praktisch allen größeren Touristenorten kann man Autos mieten. Die Preise der internationalen Vermieter sind allerdings recht hoch, meist deutlich günstiger sind einheimische Anbieter. Der Fahrer muss mindestens 23 Jahre alt sein und seit drei Jahren den Führerschein besitzen. Für Mitglieder bietet die **ADAC Autovermietung GmbH** günstige Konditionen. Buchungen über ADAC Geschäftsstellen und unter Tel. 089/76 76 34 34.

Schiff

Auf die Insel **Cres** kommen Autofahrer mit der *Jadrolinija* (www.jadrolinija.hr) von der istrischen Ostküste (Brestova–Porozina) und von Krk (Valbiska–Merag). Mit derselben Reederei ist vom Festland die Insel **Pag** (Prizna–Zigljen) zu erreichen. Nach **Rab** verkehrt eine Autofähre von *Splittours* (www.splittours.hr) aus Krk (Valbiska–Lopar) und eine von *Rapska Plovidba* (www.rapska-plovidba.hr) vom Festland (Jablanac–Mišnjak). Ab bzw. nach **Mali Lošinj** befördert die *Jadrolinija* Passagiere und Fahrzeuge über Premuda, Silba, Olib und Ist nach Zadar.

Daneben verbinden Personenfähren sowie Katamarane das Festland mit den Inseln im Kvarner Golf und diese untereinander: Rijeka–Rab–Pag, Rijeka–Cres–Martinšćica–Unije–Susak–Ilovik–Mali Lošinj, Mali Lošinj–Vele Srakane–Unije–Ilovik–Susak–Mali Lošinj (alle *Jadrolinija*), Pula–Unije–Mali Lošinj–Ilovik–Zadar (*Linijska Nacionalna Plovidba*, www.lnp.hr).

Taxi

Taxistände findet man in allen größeren Städten an Bahnhöfen, Busbahnhöfen und Häfen. Die Preise sind festgelegt, und der Taxameter muss stets eingeschaltet werden.

Sprachführer

Kroatisch für die Reise

Das Wichtigste in Kürze

Ja/Nein	*Da/Ne*
Bitte/Danke	*Molim/Hvala*
In Ordnung!	*U redu!*
Entschuldigung!	*Oprostite!*
Wie bitte?	*Kako molim?*
Können Sie mir bitte helfen?	*Možete li mi molim Vas pomoći?*
Das gefällt mir (nicht).	*To mi se (ne) sviđa.*
Ich möchte ...	*Htio/htjela* bih ...*
Haben Sie ...?	*Imate li ...?*
Wie viel kostet ...?	*Koliko košta ...?*
Kann ich mit Kreditkarte bezahlen?	*Dali mogu platiti sa kreditnom karticom?*
Wie viel Uhr ist es?	*Koliko je sati?*
Guten Morgen!	*Dobro jutro!*
Guten Tag!	*Dobar dan!*
Guten Abend!	*Dobra večer!*
Gute Nacht!	*Laku noć!*
Hallo!/Grüß dich!	*Halo!/Zdravo!*
Mein Name ist ...	*Ja se zovem ...*
Auf Wiedersehen!	*Do viđenja!*

Wochentage

Montag	*ponedjeljak*
Dienstag	*utorak*
Mittwoch	*srijeda*
Donnerstag	*četvrtak*
Freitag	*petak*
Samstag	*subota*
Sonntag	*nedjelja*

Zahlen

0	nula	19	*devetnaest*
1	*jedan*	20	*dvadeset*
2	*dva*	21	*dvadeset i jedan*
3	*tri*	22	*dvadeset i dva*
4	*četiri*	30	*trideset*
5	*pet*	40	*četrdeset*
6	*šest*	50	*pedeset*
7	*sedam*	60	*šezdeset*
8	*osam*	70	*sedamdeset*
9	*devet*	80	*osamdeset*
10	*deset*	90	*devedeset*
11	*jedanaest*	100	*sto*
12	*dvanaest*	200	*dvjesta*
13	*trinaest*	1 000	*jedna tisuća*
14	*četrnaest*	2 000	*dvije tisuće*
15	*petnaest*	10 000	*deset tisuća*
16	*šestnaest*	100 000	*milijun*
17	*sedamnaest*	$^1/_2$	*polovica*
18	*osamnaest*	$^1/_4$	*četvrt*

Monate

Januar	*siječan*
Februar	*veljača*
März	*ožujak*
April	*travanj*
Mai	*svibanj*
Juni	*lipanj*
Juli	*srpanj*
August	*kolovoz*
September	*rujan*
Oktober	*listopad*
November	*studeni*
Dezember	*prosinac*

Maße

Kilometer	*kilometar(-tra)*
Meter	*metar(-tra)*
Zentimeter	*centimetar(-tra)*
Kilogramm	*kilogram(a)*
Gramm	*gram(a)*
Liter	*litar (litra)*

Unterwegs

Nord/Süd/ Ost/West	*sjever/jug/ istok/zapad*
oben/unten	*gore/dole*
geöffnet/geschlossen	*otvoreno/zatvoreno*
geradeaus/links/ rechts/zurück	*ravno/lijevo/ desno/nazad*
nah/weit	*blizu/daleko*
Wie weit ...?	*Koliko daleko ...?*
Wo sind die Toiletten?	*Gdje su zahodi?*
Wo ist die (der) nächste ... Geldautomat/ Post/ Polizei?	*Gdje je slijedeča (slijedeči) ... automat za novce/ pošta/ policija?*
Bitte, wo ist ... der Hauptbahnhof/ der Flughafen?	*Molim Vas, gdje je ... glavni kolodvor/ aerodrom?*
Wo finde ich ... ein Kaufhaus/ den Markt?	*Gdje mogu naći ... robnu kuću/ tržnicu?*
Ist das der Weg/ die Straße nach ...?	*Dali je ovo put/ ulica za ...?*
Wo ist ... das Tourismusamt/ das Reisebüro?	*Gdje se nalazi ... turistički ured/ putnički ured?*

*Htio/htjela** = männl./weibl. Wortform

Freizeit

Ich möchte ein ...	*Htio/htjela* bih unajmiti ...*
Fahrrad/ Mountainbike/ Motorrad/ Surfbrett/ Boot/ Pferd mieten.	*biciklu/ mountainbike/ motocikl/ dasku za jedrenje/ brod/ konja.*
Gibt es ein(en) ... Freibad/ Golfplatz/ Strand in der Nähe?	*Dali postoji u blizini ... otvoreni bazen/ teren za golf/ plaža?*
Wann hat .... geöffnet?	*Kada je otvoren/ otvorena* ...?*

Bank, Post, Telefon

Ich möchte Geld wechseln.	*Htio/htjela* bih promjeniti novce.*
Brauchen Sie meinen Ausweis?	*Trebate li moju osobnu iskaznicu?*
Wo gibt es ... Briefmarken/ Telefonkarten?	*Gdje mogu dobiti ... poštanske marke/ telefonske kartice?*

Panne und Unfall

Ich habe eine Panne.	*Dogodila mi se prometna nezgoda.*
Gibt es hier in der Nähe eine Werkstatt?	*Postoji li ovdje u blizini autoradionica?*
Rufen Sie bitte einen Krankenwagen/ die Polizei.	*Pozovite molim hitnu pomoć/ policiju.*
Geben Sie mir bitte Ihren Namen und Ihre Adresse.	*Dajte mi molim Vas Vaše ime i Vašu adresu.*
Ich brauche die Angaben zu Ihrer Autoversicherung.	*Trebam podatke od Vašeg osiguranja.*

Krankheit

Können Sie mir einen guten Deutsch sprechenden Arzt/ Zahnarzt empfehlen?	*Možete li mi preporučiti jednog dobrog liječnika/ zubara koji govori njemački?*
Wo ist die nächste Apotheke?	*Gdje se nalazi sljedeča ljekarna?*
Ich brauche ein Mittel gegen ... Durchfall/ Halsschmerzen/ Verstopfung/ Zahnschmerzen.	*Trebam sredstvo protiv ... proljeva/ grlobolje/ začepljenja/ zubobolje.*

Hotel

Können Sie mir ein Hotel empfehlen?	*Možete li mi preporučiti jedan hotel?*
Ich habe bei Ihnen ein Zimmer reserviert.	*Rezervirao/rezervirala* sam kod Vas jednu sobu.*
Was kostet das Zimmer ... mit Frühstück/ mit Halbpension/ mit Vollpension?	*Koliko košta soba ... sa doručkom/ sa polu pansionom/ sa punim pansionom?*

Im Restaurant

Ich suche ein gutes Restaurant/günstiges Restaurant.	*Tražim jedan dobar restoran/restoran pristupačnih cijena.*
Herr Ober!/Kellner!	*Gospon konobar!*
Die Speisekarte, bitte.	*Jelovnik, molim Vas.*
Die Rechnung, bitte.	*Račun, molim.*

Essen und Trinken

Bier	*pivo*
Brot/Brötchen	*kruh/žemlja*
Eiscreme/Kuchen	*sladoled/kolač*
Fisch/Fleisch/Gemüse	*riba/meso/povrće*
Kaffee/Tee/Milch	*kafa/čaj/mlijeko*
Käse/Schinken	*sir/pršut*
Mineralwasser	*mineralna voda*
Obst/Salat	*voće/salata*
Olivenöl	*maslinovo ulje*
Pilze/Trüffel	*gljive/tartuf*
Rotwein/Weißwein	*crno vino/bijelo vino*
Salz/Pfeffer/Zucker	*sol/papar/šećer*
Vorspeise/Nachspeise	*predjelo/desert*

Hinweise zur Aussprache

c	wie ›z‹, Bsp.: bo**c**a
č	wie ›tsch‹, Bsp.: **č**aj
ć	wie ›tch‹, Bsp.: vo**ć**e
dž	wie ›dsch‹, Bsp.: pati**dž**ani
đ	wie ›dj‹ (d und breites j zusammen), Bsp.: grož**đ**e
e	wie ›e, ä‹
h	wie ›h, ch‹
lj	wie ›lj‹ (eng zusammen), Bsp.: u**lj**e
nj	wie ›nj‹ (eng zusammen), Bsp.: ko**nj**
r	wie ›r‹ (kräftig rollen), Bsp.: **r**iba
s	wie ›ss, ß‹, Bsp.: me**s**o
š	wie ›sch‹, Bsp.: **š**unka
v	wie ›w‹, Bsp.: **v**oda
z	wie ›s‹, Bsp.: bei**z**u
ž	wie ›sch‹, Bsp.: **ž**eton

Ägypten	■	■
Algarve	■	■
Allgäu	■	■
Alpen – Freizeitparadies	■	
Amsterdam	■	■
Andalusien	■	■
Australien	■	■
Bali & Lombok	■	■
Baltikum	■	■
Barcelona	■	■
Bayerischer Wald	■	■
Berlin	■	■
Bodensee	■	■
Brandenburg	■	■
Brasilien	■	
Bretagne	■	■
Budapest	■	■
Bulgarische Schwarzmeerküste	■	■
Burgund	■	
City Guide Germany	■	
Costa Brava und Costa Daurada	■	
Côte d'Azur	■	■
Dänemark	■	■
Deutschland – Die schönsten Autotouren		■
Deutschland – Die schönsten Orte und Regionen	■	■
Deutschland – Die schönsten Städtetouren	■	
Dominikanische Republik	■	
Dresden	■	■
Dubai, Vereinigte Arab. Emirate, Oman	■	■
Elsass	■	■
Emilia Romagna	■	■
Florenz	■	■
Florida	■	■
Franz. Atlantikküste	■	■
Fuerteventura	■	■
Gardasee	■	■
Golf von Neapel	■	■
Gran Canaria	■	■
Hamburg	■	■
Harz	■	■
Hongkong & Macau	■	
Ibiza & Formentera	■	■
Irland	■	■
Israel	■	■
Istanbul	■	■
Italien – Die schönsten Orte und Regionen	■	■
Italienische Adria	■	■
Italienische Riviera	■	■
Jamaika	■	
Kalifornien	■	■
Kanada – Der Osten	■	■
Kanada – Der Westen	■	■
Karibik	■	■
Kenia	■	■
Korfu & Ionische Inseln	■	■
Kreta	■	■
Kroatische Küste – Dalmatien	■	■
Kroatische Küste – Istrien und Kvarner Golf	■	■
Kuba	■	■
Kykladen	■	
Lanzarote	■	■
Leipzig	■	■
Lissabon	■	■
London	■	■
Madeira	■	■
Mallorca	■	■
Malta	■	■
Marokko	■	■
Mauritius & Rodrigues	■	■
Mecklenburg-Vorpommern	■	■
Mexiko	■	
München	■	■
Neuengland	■	■
Neuseeland	■	■
New York	■	■
Niederlande	■	■
Norwegen	■	■
Oberbayern	■	■
Österreich	■	■
Paris	■	■
Peloponnes	■	
Piemont, Lombardei, Valle d'Aosta	■	■
Polen	■	■
Portugal	■	■
Prag	■	■
Provence	■	■
Rhodos	■	■
Rom	■	■
Rügen, Hiddensee, Stralsund	■	■
Salzburg	■	■
St. Petersburg	■	■
Sardinien	■	■
Schleswig-Holstein	■	■
Schottland	■	■
Schwarzwald	■	■
Schweden	■	■
Schweiz	■	■
Sizilien	■	■
Spanien	■	■
Südafrika	■	■
Südengland	■	■
Südtirol	■	■
Sylt	■	■
Teneriffa	■	■
Tessin	■	■
Thailand	■	■
Thüringen	■	■
Toskana	■	■
Trentino	■	■
Tunesien	■	■
Türkei – Südküste	■	■
Türkei – Westküste	■	■
Umbrien	■	
Ungarn	■	■
USA – Südstaaten	■	
USA – Südwest	■	■
Usedom	■	■
Venedig	■	■
Venetien & Friaul		■
Wien	■	■
Zypern	■	■

■ **ADAC Reiseführer**
144 bzw. 192 Seiten

■ **ADAC Reiseführer plus**
(mit Extraplan)
144 bzw. 192 Seiten

Mehr erleben, besser reisen ... mit ADAC Reiseführern!

Foto: © photocreo – Fotolia.com

Stand: 11/2011

Register

Impressum

Chefredakteur: Dr. Hans-Joachim Völse
Textchefin: Dr. Dagmar Walden
Chef vom Dienst: Bernhard Scheller
Aktualisierung: Helmuth Meyer
Bildredaktion: Caroline Davis
Klappenkarten: ADAC e.V. Kartografie/KAR
Karten Innenteil: Computerkartographie Carrle
Layout: Martina Baur
Herstellung: Ralph Melzer
Druck, Bindung: Rasch Druckerei und Verlag
Printed in Germany

Ansprechpartner für den Anzeigenverkauf:
Kommunalverlag GmbH & Co KG,
MediaCenterMünchen, Tel. 089/92 80 96 44

ISBN 978-3-89905-950-2

Tourenvorschläge auf den S. 25, 38, 76, 91
von ADAC Reiseführer Redaktion

Neu bearbeitete Auflage 2012
© ADAC Verlag GmbH, München

Das Werk einschließlich aller seiner Teile ist urheberrechtlich geschützt. Jede Verwendung ohne Zustimmung des Verlags ist unzulässig und strafbar. Das gilt insbesondere für Vervielfältigungen, Übersetzungen, Mikroverfilmungen und die Verarbeitung in elektronischen Systemen. Die Daten und Fakten für dieses Werk wurden mit äußerster Sorgfalt recherchiert und geprüft. Wir weisen jedoch darauf hin, dass diese Angaben häufig Veränderungen unterworfen sind und inhaltliche Fehler oder Auslassungen nicht völlig auszuschließen sind. Für eventuelle Fehler können die Autoren, der Verlag und seine Mitarbeiter keinerlei Verpflichtung und Haftung übernehmen.

Bildnachweis

Umschlag-Vorderseite:
Rovinj, Bilderbuchstadt an der Westküste Istriens
Foto: Getty Images (Damir Spanic)

Action Press: 52/53 (Rex) – Akg-images: 54 (Cameraphoto) – Alamy: 5/1 (Wh. von S. 73), 7 rechts Mitte (Emil Pozar), 59 (Bernard Roussel), 73 (Nicholas Pitt), 5/4 (Wh. von S. 74), 74 (PCL), 77 (Europe), 93 (Michael Robertson), 116/117 (Marka), 122 (dk), 125 (Miha Krofel) – Archiv Istrianische Region/Istrianische Gespanschaft: 25 (Renco Kosinožić) – Bildagentur Huber: 2/4, 50/51, 115, 128 links Mitte (Wh. von S. 2/4), (Cogoli Franco), 39 (Stadler), 79 (Johanna Huber), 96/97 (Mehlig) – Blickwinkel: 13 oben – Brijuni.hr: 2/3 (Wh. von 60/61), 60/61, 61 – Corbis: 6/7 (Nik Wheeler), 15 Mitte (Bettmann), 62 (William Manning), 75 (Grand Tour) – Eye Ubiquitous: 5/2 (Wh. von S. 95), 95 (Hutchison/Photoshot) – Ralf Freyer: 33 – Gallerion Marine Museum Novigrad: 22 unten (Sergio Gobbo) – Getty Images: 4/3 (Wh. von S. 52), 8 Mitte (Stefano Salvetti), 9 (Paul Photography/Flickr), 10/11, 48, 52, Umschlag-Rückseite rechts (Wh. von S. 10/11) (Michael Turek), 16/17 (Damir Spanic), 26, 32/33 (David Madison) – Grand Hotel Palazzo, Poreč: 3/2 (Wh. von S. 28/29), 3/3 (Wh. von S. 8 oben), 8 oben, 28/29, 29, 35 – F1 online: 12 (Pigozne/Age), 127 (Martin Zwick/Age) – Rainer Hackenberg: 81 – Hotel Monte Mulini Rovinj: 49 – Imago: 66 oben (imagebroker) – Interfoto: 15 oben (awkz), 103 (Gerald Schwabe) – Laif: 2/2 (Wh. von S. 82/83), 4/4 (Wh. von S. 128 unten), 7 links (Wh. von S. 82/83), 13 unten, 36, 41, 56, 85 oben, 92, 100, 133 (Hans Madej), 4/1 (Wh. von S. 43), 22 oben, 43, 63 (Michael Amme), 27, 44/45 (Bertrand Gardel/hemis.fr), 82/83, 128 rechts oben (Wh. von S. 82/83), 128 unten (Fulvio Zanettini), 89 (Hoa-Qui), 91 (Malherbe) – Look: 11 oben, 23 (Wh. von S. 11 oben), 111 (Heinz Wohner), 69, 118/119, 120/121 (Terravista), 112 (Konrad Wothe) – Mauritius: 4/2, 123, 126, 128 links oben (Wh. von S. 4/2) (Alamy) 21, 99 (World Pictures), 76 (CuboImages), 98 (N.N.) – Axel Pinck: 71 –PR Festini Caves: 66 unten – Schapowalow: 18/19 (N.N.), 20 (Sime) – The Art Archive: 14 – Sabine Thiel-Siling: 37 – Topic Media: 102 – Tourismusverband Istrien, www.istra.com: 3/1 (Wh. von S. 30), 30, 72 – Tourist Board Labin: 3/4, 10 (Wh. von S. 3/4) (Vladimir Bugarin) – tz-malilosinj.hr: 105, 108, 109 – tz-rijeka.hr: 84 – Ullstein Bild: 5/3 Caro/Riedmiller), 15 unten (AP), 47 (impact), 128 rechts Mitte (Wh. von S. 5/3) – Vario Images: 7 rechts oben, 114 (Waldhäusl), 57 (N.N.), 65, 67 (imagebroker) – Visum: 11 Mitte (Wh. von S. 106/107), 106/107, Umschlag-Rückseite links (Wh. von S. 106/107) (Thomas Pflaum) – Vodnjan.hr: 64 – Hanna Wagner: 2/1 (Wh. von S. 70/71), 70/71 – Your Photo Today: 8/9, 45 (Superbild), 85 unten (A1 Pix)

Foto: © Nicclas Rung-Author's Image – gettyimages.com

ADAC Reiseführer plus kombinieren Top-Reiseführer mit perfekten Cityplänen, Länder- oder Urlaubskarten.

■ 144 bzw. 192 Seiten, mit Cityplan, Länder- oder Urlaubskarte ■ pro Band 350 bis 600 Sehenswürdigkeiten, ca. 150 brillante Abbildungen ■ kompakt und komplett im praktischen Klarsicht-Set

Überall, wo es Bücher gibt, und beim ADAC.

www.adac.de/shop

ADAC Verlag GmbH